Rechtspolitische und rechtsvergleichende Aspekte des geltenden Pflichtteilsrechts

Europäische Hochschulschriften
Publications Universitaires Européennes
European University Studies

Reihe II
Rechtswissenschaft

Série II Series II
Droit
Law

Bd./Vol. 3388

PETER LANG
Frankfurt am Main · Berlin · Bern · Bruxelles · New York · Oxford · Wien

Sandra Werkmüller

Rechtspolitische und rechtsvergleichende Aspekte des geltenden Pflichtteilsrechts

PETER LANG
Europäischer Verlag der Wissenschaften

Die Deutsche Bibliothek - CIP-Einheitsaufnahme

Werkmüller, Sandra:

Rechtspolitische und rechtsvergleichende Aspekte des geltenden Pflichtteilsrechts / Sandra Werkmüller. - Frankfurt am Main ; Berlin ; Bern ; Bruxelles ; New York ; Oxford ; Wien : Lang, 2002

(Europäische Hochschulschriften : Reihe 2, Rechtswissenschaft ; Bd. 3388)
Zugl.: Bonn, Univ., Diss., 2001
ISBN 3-631-39276-1

D 5
ISSN 0531-7312
ISBN 3-631-39276-1

www.peterlang.de

Inhaltsübersicht

A. Einleitung

Das Bürgerliche Gesetzbuch in der Fassung vom 18.08.1896 trat am 01.01.1900 in Kraft. Das materielle Erbrecht war im 5. Buch des BGB nahezu vollständig geregelt.[1] Lediglich einige Bestimmungen befinden sich aus systematischen Erwägungen im Ersten bis Vierten Buch.

Während des Dritten Reiches wurde die weitgehend umfassende Regelung des materiellen Erbrechts im BGB durch zahlreiche Gesetze und Verordnungen durchbrochen. So setzte beispielsweise das Gesetz über die Errichtung von Testamenten und Erbverträgen (TestG) vom 31.07.1938 eine Reihe von Vorschriften außer Kraft und sah stattdessen deren Regelung außerhalb des BGB vor. Die meisten Vorschriften des TestG wurden durch das Gesetz zur Wiederherstellung der Gesetzeseinheit auf dem Gebiete des bürgerlichen Rechts (GesEinhG) vom 05.03.1953 allerdings wieder in das BGB eingefügt.[2]

Abgesehen von den Erweiterungen des Ehegattenerbrechts durch das Gleichberechtigungsgesetz vom 18.06.1957[3] und das Nichtehelichengesetz vom 19.08.1969[4] [5], sowie den durch das 1. Eherechtsreformgesetz vom 14.06.1976[6] eingetretenen Änderungen[7] haben die gesellschaftlichen Wandlungen bislang keine Auswirkungen auf die erbrechtlichen Regelungen gehabt.

Nach den Vorschriften des deutschen Erbrechts kann der Erblasser von der gesetzlichen Erbfolge abweichen und kraft der ihm eingeräumten Testierfreiheit über den Verbleib seines Nachlasses selbst bestimmen. Die Testierfreiheit ist als bestimmendes Element der Erbrechtsgarantie eng mit der Garantie des Eigentums verknüpft.

---

[1] Erbrechtliche Regelungen außerhalb des BGB finden sich im Bereich des Höfe-, Heimstätten-, Fideikommiß- und Wiedergutmachungsrechts sowie dem Recht der Handelsfirma (§§ 22 ff. HGB) und der Personenhandelsgesellschaft (§§ 131, 177 HGB), hierzu ausführlich: Ferid/Firsching-Firsching/Heusler, Band II, Grdz. B Rn. 1 ff., 10 ff., Lfg. XXXI

[2] Ferid/Firsching-Firsching/Heusler, a.a.O., Rn. 5

[3] Es wurde u.a. die gesetzesdogmatisch höchst umstrittene Verbindung des Zugewinnausgleichs mit dem Erbrecht, § 1931 Abs. 3 i.V.m. § 1371 BGB hergestellt.

[4] Unter anderem wurde der gesetzliche Erbteil des Ehegatten auf den Erbteil eines Kindes bei Gütertrennung angehoben, § 1931 Abs. 4.

[5] Die insoweit durch das Nichtehelichengesetz vom 19.8.1969 eingeführten Vorschriften der §§ 1934a-1934e, 2338a BGB wurden durch das im Zuge der Kindschaftsrechtsreform geschaffene Erbrechtsgleichstellungsgesetz vom 16.12.1997 wieder aufgehoben; die §§ 1371 Abs. 4, 1930 BGB wurden im Hinblick auf die Gleichstellung der innerhalb und außerhalb einer ehelichen Lebensgemeinschaft geborenen Kinder insoweit geändert, als dort der frühere Erbersatzanspruch Erwähnung fand.

[6] Geändert wurden die im Zusammenhang mit der Auflösung der Ehe durch Scheidung stehenden Vorschriften der §§ 1933, 2077 Abs. 1 S. 2 (Einfügung S.3), 2268 Abs. 2, sowie § 2331a Abs. 2 S. 2 und das Pflichtteilsentziehungsrecht gegenüber Ehegatten (§ 2335)

[7] Hierzu ausführlich: Battes, FamRZ 1977, 433 ff.

In der verfassungsgerichtlichen Rechtsprechung ist noch nicht abschließend geklärt, ob auch das Pflichtteilsrecht verfassungsrechtlich gewährleistet ist. Das Institut des Pflichtteilsrechts sichert den nächsten Angehörigen eine gewisse Mindestbeteiligung am Nachlaß für den Fall, daß sie im Rahmen einer letztwilligen Verfügung nicht oder nur ungenügend[8] bedacht werden (§§ 2303 ff. BGB).

Das Bundesverfassungsgericht hat bislang lediglich die Verfassungsmäßigkeit der Beschränkung der Testierfähigkeit durch das Pflichtteilsrecht nicht in Frage gestellt, sowie den in den geltenden Pflichtteilsvorschriften geregelten Ausgleich zwischen Testierfreiheit und Verwandtenerbrecht als ausreichend angesehen.[9] Die Frage, in welchem Verhältnis das Prinzip der Testierfreiheit und das Prinzip der Verwandtenerbfolge zueinander stehen und ob es von Verfassungs wegen geboten ist, nahen Familienangehörigen auch gegen den Willen des Erblassers eine Mindestbeteiligung am Nachlaß einzuräumen, bleibt weiterhin offen.[10]

Im Zuge der wirtschaftlichen Entwicklung in den Nachkriegsjahren gelangten viele Familien zu Wohlstand. Der medizinische Fortschritt sorgt für immer später eintretende Erbfälle und ist in der Konsequenz dafür verantwortlich, daß große Vermögensmassen zu vererben sind. Die sich aus Geld-, Betriebs- und Gebrauchsvermögen zusammensetzenden Vermögensbestände werden Schätzungen zufolge für den Zeitraum von 2000 bis 2010 über 4,4 Billionen DM betragen. Dagegen machte das Erbschaftsvolumen in den Jahren 1990 bis 2000 lediglich rund 2,3 Billionen DM aus.[11] Da der Anstieg der Erbschaftsvolumina als Ergebnis einer langfristigen Entwicklung zu werten ist und weder unter demographischen Gesichtspunkten noch hinsichtlich des Vermögenswachstums mit einer rückläufigen Entwicklung zu rechnen ist, werden die zu vererbenden Vermögenswerte auch in absehbarer Zukunft weitersteigen.[12]

Das Pflichtteilsrecht ist geprägt von den sehr unterschiedlichen Strömungen des römischen und germanischen Erbrechts. Obwohl alle vor Inkrafttreten des BGB in Deutschland vorhandenen Rechtsordnungen das Prinzip des Pflichtteils kannten, war seine Übernahme nicht unumstritten.[13] Bereits auf dem 14. Deutschen Juristentag im Jahre 1878 wurde die Frage der teilweisen Beseitigung des Pflichtteilsrechts dikutiert, um eine geschlossene Vererbung von Nachlässen und insbesondere von Grundbesitz zu gewährleisten. In der Zeit des Nationalsozialismus wurde gar eine Stärkung des Pflichtteilsrechts zur

[8] Also mit einem Erbteil, der nicht einmal die Höhe des Pflichtteils erreicht.
[9] BVerfGE 67, 329 (342); 91, 346 (359 f.)
[10] Zuletzt BVerfG ZEV 2000, 399 f.
[11] Quelle: Vossen, BBE-Branchenreport Erbschaften, S. 175
[12] Quelle: Vossen, BBE-Branchenreport Erbschaften, S. 176
[13] Vgl. die Darstellung zu B III

Unterstützung des „Familien- und Sittengedankens" angedacht.[14] Im Anschluß an den Beschluß des V. Deutschen Bundestages vom 14.05.1969 zur Reform des Erbrechts war die Neuregelung des Erb- und Pflichtteilsrechts im Rahmen des 49. Deutschen Juristentages im Jahre 1972 Gegenstand der Erörterungen. Auch gab die Wiedervereinigung Anlaß, eine Reform des Pflichtteilsrechts erneut zu überdenken, da das ZGB der ehemaligen DDR eine höhere Pflichtteilsquote als das BGB vorsah, andererseits aber die Bedürftigkeit jedenfalls der Eltern und Kinder des Erblassers voraussetzte.[15]

Eine Reformbedürftigkeit des Erbrechts wurde bislang zwar vereinzelt bejaht.[16] Die Forderungen nach der Umgestaltung, Beschränkung oder gar Abschaffung des Pflichtteilsrechts blieben jedoch ergebnislos und führten insbesondere nicht zu einem gesetzgeberischen Tätigwerden. Dies verwundert nicht zuletzt angesichts des Bedeutungswandels der Familie. Den Aspekten der sozialen und emotionalen Solidarität innerhalb der Familie ist heute weit größeres Gewicht einzuräumen als der im Mittelalter zur Begründung des Erbrechts herangezogenen Verbundenheit durch „Blutsbande".[17] Allein die Funktionsentlastung der Familie[18] läßt in Anbetracht der Interdependenz von Familie und Erbrecht zumindest den Gedanken der Anpassung erbrechtlicher Vorschriften an jeweils geltende Anschauungen über die Struktur der Familie zu. Auch die politische Thematisierung[19] einer Erweiterung der geltenden Regelungen auf nichteheliche Lebensgemeinschaften gibt Anlaß, bestehende Reformbestrebungen zum Erb- und Pflichtteilsrecht erneut zu überdenken.[20]

Mit dem Wandel gesellschaftlicher Strukturen geht die Frage nach der Anpassungsbedürftigkeit erbrechtlicher Regelungen einher. Es ist zu prüfen, ob nicht gerade am Beispiel veränderter Lebensverhältnisse und schwindender Familien"bande" besonders deutlich wird, daß es einen Zwang, Vermögensteile auf bestimmte Familienangehörige überleiten zu müssen, nicht geben darf. Möglicherweise gelangt man zu dem Ergebnis, daß ein neues Familienverständnis auch Konsequenzen für das geltende Pflichtteilsrecht oder gar Erbrecht insgesamt haben muß, weil die vollständige erbrechtliche Übergehung eines nahen

---

[14] Dauner-Lieb, FF Sonderheft 2000, 16 (18)

[15] Vgl. hierzu die Ausführungen zu G I 5

[16] So zuletzt: Leisner, NJW 2001, 126 ff.; Dauner-Lieb, FF Sonderheft 2000, 16 ff.; vgl. auch die unter G I angegebe Literatur

[17] Dauner-Lieb, FF Sonderheft 2000, 16 (22)

[18] Vgl. die Ausführungen zu F II 2 b)

[19] Mit dem Lebenspartnerschaftsgesetz (LPartG) vom 16.02.2001 hat der Gesetzgeber einen - jedenfalls vorläufigen - Schlußpunkt unter die Diskussion über die rechtliche Behandlung gleichgeschlechtlicher Gemeinschaften gesetzt (Bundesgesetzblatt I 2001, S. 266 ff. = BT-Drucksache 14/3751 v. 04.07.2000), siehe hierzu unten G I 2 d.

[20] *Dauner-Lieb* vermutet, die derzeit zurückhaltend geführten politische Diskussion um die Schwächen des Pflichtteilsrechts hänge mit der Befürchtung zusammen, die erbrechtliche Privilegierung von Ehe und Familie könne hierbei grundsätzlich in Frage gestellt werden (FF Sonderheft 2000, 16 (24))

Angehörigen verfassungsrechtlich zulässig und aus rechtspolitischer Sicht nicht zu beanstanden ist. Bereits hier sei aber angemerkt, daß gewisse Randkorrekturen der geltenden pflichtteilsrechtlichen Bestimmungen nur schwer umzusetzen sein dürften, will man nicht das Prinzip der unentziehbaren Nachlaßteilhabe der Pflichtteilsberechtigten an sich in Frage stellen. Die Lockerung oder Einfügung einzelner Vorschriften könnte zwar - bejaht man denn das hierfür erforderliche gesellschaftliche Bedürfnis - dem Pflichtteilsrecht zu einer größeren Akzeptanz verhelfen, andererseits aber neue Probleme aufwerfen, deren Lösung eine noch breitere Ausgestaltung der ohnehin schon umfangreichen und komplizierten Vorschriften nach sich ziehen müßte.[21]

Um die Frage nach der Berechtigung des Pflichtteilsrechts beantworten zu können, soll im folgenden untersucht werden, vor welchen historischen Hintergründen und mit welchen ideellen Zielsetzungen die deutschen Pflichtteilsregelungen in das Bürgerliche Gesetzbuch aufgenommen wurden. Desweiteren wird neben der verfassungsrechtlichen Normierung auf einzelne Begründungsversuche des Pflichtteilsrechts einzugehen sein, deren Inhalte im wesentlichen an wirtschaftliche, soziale und familienstrukturelle Verhältnisse anknüpfen. Dabei soll eine rechtsvergleichende Betrachtung der Verdeutlichung von Zielsetzungen und deren Rechtfertigung dienen.

---

[21] Vgl. Dauner-Lieb, FF Sonderheft 2000, 16 (23)

B. Die historische Entwicklung des Pflichtteilsrechts

Seit Inkrafttreten des BGB gilt der Grundsatz der Testierfreiheit, wonach der Erblasser diejenigen Personen als Erben einsetzen kann, die er für geeignet hält. Dies bedeutet aber gleichzeitig, daß der Erblasser seine Familienangehörigen und nächsten Verwandten von der Erbschaft vollständig ausschließen und einen Dritten als Erben berufen kann (sog. Testaterbfolge). Der Testierfreiheit steht die gesetzliche Erbfolge gegenüber, bei der das Gesetz die Reihenfolge der Erben und die auf diese entfallenden Erbteile festlegt, sofern eine wirksame letztwillige Verfügung des Erblassers nicht vorliegt. Da dem Testierwillen des Erblassers der Vorrang vor der gesetzlichen Familienerbfolge einzuräumen ist, hat das deutsche Erbrecht durch das Pflichtteilsrecht einen Ausgleich dieser widerstreitenden Prinzipien versucht. Hiermit soll der den Erblasser treffenden sittlichen Verpflichtung Rechnung getragen werden, sein Vermögen zumindest in gewissen Grenzen seinen nahen Familienangehörigen zukommen zu lassen. Das Pflichtteilsrecht sichert den pflichtteilsberechtigten Personen im Erbfall einen Pflichtteilsanspruch. Der Kreis der Pflichtteilsberechtigten ist begrenzt auf die Abkömmlinge (§ 2303 Abs. 1 S. 1 BGB), sowie auf die Eltern und den Ehegatten (§ 2303 Abs. 2 S. 1 BGB) des Erblassers. Geschwister und sonstige entferntere Verwandte gehören nicht zum Berechtigtenkreis. Ist ein näherer Abkömmling pflichtteilsberechtigt, der entferntere Abkömmlinge oder die Eltern von der gesetzlichen Erbfolge ausschließen würde, so findet der gleiche Ausschluß im Hinblick auf das Pflichtteilsrecht statt (§ 2309 BGB).

Der Pflichtteilsanspruch kommt nicht nur im Falle des vollständigen Ausschlusses von der gesetzlichen Erbfolge in Betracht, sondern regelt auch die Fälle, in denen der Erblasser dem Berechtigten zwar einen Erbteil oder eine Zuwendung belassen hat, hierdurch der Wert des Pflichtteils - der in der Hälfte des Wertes des gesetzlichen Erbteils besteht, § 2303 Abs. 1 S. 2 BGB - aber nicht erreicht wird. In diesen Fällen besteht ein Anspruch auf einen Zusatzpflichtteil (sog. Pflichtteilsrestanspruch) in Höhe der Wertdifferenz (§ 2305 BGB).

Warum der Gesetzgeber die Notwendigkeit sah, das gesetzliche Erbrecht durch das Pflichtteilsrecht zu ergänzen, kann nur die Beleuchtung von Herkunft und Entstehungsgeschichte dieses erbrechtlichen Grundsatzes zeigen.

I. Das römische Recht

Das älteste römische Recht kannte keine freie Testierbefugnis. Vorhandenes Vermögen wurde stets als Gesamtvermögen der Familie angesehen und nicht als Vermögen einer einzelnen Person. Demgemäß trat anstelle der Erbfolge beim Tode eines Familienmitglieds stattdessen eine Art Hauserbfolge des Geschlechts.[22] Aus dem Geschlechtsvermögen entwickelte sich im Laufe der Zeit das Familienvermögen, dessen Verwaltung dem Familienoberhaupt, dem *pater familias* zustand. Beim Tode des Erblassers fiel das Recht der Verwaltung des Vermögens seinen nächsten männlichen Hausgenossen zu. Es gab in dieser Entwicklungsphase noch kein Testament und mithin auch kein Erbrecht, das den Übergang eines Anteils am Gesamtvermögen nach dem Tod des Familienoberhauptes auf einen anderen vorgesehen hätte. Das Recht der Überlebenden gewann vielmehr an Inhalt, weil sich die Zahl der Teilhabenden verminderte.[23] Es bedurfte folglich auch keiner gesetzlichen Vorschriften zum Schutze naher Familienangehöriger.

Mit dem Übergang zum Familienvermögen ging eine Abschwächung des ursprünglichen Gesamteigentums zum bloßen Miteigentum einher. Denn die aus der gemeinsamen Bewirtschaftung von Grund und Boden erzielten Erträge mußte das Familienoberhaupt auch zugunsten der Familiengenossen einsetzen.[24] Die Wahl eines neuen Familienoberhauptes im Falle des Todes des Vorgängers oblag den übrigen Familienmitgliedern und eben nicht dem *pater familias*. Der jeweilige Familienälteste nach dem Verstorbenen erhielt nach einiger Zeit dann die Stellung des neuen Familienoberhauptes. Dieser Übergang des Rechtes der alleinigen Verwaltung und Nutznießung des Familiengutes vom Vater auf einen Sohn deutete bereits eine erste Form des Erbrechts an.[25]

Der Wechsel vom Familienvermögen zum Individualvermögen führte allmählich auch zur Anerkennung eines gewissen Verfügungsrechts des Erblassers. War nämlich kein ehelicher Sohn als geeigneter Nachfolger vorhanden, wurde ausnahmsweise die Adoption eines Sohnes zugelassen.[26]

Ein eigentliches Testierrecht wurde durch die Zwölftafelgesetzgebung (451-450 v.Chr.) anerkannt, die dem Erblasser zunächst eine vollkommen freie und ungebundene Verfügung über sein gesamtes Vermögen erlaubte.[27] Da jedoch die uneingeschränkte Testierfreiheit im Hinblick auf die nichtbedachten Verwandten als unbillig empfunden wurde, verlangte man von dem Erblasser, daß dieser seine natürlichen Erben - dies waren die Aszendenten und Deszendenten[28] - ausdrücklich enterbte.[29] Das Testament war ganz oder teilweise unwirksam, wenn bestimmte nahe Angehörige übergangen, also weder formgerecht

---

[22] Ausführlich hierzu: Kaser I, § 23, S. 92 ff.; Endemann, § 81; Czyhlarz, S. 294; Windscheid, § 582

[23] Birnbaum, S. 6; Beneke, S. 3

[24] Birnbaum, S. 7

[25] Birnbaum, S. 7

[26] Vgl. Kaser I, § 23, S. 94 ff.; Allerdings erfuhr die Adoptionsbefugnis durch die erforderliche Zustimmung des Volkes widerum eine Einschränkung, weshalb Beneke (S. 4) noch nicht von einer Testier"freiheit"" ausgeht.

[27] Czyhlarz, a.a.O., S. 295; Beneke, S. 4

[28] Birnbaum, S. 11

[29] Kaser I, § 170, S. 703

als Erben eingesetzt noch enterbt worden waren.[30] Die Söhne der Erblasser waren hierbei sogar namentlich zu exheredieren.[31] Anderenfalls wurde das Testament als ungültig betrachtet (*ruptum*)[32] und die nahen Verwandten als natürliche Erben bedacht. Für die Töchter und Enkel genügte dagegen die nichtnamentliche Erwähnung (*ceteri omnes exheredes sunto*).[33] Die Übergehung ohne jegliche Erwähnung führte bei letzteren auch nicht zur Nichtigkeit des Testaments. Vielmehr traten sie zu den übrigen Testamentserben hinzu, wenn sie nicht ausdrücklich enterbt worden waren.[34] Durch diese formelle Einsetzung sollten die natürlichen Erben geehrt werden, wenn auch ihre Berücksichtigung nicht in Höhe des vollen Pflichtteils (*legitima*) erfolgen mußte (später als sog. formelles Noterbrecht[35] bezeichnet).[36] Hierdurch sollte auf das Gewissen des Testators eingewirkt werden, um ihn daran zu erinnern, daß er im Begriff war, etwas Unbilliges und vom Gesetz nicht Vorgesehenes zu tun.

Mit dem Ende der römischen Republik sah man im formellen Noterbrecht keinen ausreichenden Schutz mehr für die nächsten Verwandten. Denn auf diese Weise konnte der Erblasser sein Vermögen ohne Schwierigkeiten an seiner Familie vorbeiführen, wenn er nur die erforderlichen Formvorschriften einhielt. Dem inzwischen weiterentwickelten Rechtsempfinden des römischen Volkes widersprach ein derart liebloses Verhalten.[37] Man erweiterte daher die Verpflichtungen des Testators insoweit, als er neben der Erwähnung seiner nächsten Verwandten im Testament diesen auch eine bestimmte Quote des Nachlasses (*portio legitima*) zuwenden mußte. Die Quote dieses sog. materiellen Noterbrechts - des Pflichtteils - wurde bald auf ein Viertel des Intestaterbteils festgesetzt.[38] Hierbei mußte sich der Berechtigte jedoch unter gewissen Voraussetzungen diejenigen Zuwendungen anrechnen lassen, die er vom Erblasser *inter vivos* erhalten hatte.[39] Ein Testament, das die nächsten Angehörigen gar nicht oder nur in zu geringem Maße bedachte, konnte mit der *querela inofficiosi testamenti*[40] vor dem Centumviralgericht[41] als pflichtwidrig angefochten werden. Das Gericht entschied nach freiem Ermessen darüber, ob das Testament als lieblos und pflichtwidrig (*testamentum inofficiosum*) anzusehen und

---

[30] Kaser I, § 24, S. 94 ff.; § 171, S. 705 ff.
[31] Kaser II, § 289, S. 513
[32] Gai institutionum comm. IV (Gai), 2, 123, 131; Die Epitome Ulpiani (UE) 22,18; Kaser I, § 171, S. 706; II, § 289, S. 513
[33] Gai 2, 124; Gai institutionum epitome (GE) 2,3 pr./1; UE 22, 16 f.; Kaser I, § 289, S. 513
[34] Brüggentisch, S. 11
[35] Auch Präteritionssystem genannt, Kaser, a.a.O.
[36] Coing I, § 121, S. 567 u. § 130, S. 611
[37] Kaser II, § 290, S. 516
[38] Kaser II, § 290, S. 519 f.; Coing I, § 130, S. 611
[39] Kaser II, § 290, S. 520
[40] Digesta 5,2; I,2, 18; Honsell/Mayer-Maly/Selb, § 171, S. 465; Kaser II, § 290, S. 514
[41] Dieses z.Z. der römischen Republik insbes. für Erbschaftsprozesse zuständige Gericht bestand aus einem in mehrere Abteilungen gegliederten Kollegium der Hundertmänner (*centumviri*) mit anfänglich 105, später 180 Mitgliedern, Beneke, S. 6

daher aufzuheben war. In einem solchen Fall wurde die Geisteskrankheit des Testators im Zeitpunkt der Testamenterrichtung fingiert (*color insaniae*).[42] Das materielle Noterbrecht gewährte aber - anders als der Begriff vermuten läßt - kein Recht darauf, als Erbe eingesetzt zu werden. Nur im Falle erfolgreicher Anfechtung des Testaments vor dem Centumviralgericht konnte es zum Eintritt in die Intestaterbfolge kommen. Der Kläger erhielt also nicht nur seinen Pflichtteil, sondern die ungekürzte Intestatportion und durfte sich darüberhinaus noch zur Erbengemeinschaft zählen.[43]

Ein erstes echtes Pflichtteilsrecht des Ehegatten in Form einer „Quart der armen Witwe" führte Justinian erst mit der Novelle 115 ein.[44] Hierbei handelte es sich um ein unentziehbares Noterbrecht in Höhe eines Viertels, das bei mehr als drei Kindern die auf diese entfallenden Quoten jedoch nicht überstieg.[45] Das Recht der armen Witwe ist nicht auf den Witwer ausgedehnt worden.[46]

Bald erkannte man, daß die *querela inofficiosi testamenti* den engen Verwandten des Erblassers keinen umfassenden Schutz gewährte. Denn dieser konnte trotz Einhaltung der Voraussetzungen des formellen und materiellen Noterbrechts dafür Sorge tragen, daß sein Vermögen im Zeitpunkt seines Todes auf ein Minimum geschrumpft war. Zudem sollte das Testament - auch wenn es angefochten wurde - nach Möglichkeit aufrechterhalten werden.[47] Justinian beschränkte daher mit der Novelle 115 die *querela inofficiosi testamenti* auf die Fälle völliger Übergehung eines Noterben. Dem Pflichtteilsberechtigten, dem ein geringerer als der ihm zustehende Teil zugedacht war, gab er die Möglichkeit der Klage gegen den eingesetzten Erben auf Ergänzung des Pflichtteils (*actio ad supplendam legitimam*).[48]

Nach Digesten und Codex betrug der Pflichtteil noch ein Viertel des Intestaterbteils. Erst durch die Novelle 18 wurde die Höhe des Pflichtteils auf ein Drittel festgesetzt. Allerdings betrug der Pflichtteil die Hälfte, soweit der Intestaterbteil weniger als ein Viertel der Erbschaft ausmachte.[49] Der Pflichtteil stellte sich als echter Anteil an der Erbschaft und nicht lediglich als Anspruch auf Ausgleichszahlung dar.[50]

---

[42] Beneke, S. 6; Kaser II, § 290, S. 515 f.; § 130, S. 611

[43] Kipp/Coing, § 8 I 1, S. 52; Kaser II, § 290, S. 515 f.; Windscheid, § 584; Honsell/Mayer-Maly/Selb, § 172, S. 467 f.

[44] Coing II, § 132, S. 623; Wacke, Art. Pflichtteilsrecht, in: Handwörterbuch zur Deutschen Rechtsgeschichte III, Sp. 1740; Honsell/Mayer-Maly/Selb, § 172, S. 467 ff.; Kaser II, § 289, S. 514

[45] Nach Ansicht von *Schiffner*, S. 60 ff., stellte die Quart kein Pflichtteilsrecht, sondern ein Vermächtnis dar. Dieselbe Auffassung vertrat *Windscheid*, § 574.

[46] Coing II, § 132, S. 623

[47] Kaser II, § 290, S. 516

[48] Kaser II; § 290, S. 518

[49] Kaser II, § 290, S. 519

[50] Coing I, § 130, S. 611

Neben der Erhöhung der Pflichtteilsquote sah das Novellenrecht Justinians[51] auch die Festlegung der Gründe vor, die den Erblasser zur Enterbung seiner nächsten Verwandten berechtigten. Diese waren nicht mehr richterlichem Ermessen überlassen, sondern im Gesetz abschließend aufgezählt. Sie mußten im Testament genannt werden.[52] So konnte der Erblasser den Noterben „aus wohlmeinender Absicht" durch die *exheredatio bona mente facta* enterben, wenn dieser geisteskrank oder verschwenderisch veranlagt war.[53] Eine Ausschließung „aus gerechtem Grunde" konnte dagegen bei gegen den Erblasser gerichteten Straftaten erfolgen.[54]

Nach der Novelle 115, cap. 3 und 4 durften weder die Abkömmlinge ihre Eltern und fernere Aszendenten noch umgekehrt diese ihre Abkömmlinge grundlos übergehen[55], sondern mußten sie als Erben - wenn auch nicht auf den ganzen Erbteil - einsetzen. Bei einem geringeren Erbteil genügte die Zuwendung des fehlenden Teils im Wege der Schenkung oder mittels Vermächtnis. Die gesetzlich abschließend festgelegten Enterbungsgründe waren im Testament anzugeben und im Falle des Bestreitens von den Testamentserben zu beweisen.[56]

Unterließ der Erblasser die Erbeinsetzung, ohne daß ein nunmehr in der Novelle gesetzlich festgelegter Enterbungsgrund vorlag und im Testament angegeben war, so stand dem Betroffenen hiergegen ein Rechtsmittel zu. Ob der Pflichtteilsberechtigte in diesem Falle mit der *querela nullitatis* die Nichtigkeit der Erbeinsetzung erreichen konnte, oder mit der *querela inofficiosi testamenti* die Beseitigung des Testaments, ist angesichts der unklaren Regelung der Novelle 115 cap. 3 und 4. nicht eindeutig zu beantworten.[57] Nach herrschender Auffassung wird zur Geltendmachung der Hinfälligkeit des Testaments die Querel verbunden mit der *hereditatis petito* auf Herausgabe des Intestaterbteils erforderlich gewesen sein.[58] Diese Klage führte allerdings nur zur Unwirksamkeit der im Testament angeordneten Erbeinsetzungen. Die vom Erblasser verfügten Vermächtnisse und anderen Anordnungen blieben unberührt.[59] Zusätzlich erhielten die nur teilweise bedachten Pflichtteilsberechtigten einen Pflichtteilsergänzungsanspruch.[60]

---

[51] Vgl. hierzu im einzelnen die Darstellung bei Coing I, § 130, S. 611
[52] Kaser II, § 290, S. 516
[53] Beneke, S. 8
[54] Kaser II, § 290, S. 521; Coing I, § 130, S. 611
[55] Nov. 155, 4, 9; Kaser II, § 290, S. 520
[56] Kaser II, § 290, S. 520 f.; Coing I, § 130, S. 611
[57] Hierzu ausführlich: Coing I, § 130, S. 614 f.; Kaser II, § 290, S. 515 f. und Nachträge S. 610 f.
[58] Kaser II, § 290, S. 521 Fn. 55; Coing I, § 130, S. 614
[59] Vgl. Kipp/Coing, § 8 I 1, S. 52 f.; Kaser II, § 290, S. 521
[60] Kaser II, § 290, S. 521

Zusammenfassend ist festzuhalten, daß im römischen Recht der personenrechtliche Aspekt des Erbrechts im Vordergrund stand.[61] Der Gedanke der Willensunsterblichkeit und Persönlichkeitsnachfolge führte schließlich zur Totalnachfolge (Universalsukzession)[62] des Erben in das ganze Vermögen einschließlich der Schulden, für die er unbeschränkt persönlich haftete.[63] Ursprünglich trat der Sohn in die volle Rechtsstellung des Vaters ein; er galt als Fortsetzer seiner Persönlichkeit. Später waren auch testamentarische Erbeinsetzungen möglich. Hierzu war allerdings der Antritt der Erbschaft erforderlich.[64] Aus dieser Entwicklung erklärt sich der im römischen Recht entwickelte Gedanke eines schuldrechtlichen Anspruchs der gesetzlichen Erben auf eine Mindestbeteiligung am Nachlaß, der sich im österreichischen und preußischen Recht durchgesetzt hat.[65] Denn soweit durch testamentarische Erbeinsetzung die Nächststehenden übergangen wurden, konnte mit der Schaffung eines Pflichtteilsanspruchs ein Ausgleich erzielt werden.[66]

II. Das germanische und das gemeine Recht

Dem älteren deutschen Recht war das Institut der Testierfreiheit fremd.[67] Vielmehr ging man von einer vermögensrechtlichen Einheit der Familie aus, d.h. zwischen dem Familienoberhaupt und den in seiner Hausgemeinschaft lebenden Personen bestand Gesamteigentum am Vermögen des Hausherren.[68] Mangels Verfügungsfreiheit des Familienoberhauptes bedurfte es daher auch keines Schutzes vor Mißbrauch in Form eines Noterbrechts.

Im Erbfall fand eine Gesamtnachfoge in Sondervermögen statt. Der Nachlaß zerfiel in getrennte Massen und ging sogleich auf die verschiedenen Erben über. Ein gesonderter Erwerb einzelner Gegenstände war nicht erforderlich, da es den Zustand der „ruhenden Erbschaft" (*hereditas jacens)* nicht gab.[69] An dem „Heergewäte" - der Kriegsrüstung des Mannes (Waffen, Streitroß, Bekleidung) - und der „Gerade" der Frau (Schmuck, Kleider etc.) trat ebenso Sondereigentum ein, wie an Liegenschaften und Fahrhabe. Dieses Sondereigen-

---

[61] Mitteis/Lieberich, Kap. 54, S. 165

[62] Insbesondere das Grundprinzip der Universalsukzession findet sich neben anderen Instituten römisch-gemeinen Ursprungs im BGB wieder, vgl. Coing II, § 122, S. 596; Wieacker, § 14 III 4, S. 233.

[63] Mitteis/Lieberich, Kap. 54, S. 166

[64] Mitteis/Lieberich, Kap. 54, S. 165 f.

[65] Coing II, § 133, S. 630

[66] Vgl. Mitteis/Lieberich, Kap. 54, S. 167

[67] So heißt es in der Darstellung von Tacitus, Germania, 98 n.Chr. (unter Trajan), Ziff. XX: *„Heredes ... successoresque sui cuique liberi, et nullum testamentum..."*, was soviel heißt wie: Erben und Rechtsnachfolger sind ... jeweils nur die leiblichen Söhne, und eine letztwillige Verfügung ... gibt es nicht. Vgl. Mitteis/Lieberich, Kap. 54, S. 165; Gmür, Rn. 20 u. 25

[68] Mitteis/Lieberich, Kap. 54, S. 164.

[69] Mitteis/Lieberich, Kap. 54, S. 165.

tum konnte den Blutsverwandten nicht entzogen werden und ging mit dem Tode des Erblassers unmittelbar auf diese über.[70] Hieraus folgte die beschränkte Haftung eines jeden Erben mit dem ihm zugefallenen Sondergut für die darauf lastenden Schulden.[71]

Trotz Abschwächung des Gesamteigentums hin zum Miteigentum der Hausgenossen hielt sich der Gedanke des Sippeneigentums.[72] Das Vermögen des Erblassers fiel also im Falle einer vollständig verstorbenen Hausgemeinschaft an die Sippe zurück.[73]

In der weiteren Entwicklung erlaubte man schließlich dem Erblasser die selbständige Verfügung über sein Vermögen, allerdings nicht ohne den sog. Erlenlaub, die Einwilligung der Hausgenossen.[74] Durchbrochen wurde dieses „Verfangenschaftsrecht" nur durch zwei Ausnahmen.[75] Zum einen war die Veräußerung auch ohne Einwilligung möglich, wenn sich der Erblasser in einer Notsituation befand, wie beispielsweise Hungersnot. Zum anderen bestand hinsichtlich der Veräußerungen an wohltätige Anstalten und die Kirche eine Verfügungsfreiheit.[76] Dieser Brauch entwickelte sich zu einer regelrechten Forderung der Kirche nach einem Teil des Hausguts (sog. Seelgabe oder Seelteil[77]) und knüpfte an die Sohnessetzung an, die der Erblasser im Falle des Fehlens gesetzlicher Erben vornehmen konnte, damit der von ihm gewählte Erbe sich um die Totenopfer kümmern konnte. Hinter diesem „kirchlichen Pflichtteil", bei dessen Verweigerung Begräbnis und Absolution verwehrt werden konnten, stand der Anspruch der Kirche, den Sohn Gottes ebenfalls als Erben eingesetzt wissen zu wollen.[78] Die mangelnde Verfügungsfreiheit des Erblassers versuchte man also - in Form von Seelgaben und Sohnessetzung - durch Rechtsgeschäfte unter Lebenden auszugleichen. Auf diese Weise vermachten sich später auch Eheleute Teile ihres Vermögens (sog. Gemächte). Die so erzielte Wirkung kam freilich der römischen Testierfreiheit nah und verlangte nach einer Anpassung beider Institute.

Im Laufe der Zeit erlangte der Erblasser dann das Recht, durch Vergabung von Todes wegen oder durch einen Erbvertrag über einen Teil seines Vermögens

---

[70] Beneke, S. 10

[71] Mitteis/Lieberich, Kap. 54, S. 165

[72] Noch immer galt der Ausspruch:"Gott, nicht der Mensch macht den Erben" (*solum deus heredem facere potest*), Coing I § 117, S. 559 f.

[73] Sog. Heimfallsrecht, Beneke, S. 10

[74] Vgl. Heusler, S. 236

[75] Birnbaum, S. 14

[76] Beide Einschränkungen unterlagen allerdings einer Art Vorkaufsrecht der Familie (Birnbaum, S. 14), so daß wohl eher von einer Verfügungserleichterung, als von einer Verfügungsfreiheit gesprochen werden kann.

[77] *„pro salute animae"*: Zum Wohle der Seele

[78] Planitz, S. 161

zu verfügen.[79] Die justinianischen Testamentsformen waren in der Folgezeit dann auch Gegenstand der frühen Rezeption.[80] Das Testament wurde aus dem römischen Recht rezipiert.[81] Obwohl vieles dafür spricht, daß die erwähnten „Vergabungen von Todes wegen" als Vorläufer der gemeinschaftlichen Testamente anzusehen waren, gestaltete sich deren Übernahme schwierig. Während gemeinschaftliche Testamente in Deutschland sehr verbreitet waren, deuten nur wenige der überlieferten Texte darauf hin, daß es sie auch im römischen Kaiserreich gegeben haben könnte.[82] Aus diesem Umstand resultierte auch die Unsicherheit im Hinblick auf die Vereinbarkeit des gemeinschaftlichen Testaments mit römischen Formvorschriften.[83]

Zu einer am römischen Vorbild orientierten, von der Zustimmung der Familienmitglieder unabhängigen Testierfreiheit kam es jedoch nicht. Zwar wichen durch die Aufnahme des römischen Rechts in Deutschland die Rechtsanschauungen des alten deutschen Rechts über die Gebundenheit des Gutes immer mehr dem durch schrankenlose Verfügungsfreiheit des Erblassers entstandenen Noterbrecht der Römer; die deutsche Auffassung von der gesetzlichen Erbfolge ließ sich jedoch nicht völlig verdrängen.[84] Vielmehr erzielte man einen Ausgleich beider Anschauungen - die sich im Grunde nicht allzu fremd waren, denn beide schlossen letztendlich eine unkontrollierte Testierfreiheit des Erblassers aus - , indem man dem Erblasser sein freies Verfügungsrecht beließ, seinen Willen aber insoweit als unwirksam bewertete, als er das Recht naher Verwandter auf den ihnen zustehenden Bruchteil am Gute verletzte. Dem Erblasser wurde also erlaubt, über einen bestimmten Teil seines Vermögens, den sog. Freiteil, zu verfügen. Bei Verfügungen, die diese disponible Quote überstiegen, erhielt der Pflichtteilsberechtigte einen Anspruch auf Gewährung bzw. Ergänzung des gesetzlich am Nachlaß zugesicherten Anteils. Dieses „System der Verfangenschaft"[85] beruht auf dem Gedanken, daß das Vermögen einer Person, die Pflichtteilsberechtigte hat, zu einem bestimmten Teil diesen verfangen ist. Über den anderen Teil kann der Erblasser hingegen frei verfügen.[86]

---

[79] Kipp/Coing, § 8 I 1, S. 53

[80] Wieacker, § 14 III 4, S. 232

[81] Battes, S, 48 f.; Wieacker, § 14 III 4, S. 232 f.

[82] Battes, S. 49

[83] Letztlich führte das Eindringen deutscher Rechtsgewohnheiten und Wertvorstellungen in ein an sich römisches Rechtsinstitut dazu, daß das gemeinschaftliche Testament in den Entwurf der zweiten BGB- Kommission wieder aufgenommen wurde, während sich die Erste Kommission noch für dessen Verbot ausgesprochen hatte (vgl. Battes, S. 49 f., 58 f.).

[84] Auch nach der Rezeption setzte sich die Testierfreiheit gegenüber den lehnsrechtlichen Bindungen des Lehns und auch gegenüber den Näherechten der nächsten Verwandten allerdings nicht durch, vgl. hierzu Wieacker, § 14 III 4, S. 233; Mitteis/Lieberich, Kap. 54, S. 167

[85] Zum Begriff vgl. Coing II, § 133 S. 631

[86] Coing II, § 133, S. 631

Der *Code civil*, der seine geschichtlichen Grundlagen außer im französischen Gewohnheitsrecht in mittelalterlichen germanischen Rechtsvorstellungen hat, räumt dem Pflichtteilsberechtigten durch die Spaltung des Nachlasses in die *réserve* und die *quotité disponible* die Stellung eines Intestaterben ein.[87] Dieses System wurde von den romanischen Rechten und dem schweizerischen ZGB ünernommen.[88]

Neben der Testierfreiheit einschließlich materiellem Noterbrecht wurde die justinianische gesetzliche Erbfolgeordnung der Novelle 118[89], also die „Klassenerbfolge" nach Graden der Verwandtschaft anstelle der deutschrechtlichen Erbfolge nach Ordnungen (§§ 1924 ff. BGB) aus dem römischen Erbrecht rezipiert.[90] Das Eindringen in die deutschen Partikularrechte ergab neue, aber keine grundlegenden Verschiebungen[91], da durch beide Systeme gleichnahe Verwandte - ohne Unterscheidung nach Frauen- und Mannesstamm - anteilig berufen wurden.[92] Das aus dem österreichischen Recht stammende Parentelensystem haben das deutsche BGB und das schweizerische ZGB übernommen[93], das System der Gradesnähe ist außer im römisch-gemeinen Recht im ALR, im Code civil, im italienischen und im spanischen Zivilgesetzbuch verwendet worden.[94] Neben der übernommenen römischen Gesamtnachfolge hielt sich die deutschrechtliche Sondererbfolge in Sondergüter, vor allem bei der geschlossenen Nachfolge in Lehngüter, Stammgüter und bäuerliche Maiergüter.[95] Das im justinianischen Recht nicht voll ausgebildete, im Prinzip der vermögensrechtlichen Ehegenossenschaft wurzelnde Ehegattenerbrecht blieb in Deutschland auch nach der Rezeption fast überall erhalten.[96]

In Abgrenzung zum römischen Recht ist festzuhalten, daß im deutschen Erbrecht das Recht am Nachlaß von Anfang an als Vermögensrecht in Erscheinung trat.[97] Das Erbrecht war Teil des Familienrechts; es gab nur geborene, keine gekorenen Erben.[98] Diese erwarben den Nachlaß schon mit dem Erbfall, nicht erst durch Antretung der Erbschaft.

---

[87] Coing II, § 122, S. 596 u. § 133, S. 630 f.; vgl. hierzu auch die Ausführungen zur Rechtsvergleichung Punkt D II 3

[88] Coing II, § 133, S. 630 f.

[89] Vgl. hierzu Coing I, § 129, S. 602 f.

[90] Wieacker, § 14 III 3, S. 233; Mitteis/Lieberich, Kap. 55, S. 169; vgl. auch Coing II, § 122, S. 596.

[91] Mitteis/Lieberich, Kap. 55, S. 169; vgl. auch Coing II, § 122, S. 596

[92] Wieacker, § 14 III 3, S. 233

[93] Mitteis/Lieberich, Kap. 55, S. 169

[94] Coing II, § 132, S. 625; Mitteis/Lieberich, Kap. 55, S. 169

[95] Wieacker, § 14 III 3, S. 233; Mitteis/Lieberich, Kap. 55, S. 169

[96] Wieacker, § 14 III 3, S. 232

[97] Mitteis/Lieberich, Kap. 54, S. 165

[98] Mitteis/Lieberich, Kap. 54, S. 165

III. Die deutschen Partikularrechte

Das Erbrecht war - wie das gesamte Privatrecht - gegen Ende des 19. Jahrhunderts in Deutschland nicht einheitlich geregelt. Das gemeine Recht galt, wo kein besonderes Ortsrecht bestand. Durch die verschiedenen Land- und Stadtrechte bildeten sich zahlreiche Erbrechtsordnungen heraus, die große Unterschiede aufwiesen. Selbst das als umfassende Kodifikation gedachte preußische ALR von 1794 wurde im Falle vorhandener Provinzialrechte nur subsidiär behandelt[99]. Gleichwohl diente das preußische ALR neben dem österreichischen ABGB als Vorbild für die Ausgestaltung des deutschen Pflichtteilsrechts als reinem Wertanspruch im Gegensatz zum Noterbrecht.[100]

Nach der Rezeption kam es zunächst zu einer Vermischung deutsch- und römischrechtlicher Grundsätze. Die deutschen Partikularrechte gingen uneinheitlich von der Noterbentheorie oder nur der Gläubigerstellung des Berechtigten aus.[101] Das heute geltende Pflichtteilsrecht des Bürgerlichen Gesetzbuches entstammt dem Preußischen Allgemeinen Landrecht[102], das die grundsätzlich uneingeschränkte Testierfreiheit zugrunde legte und dem Erben statt eines Noterbrechts lediglich einen Pflichtteilsanspruch gewähren wollte.[103] Das Pflichtteilsrecht des römischen Rechts wurde also in der Weise umgestaltet, daß der Pflichtteilsberechtigte nur noch einen obligatorischen Anspruch auf eine bestimmte Geldsumme gegen die berufenen Erben erhalten sollte.[104] Dieser Entscheidung lag die Auffassung zugrunde, daß die Pflicht der Eltern sich darin erschöpfe, ihre Kinder zu erziehen und in die Lage zu versetzen, für sich selbst zu sorgen.[105] Auch konnte auf diese Weise die Zugehörigkeit des Enterbten zur Erbengemeinschaft vermieden werden, wovon man sich weniger Erbstreitigkeiten erhoffte.[106] Gleichwohl war die Auslegung des Pflichtteilsrechts als Geldanspruch nicht unumstritten. Denn die Abkehr vom Recht der Erbeinsetzung nach germanisch-rechtlichem Vorbild führte im Ergebnis dazu, daß ein Anteil an Erinnerungsstücken nicht gewährt werden konnte.[107] Trotz sozialethischer Bedenken setzte sich letztlich - auch aus Gründen leichterer Berechenbarkeit[108] - die Auffassung durch, im Pflichtteil eine reine Geldforde-

---

[99] Mertens, S. 2

[100] Wacke, a.a.O.; siehe auch die Ausf. oben zu III.

[101] Lange/Kuchinke, § 39 I 2

[102] Das österreichische ABGB diente ebenfalls als Orientierung, Wacke, HRG, Art. Pflichtteilsrecht, Sp. 1739

[103] Wobei sich diese Entwicklung erst im 19. Jhdt. vollzog. Das sächsische BGB von 1863 und auch teilweise das ALR -wo dies zunächst strittig war- gingen noch von einem echten Pflichtteil aus, vgl. Mitteis/Lieberich, Kap. 54, S. 167.

[104] Coing II, § 133, S. 630

[105] Dernburg, S. 571

[106] Mitteis/Lieberich, Kap. 54, S. 167; Wacke, HRG, Art. Pflichtteilsrecht, Sp. 1740

[107] Mitteis/Lieberich, Kap. 54, S. 167.

[108] Mitteis/Lieberich, Kap. 54, S. 167.

rung zu sehen, gerichtet auf den halben Wert des gesetzlichen Erbteils.[109] Seinen Namen trägt der Pflichtteil daher eigentlich zu Unrecht.[110]

IV. Die Zulassung von Testierfreiheit und Pflichtteilsrecht

Der Gesetzgeber ließ sich bei der Abfassung der erbrechtlichen Vorschriften im Bürgerlichen Gesetzbuch überwiegend von den Beratungen der Ersten Kommission zur Abfassung des BGB in den Jahren 1875 bis 1878 leiten. Die dort gefaßten Beschlüsse wurden von der Zweiten Kommission und im Reichstag kaum noch kritisiert oder verändert. Überhaupt fand die Frage nach der Berechtigung des Pflichtteilsrechts vor den Beratungen der Kommissionen wenig Beachtung. Erst anläßlich des 14. Deutschen Juristentages in Jena im Jahre 1878 wurde die Einschränkung der Testierfreiheit zugunsten einer Pflichtteilsberechtigung durch die beiden Referenten[111] abgelehnt und die Abschaffung des Pflichtteilsrechts gefordert.[112]

Letztlich stand die Abschaffung oder Reform des Pflichtteilsrechts aber nicht ernsthaft zur Debatte.[113] Eine Alternative zum Privaterbrecht, nämlich die des Familienerbrechts, läßt sich den Motiven und Protokollen nicht entnehmen. Vielmehr ging man ohne Umschweife von der Testierfreiheit aus. Soziale Gesichtspunkte wurden von den Kommissionen nicht erörtert, da man sie für nicht spruchreif erachtete.[114] Daß ein Zusammenhang zwischen sozialen Problemen und dem Erbrecht nicht ganz von der Hand zu weisen war, zeigt die Argumentation der Kritiker dieser Vorgehensweise, welche auffälligerweise weder sozialistischen noch kommunistischen Gruppierungen zuzuordnen waren.[115] Als Argument für die nur ausnahmsweise zuzubilligende Testierfreiheit und das grundsätzlich anzunehmende Familienerbrecht diente insbesondere der Hinweis auf unsoziale Regelungen im Ersten Entwurf eines Bürgerlichen Gesetzbuches. Heftige Kritik ging beispielsweise von *Otto von Gierke* aus, der die soziale Funktion und innere Berechtigung des Erbrechts allein durch den Eintritt des zunächst berufenen Familienmitglieds in die leer gewordene Stelle verwirklicht sah.[116] Noch ablehnender stand der Landgerichtsrat *Pfizer* dem Institut der Testierfreiheit gegenüber, das er als „Ausgeburt altrömischer Selbstsucht und neurömischer Habgier"[117] bezeichnete. Eine Abschwächung des Konflikts erreichte man mit dem Verweis darauf, daß soziale Gesichtspunkte bei der

---

[109] Dieser Auffassung folgte auch das Reichsgericht, RGZ 6, 247 ff; 21, 272.; vgl. hierzu auch Coing I, § 136, S. 630
[110] Mitteis/Lieberich, Kap. 54, S. 167.
[111] Meyersburg, S. 64; Bruns, S. 93
[112] Mertens, S. 1; Wacke, HRG, Art. Pflichtteilsrecht, Sp. 1739
[113] Motive, Band V, S. 382
[114] Schröder, S. 28 ff.
[115] Schröder, S. 33
[116] So Gierke, S. 38
[117] Pfizer, S. 40 f.

Ausarbeitung des Bürgerlichen Gesetzbuches keine Beachtung verdienten, sondern vielmehr dem öffentlichen Recht und damit dem Bereich der Sozialgesetzgebung zuzuordnen seien.[118]

Bestrebungen, die Zulassung der Testierfreiheit zu begründen oder zumindest argumentativ als richtige Lösung erscheinen zu lassen, waren hingegen nicht erkennbar.[119] Zwar wurde der Teilentwurf zum Erbrecht von 1879 mit einer umfangreichen Begründung[120] zum Erbrecht und zur Testierfreiheit versehen, diese war aber bei den Beratungen der Ersten Kommission im Jahre 1886 zu keinem Zeitpunkt Gegenstand der Erörterung. Möglicherweise war man zu der Ansicht gelangt, die Berücksichtigung der vor allem politischen Frage einer sozialen Reform fördere die Diskussion juristischer Problempunkte nicht.[121] [122]

In diesem Zusammenhang ist anzumerken, daß das Bürgerliche Gesetzbuch in der Tat nicht nur von abstrakter Technik geprägt ist[123], sondern inhaltlich nie eine bestimmte soziale oder politische Tendenz widerspiegelte.[124] Vielmehr versucht es einen Ausgleich mehrerer Wertsysteme, die sich in der deutschen Sozialgeschichte des 19. Jahrhunderts nicht ohne weiteres miteinander vereinbaren ließen.[125] Daß der Gesetzgeber dem Privatrecht keine soziale Funktion zuweisen wollte, zeigt der nur gemäßigt zum Ausdruck kommende Liberalismus, begleitet von konservativen und autoritären Zügen.[126] Diese Einstellung kommt insbesondere im Schuld- und Sachenrecht zum Ausdruck.[127] So wird beispielsweise durch die Zulassung der Vertragsfreiheit und das Institut des abstrakten Schuldvertrages sowie die Begünstigung des gutgläubigen Eigentums- und Hypothekenerwerbers das Vertrauen des Gesetzgebers auf den vernünftigen, urteilsfähigen und eigenverantwortlich handelnden Rechtsanwender unter Zurückstellung vertragsethischer Elemente offenbar.[128] Das Erbrecht selbst weist durch die Institute der Nacherbschaft und der Testaments-

---

[118] Auf diesen Ausweg berief sich Stolterfoth, S. 48

[119] Schröder, S. 52 ff.

[120] Zur Qualität vereinzelt abgegebener Begründungen zum Erbrecht vgl. Schröder, S. 56 ff, nach dessen Ansicht die Äußerung, Erbrecht habe etwas mit Familie zu tun, weniger eine Begründung als eine banale Feststellung ist.

[121] Auch Schröder erblickt in der fehlenden Stellungnahme der Kommission eine Stellungnahme, S. 31 a.E.

[122] Ähnlich kritisch wird die Übertragung politischer Zielvorgaben auf die Bereiche des Privatrechts auch heute noch von Stöcker, WM 1970, S. 774 ff. (782); ders. in FamRZ 1971, 609 ff. (617) gesehen.

[123] Wieacker, § 25 III 4, S. 477

[124] Wieacker, § 25 IV 2, S. 479

[125] Wieacker, a.a.O.

[126] In diesen Zusammenhang erwähnt *Wieacker* (§ 25 IV 2, S. 481), daß sich der Gesetzgeber bei allem guten Willen vorwiegend auf die Interessen der Wirtschaftsgesellschaft einstellte und sich die soziale Kontrolle der Privatrechte in den engen Schranken eines ethisch fundierten Liberalismus erschöpfte.

[127] Hierzu ausführlich unter Nennung weiterer Beispiele: Wieacker, § 25 IV 2, S. 480 ff.

[128] Wieacker, § 25 IV 2, S. 482

vollstreckung, sowie die Entscheidung gegen die Erbfolge in Sondervermögen[129] und gegen die Beschränkung der Testierfreiheit zugunsten der geschlossenen Vererbung liberale Tendenzen auf.[130] Hier wurden gewisse Bindungen zwar zugelassen, gleichzeitig aber wieder beschränkt.[131] Zwar bewertete man die allgemeine Testierfreiheit als Ausdruck der persönlichen Freiheit. Gleichzeitig befürchtete man jedoch, die Testierfreiheit würde als Instrument der Vermögenserhaltung und Bevorzugung einzelner Erben eingesetzt.[132]

Vor dem Hintergrund der politischen Kontroversen um die Berechtigung des Prinzips der Testierfreiheit versteht sich auch die sparsame Behandlung der Pflichtteilsproblematik. Während die Berechtigung der Pflichtteilsregelung schon in den Beratungen der Ersten Kommission nicht ernsthaft angezweifelt wurde, ging die zweite Kommission auf die Fragen der Reform oder gar Abschaffung des Pflichtteilsrechts gar nicht mehr ein. Diskutiert wurde hier nur die Ausgestaltung der Vorschriften im einzelnen.[133] Einwände gegen die Pflichtteilsregelung an sich, für die sich die Erste Kommission 1875 einstimmig aussprach, waren nicht erneut Gegenstand der Auseinandersetzungen. Ansatzpunkt für Kritik war lediglich der Fall, in dem der Erblasser mit seiner letztwilligen Verfügung eine geschlossene testamentarische Vererbung innerhalb seiner Familie bezweckt und aus diesem Grund nur eines seiner Kinder bedacht hat.[134] Hinter dieser Argumentation standen vor allem Vertreter landwirtschaftlicher Interessen, die zur Vermeidung der Aufspaltung land- und forstwirtschaftlichen Grundbesitzes die Regelung einer unbeschränkten Testierfreiheit zumindest für solchermaßen betroffene Grundstücke bevorzugt hätten. Der in diesem Zusammenhang gern vorgebrachte Hinweis auf die im englischen Recht geltende uneingeschränkte Testierfreiheit[135] diente hingegen nicht der Überzeugung der Kommission, sondern wurde im Gegenteil als Argument gegen eine Anhäufung großer Vermögensmassen bei einzelnen Personen genutzt. Bereits bei den Beratungen der Ersten Kommission im Jahr 1875 war man sich darüber einig, daß gerade das Beispiel England, wo sich großer Reichtum und ebenso große Armut gegenüberstanden[136], die Nachteile derartiger Vermögenskonzentrationen besonders deutlich machte. Einem solchen

---

[129] *Coing* erblickt hierin zugleich die Ablehnung eines Instruments der Rechtspolitik (vgl. II § 122 I 2, S. 595).
[130] Coing II, § 122 I 3, S. 595, der in der Gesamtgestaltung des Erbrechts eine Rückkehr zum römischen Recht erblickt; vgl. auch Wieacker, § 25 IV 2, S. 482.
[131] Coing II, § 122 I 3, S. 595
[132] Coing II, § 122 I 2, S. 595
[133] Protokolle, S. 490
[134] Klöppel, Gruchots Beiträge, Bd. 33 (1889), S. 356
[135] Fuld, Zeitschrift für Agrarpolitik, Bd. I, 1888, S. 145 ff. (148 f.)
[136] Dieser soziale Kontrast wurde durch die Erbschaftsbesteuerung inzwischen stark abgemildert.

gesellschaftlichen Ungleichgewicht sollte durch die Gleichteilung der Erbschaft entgegengewirkt werden.[137]

Schließlich zeigte sich zu keinem Zeitpunkt eine ernstzunehmende Bereitschaft, von der in Deutschland vorherrschenden Anerkennung der Pflichtteilsregelung abzurücken. Vielmehr wurde sie als eine Ausgleichsmöglichkeit zwischen Familienerbfolge und Testierfreiheit[138] gesehen, die im Gegensatz zur schrankenlosen Testierbefugnis eine bereits erprobte[139] und damit unriskante Lösung war.

Hinsichtlich des Berechtigtenkreises und der Höhe des Pflichtteils als Bruchteil der Intestaterbportion beschloß bereits die Erste Kommission zur Abfassung des BGB[140] im Jahre 1875[141], den Pflichtteil auf die Hälfte des gesetzlichen Erbteils festzulegen, und zwar einheitlich für alle Berechtigten.[142] Hiermit knüpfte die Kommission an die Mehrzahl der geltenden Rechte an, weil sie die gewählte Lösung für die einfachste und klarste hielt.[143] Weder die von *von Gierke* kritisierte mechanische Gleichförmigkeit eines Pflichtteilsrechts, das nicht danach unterschied, zu wessen Nachteil der Erblasser eine letztwillige Verfügung traf, noch der Vorschlag, den Pflichtteil auf lediglich ein Drittel festzusetzen, konnten die Mehrheit der Kommissionsmitglieder überzeugen.[144] In den Motiven[145] hieß es hierzu wörtlich:

„(...)Der Bruchtheil „die Hälfte" ist gewählt theils im Interesse der Einfachheit, theils weil es nicht angemessen erscheint, daß der Erblasser je nach der Zahl der erbberechtigten Verwandten eine erweiterte oder beschränkte Verfügungsbefugniß habe, endlich, weil die Pietätsrücksicht in allen Fällen die gleiche ist. Die Festsetzung auf die Hälfte erscheint ferner deshalb angemessen, weil der Pflichttheil nicht bedeutungslos werden, andererseits nicht so anschwellen soll, daß der Erblasser behindert wird, berechtigten Rücksichten bei der Theilung Rechnung zu tragen. Dazu wird die Hälfte genügen; sie ermöglicht, daß der Erblasser, auch wenn er sechs Kinder hat, dem einen davon 7/12 zuwendet.

---

137 Begründung des Entwurfes eines Rechtes der Erbfolge für das Deutsche Reich und des Entwurfes eines Einführungsgesetzes, S. 56 f.

138 a.a.O., S. 58

139 Die Kommission bezog sich hierbei auf die in deutschen Rechten ausnahmslos vorhandene Pflichtteilslösung, hierzu: Mertens, S. 86, der auf das Protokoll der 619. Sitzung vom 11. Januar 1887 verweist.

140 Diesen Entscheidungen schloß sich die Zweite Kommission ebenfalls an, Mertens, S. 102

141 Mertens, S. 104 f.

142 Vgl. hierzu die folgenden Ausführungen zum Berechtigtenkreis und der Höhe des Pflichtteils de lege lata unter C I u. II

143 Begründung des Entwurfes eines Rechtes der Erbfolge für das Deutsche Reich und des Entwurfes eines Einführungsgesetzes, S. 671

144 Ausführlich hierzu: Mertens, S. 105 f.

145 Motive, Band V, S. 388 f.

Dies genügt in der Regel, um selbst ein Gut, eine Fabrik, ein größeres Geschäft einem Kinde zuzuweisen.(...)".

V. Begriff und rechtliche Konstruktion des Pflichtteilsrechts

Im Rahmen der Abgrenzung und der rechtlichen Einordnung des Pflichtteilsrechts im Verhältnis zum Pflichtteilsanspruch wurde das Pflichtteilsrecht schon vom Reichsgericht[146] als ein ein Rechtsverhältnis begründendes subjektives Recht[147] und damit als mögliche Quelle des Pflichtteilsanspruchs betrachtet. Der Bundesgerichtshof ist dieser Einordnung gefolgt und hat in zwei Entscheidungen das Pflichtteilsrecht als ein bereits zu Lebzeiten des Erblassers im Verhältnis zum Pflichtteilsberechtigten bestehendes[148], sich andererseits aber in den Erben fortsetzendes Rechtsverhältnis[149] qualifiziert. Daß dieses Rechtsverhältnis unabhängig von einem tatsächlichen Geldanspruch besteht, sieht der BGH durch den in § 2314 BGB festgelegten Auskunftsanspruch des Pflichtteilsberechtigten bestätigt[150], der dem Berechtigten nicht nur die Berechnung seines eventuell vorhandenen Pflichtteilsanspruchs ermöglichen, sondern vor allem Aufschluß darüber geben soll, ob der Nachlaßumfang das Bestehen eines Anspruchs im konkreten Fall überhaupt wahrscheinlich macht.[151]

Die hierzu im Schrifttum vertretenen Ansichten, die teilweise das Vorliegen eines subjektiven Rechts und/oder eines Rechtsverhältnisses verneinen und stattdessen die Konstruktion des Pflichtteilsrechts anders begründen wollen, sollen hier nur kurz erörtert werden. Diese Begründungsversuche reichen von der Annahme eines Anwartschaftsrechts[152] über die Einordnung eines künftigen Rechts, das nur für den Fall existiere, daß der Pflichtteilsberechtigte den Erblasser überlebt[153], bis hin zur Differenzierung als potentielles Recht vor und als aktuelles Recht nach dem Erbfall[154]. Die Auffassungen, die im Pflichtteilsrecht ein nur bedingtes oder künftiges Recht sehen, verkennen, daß das Pflichtteilsrecht schon mit der Geburt Rechtswirkungen entfalten kann. So kann auch schon vor dem Erbfall die Beziehung zwischen Erblasser und Pflichtteilsberechtigtem Gegenstand einer Feststellungsklage sein oder die Anfechtung eines Erbvertrages durch den Erblasser erfolgen und damit Pflichtteilsrechte berühren.[155] Dagegen geht die Einordnung als Anwartschaftsrecht zu weit, da das Pflichtteilsrecht eine noch ungesicherte Rechtsposition ist[156] und darüber

---

[146] RGZ 92, S. 1 ff.
[147] RGZ 92, S. 1 ff. (3 u. 7)
[148] BGHZ 1, 343 ff. (349)
[149] BGHZ 28, 177 ff. (178)
[150] BGHZ a.a.O., S. 179 ff.
[151] BGHZ a.a.O., S. 181
[152] Göller, S. 61; v. Lübtow, S. 546
[153] Bartholomeyczik, § 46 I, 2 d
[154] Lange/Kuchinke, § 37 I 1
[155] MK-Frank, § 2303 Rn. 5; Staudinger/Ferid/Cieslar, Einl. zu §§ 2303 Rn. 66
[156] Staudinger/Ferid/Cieslar, Einl. zu §§ 2303 Rn. 67

hinaus weder vererblich oder abtretbar ist, noch der Pfändung unterworfen werden kann.[157]

Die Begriffe Pflichtteilsrecht und Pflichtteils-anspruch sind zu unterscheiden. Während das Pflichtteilsrecht eine nach dem Tode des Erblassers zwischen den nächsten Angehörigen regelmäßig bestehende vermögensrechtliche Situation beschreibt, erwächst dem Pflichtteilsberechtigten hieraus nicht zwingend ein Pflichtteilsanspruch. Das Pflichtteilsrecht besteht für den (hypothetischen) Fall, daß der Erblasser die gesetzliche Erbfolge von Abkömmlingen, Eltern und/oder Ehegatten durch Verfügung von Todes wegen zu deren Nachteil verändert. Dagegen setzt das Bestehen eines Pflichtteilsanspruchs den tatsächlichen Ausschluß des Berechtigten von der Erbfolge voraus. Ein Wegfall des Pflichtteilsrechts ist nur im Falle eines wirksamen Entzuges gem. § 2333 ff. BGB durch den Erblasser denkbar.

Als rechtliche Ausgestaltungen dieses Anspruchs sind vom Gesetzgeber neben dem Pflichtteilsanspruch (§ 2303 BGB) der Pflichtteilsrestanspruch (§ 2305 BGB) und der Pflichtteilsergänzungsanspruch (§ 2325 ff. BGB) vorgesehen. Außerdem besteht für den Pflichtteilsberechtigten zu seinem Schutz ein Leistungsverweigerungsrecht gemäß § 2318 BGB sowie die Möglichkeit des Wegfalls von Beschränkungen und Beschwerungen des Erbteils (§ 2306 Abs. 1 S. 1 BGB). In diesem Fall kann ein Pflichtteilsanspruch auch für den zwar nicht gänzlich von der Erbfolge ausgeschlossenen, durch Nacherbeneinsetzung, Teilungsanordnung, Testamentsvollstreckung, Auflage oder Vermächtnis jedoch beschwerten Pflichtteilsberechtigten bestehen. Hierzu ist die Ausschlagung der Erbschaft gem. § 2306 Abs. 1 S. 2 BGB erforderlich. Derartige Beschränkungen und Beschwerungen gelten gemäß § 2306 Abs. 1 S. 1 BGB allerdings als nicht angeordnet, soweit der hinterlassene Erbteil die Hälfte des gesetzlichen Erbteils nicht übersteigt.

---

[157] Larenz § 13 II, S. 224

C. Die Pflichtteilsvorschriften des BGB

I. Pflichtteilsberechtigte Personen

Den Kreis der pflichtteilsberechtigten Personen hat der Gesetzgeber in § 2303 BGB festgelegt. Lediglich den Abkömmlingen, den Eltern und den Ehegatten des Erblassers steht hiernach ein Pflichtteilsrecht zu, wenn sie nach der gesetzlichen Erbfolge zu Erben berufen wären, von dieser aber durch Verfügung von Todes wegen ausgeschlossen sind. Die fehlende Erbberechtigung muß also auf eine Verfügung des Erblassers von Todes wegen zurückzuführen sein und darf nicht lediglich auf der Erklärung des Pflichtteilsberechtigten, er werde die Erbschaft ausschlagen, beruhen. Denn die Ausschlagungserklärung des Berechtigten führt gem. § 1948 BGB zur Stellung eines gesetzlichen Erben (soweit nicht auch insoweit die Ausschlagung erfolgt) und nicht - wie oft irrig angenommen wird - zu einem Pflichtteilsanspruch. Während die Ausschlagung des gesetzlichen oder testamentarischen Erbteils nach den allgemeinen Vorschriften des Pflichtteilsrechts regelmäßig[158] nicht zu einem Pflichtteilsanspruch führt, gilt zugunsten des Ehegatten gem. §§ 2303 Abs. 2 S. 2 i.V.m. 1371 Abs. 3 BGB eine Ausnahme. Hiernach steht dem ausschlagenden Ehegatten, der mit dem Erblasser im gesetzlichen Güterstand der Zugewinngemeinschaft lebte, stets ein Anspruch auf den sog. kleinen Pflichtteil zu.[159] Der überlebende Ehegatte soll frei wählen können zwischen der Annahme der Erbeinsetzung oder des gesetzlichen Erbteils und der güterrechtlichen Lösung nach Ausschlagung.[160]

Die Pflichtteilsberechtigung hat also im Gegensatz zur Erbberechtigung eine Beschränkung auf den Bereich der engsten Familie erfahren, dem nicht einmal die Großeltern und Geschwister des Erblassers zugerechnet wurden.

So beschloß die Erste Kommission zur Ausarbeitung des BGB bereits in ihren Vorberatungen im Jahre 1875 einstimmig, den Deszendenten des Erblassers ein Pflichtteilsrecht zuzubilligen, es den Geschwistern und deren Kindern als der Seitenlinie zugehörigen Personen hingegen zu versagen.[161] Denn anders als die Beziehung zwischen Eltern und Kindern ist die persönliche Verbundenheit zwischen Geschwistern - jedenfalls in der Regel - als schwächer und vor allem als kurzlebiger einzustufen, da sich die geschwisterliche Beziehung im Zuge eigener Familienplanungen eher einer Abkühlung ausgesetzt sieht als dies im Verhältnis zu den Eltern der Fall sein dürfte. Die Annahme eines Pflichtteilsrechts der Geschwister und sonstiger Seitenverwandter hätte sich

---

[158] Außer im Falle von Beschränkungen oder Beschwerungen des hinterlassenen Erbteils i.S.v. § 2306 Abs. 1 S. 2 BGB

[159] Palandt/Diederichsen, § 1371 Rn. 19

[160] Leipold, Rn. 116 f.

[161] Begründung des Entwurfes eines Rechtes der Erbfolge für das Deutsche Reich und des Entwurfes eines Einführungsgesetzes, S. 637 u. 640 f.

nicht nur in Widerspruch zu den meisten in Deutschland geltenden Rechten gesetzt, was das BGB als „Vereinigungskodifikation" vermeiden wollte.[162] Sie hätte vor allem eine große Ausdehnung des pflichtteilsberechtigten Personenkreises mit der Folge einer stark eingeschränkten Testierfreiheit bewirkt.[163]

Die bis zum Inkrafttreten des Erbrechtsgleichstellungsgesetzes am 1.4.1998 geltende Unterscheidung zwischen „ehelichen" und „nichtehelichen" Kindern ist nicht mehr aktuell. Nunmehr läßt sich den Vorschriften des BGB in Erfüllung des sich aus Art. 6 Abs. 5 GG ergebenden Verfassungsauftrages lediglich die einheitliche Bezeichnung „Kind" finden. § 2338a BGB a.F., der den Erbersatzanspruch des nichtehelichen Kindes dem gesetzlichen Erbteil des ehelichen Kindes gleichsetzte, ist infolge der Aufhebung des § 1934a BGB a.F. ebenfalls hinfällig geworden.[164]

Auch entschied man sich für eine Pflichtteilsberechtigung lediglich der Eltern des Erblassers unter Ausschluß entfernterer Aszendenten.[165] Diese auf dem Gedanken engster Familienverbundenheit basierende Entscheidung wurde seitens der Ersten Kommission erst nach längeren Diskussionen beschlossen, da die in Deutschland bis dahin geltenden Rechte unterschiedliche Regelungen vorsahen. So wurden die Eltern als einzige pflichtteilsberechtigte Aszendenten nur im lübischen Gesetz von 1862[166] und im preußischen Entwurf von 1835[167] genannt, während der bayerische Entwurf von 1856 neben den Eltern auch die Großeltern des Erblassers berücksichtigte. Dagegen sprach der überwiegende Teil der Partikularrechte - u.a. der code civil Art. 915 f., das sächsische BGB § 2565 und das österreichische ABGB §§ 762 f. - allen Aszendenten eine Pflichtteilsberechtigung zu.

Maßgeblich für die Einbeziehung der Eltern - und nicht der Großeltern - war zum einen das in der Eltern-Kind-Beziehung am stärksten vermutete Zusammengehörigkeitsgefühl.[168] Für die Entscheidung über die Aufnahme in den Kreis der Berechtigten war nämlich nicht etwa die Familien*zugehörigkeit* entscheidend. Denn dies hätte leicht zu einer ebenso weiten Ausdehnung der Berechtigten geführt wie im Erbrecht.[169] Eine enge familiäre Verbundenheit sprach man daher nur Ehegatten, Kindern und Eltern untereinander zu.

---

[162] Zur Problematik des unbeschränkten Verwandtenerbrechts vgl. auch Mitteis/Lieberich, Kap. 56, S. 172

[163] Binding in AcP 58 (1875), S. 153 ff. (155 ff.)

[164] Leipold, Rn. 108.

[165] Mertens, S. 100 f.

[166] Art. 22

[167] II, 2 § 194

[168] Mertens, a.a.O., mit dem Hinweis auf das Protokoll der 12. Sitzung v. 23.10.1875

[169] Beneke, S. 321

Aber auch der Umstand, daß die gesetzliche Erbfolge ein Erbrecht der Großeltern und anderer entfernter Verwandter nur vorsieht, soweit Geschwister bzw. Geschwisterkinder nicht vorhanden sind, spielte für die Einbeziehungsfrage eine Rolle.[170] Hierbei läßt sich aus der Tatsache, daß dem Enkel gegen die Großeltern Pflichtteilsrechte zustehen, für die umgekehrte Situation kein Gegenseitigkeitsprinzip herleiten. Denn geht man von dem das Erbrecht beherrschenden Gedanken aus, wonach alle Vermögenswerte in den nachfolgenden Generationen fortbestehen, von ihnen genutzt und ausgeweitet werden, so rechtfertigen sich vor diesem Hintergrund elterliche Pflichtteilsrechte allenfalls mit dem Argument, die Eltern seien an die Stelle ihres fortgefallenen Kindes getreten. Ein solcher Eintritt kann bei entfernteren Aszendenten hingegen schon nicht mehr angenommen werden.[171] Demgemäß entfällt nach § 2309 BGB die Pflichtteilsberechtigung der Eltern und entfernteren Abkömmlinge nur im Falle des Zusammentreffens mit einem pflichtteilsberechtigten Abkömmling, der sie im Falle der gesetzlichen Erbfolge ausschließen würde.

Ebenfalls einstimmig beschloß die Erste Kommission im Rahmen der Beratungen des Ehegattenerbrechts im Jahre 1877, den überlebenden Ehegatten in den Kreis der Pflichtteilsberechtigten aufzunehmen.[172] Hierbei war der tragende Gedanke, daß das Pflichtteilsrecht des Ehegatten ebenso wie sein gesetzliches Erbrecht aus der engen Verbundenheit der Ehepartner und der durch die Eheschließung begründeten Zugehörigkeit zur Familiengemeinschaft resultiere.[173]

II. Die Berechnung des Pflichtteils

Die Höhe des Pflichtteilsanspruchs ergibt sich aus der Pflichtteilsquote und dem Nachlaßwert. Die Pflichtteilsquote beträgt einheitlich die Hälfte des Wertes des gesetzlichen Erbteils (§ 2303 Abs. 1 S. 2 BGB). Im Fall eines in Zugewinngemeinschaft lebenden pflichtteilsberechtigten Ehegatten ist § 1371 zu berücksichtigen. Hiernach bestimmt sich der Pflichtteil nach dem erhöhten Erbteil des § 1371 Abs. 1, wenn der Ehegatte am Nachlaß als Erbe oder Vermächtnisnehmer beteiligt ist (sog. großer Pflichtteil). Fehlt eine solche Beteiligung, so kommt zum güterrechtlichen Zugewinnanspruch lediglich der gem. § 1931 zu berechnende sog. kleine Pflichtteil hinzu.

Der Berechnung zugrunde zu legen ist, wie § 2310 BGB zeigt, der fiktive gesetzliche Erbteil. Ohne Belang für die Ermittlung der Quote sind demnach die Ausschlagung der Erbschaft durch einzelne Personen, deren testamentarischer Ausschluß sowie die erklärte Erbunwürdigkeit. Allerdings werden die durch

[170] Motive, Band V, S. 383
[171] Schultzenstein, S. 226 f.
[172] Mertens, S. 101 mit dem Hinweis auf das Protokoll der 9. Sitzung v. 1.10.1877.
[173] So auch Schultzenstein, S. 226, der die Einbeziehung des Ehegatten nicht nur mit dem verlorengegangenen Unterhaltsanspruch begründen will.

Erbverzicht von der gesetzlichen Erbfolge ausgeschlossenen Personen in die fiktive Erbteilermittlung nicht mit einbezogen.[174]

Um die Höhe des Geldanspruchs zu ermitteln, ist der Wert des Nachlasses zur Zeit des Erbfalls zugrunde zu legen (§ 2311 BGB). Hierbei sind von den Vermögensgegenständen sämtliche Nachlaßverbindlichkeiten abzuziehen, sowie anzurechnende und auszugleichende Beträge zu berücksichtigen (§§ 2315, 2316 BGB). Auflagen und Vermächtnisse werden hingegen - mit Ausnahme des dem Ehegatten zustehenden Voraus gem. § 1932 BGB - nicht in Abzug gebracht, da der Pflichtteilsanspruch ranghöher einzustufen ist.[175]

Ist dem Pflichtteilsberechtigten ein Erbteil zugewendet worden, der geringer ist als die Hälfte seines gesetzlichen Erbteils, so kann er von dem Erben den Wert des Differenzbetrages verlangen (sog. Pflichtteilsrestanspruch). Bei einer maximal 10 Jahre vor dem Erbfall durch den Erblasser vorgenommenen Schenkung kann der Pflichtteilsberechtigte von dem Erben - und subsidiär vom Beschenkten selbst, § 2329 BGB - als Ergänzung seines Pflichtteils den Betrag verlangen, um den sich der Pflichtteil erhöht, wenn der verschenkte Gegenstand zum Nachlaß hinzugerechnet wird (sog. Pflichtteilergänzungsanspruch, §§ 2325 ff. BGB).

III. Pflichtteilsunwürdigkeit und -entziehung

Der Erblasser hat unter den Voraussetzungen der §§ 2333 ff. BGB die Möglichkeit, den in § 2303 BGB genannten Pflichtteilsberechtigten den Pflichtteil zu entziehen und ihnen somit die Mindestbeteiligung am Nachlaß zu nehmen. Die Pflichtteilsentziehung muß durch letztwillige Verfügung erfolgen und den Grund der Entziehung in der Verfügung nennen (§ 2336 BGB). Der beweispflichtige Erblasser muß dabei konkrete Vorwürfe formulieren und darf sich nicht mit vagen Andeutungen begnügen.[176]

Die Entziehungstatbestände in Bezug auf Abkömmlinge, Eltern und Ehegatten sind in den §§ 2333 bis 2335 BGB enumerativ aufgezählt.

Die Entziehung des Pflichtteils eines Abkömmlings ist zulässig, wenn dieser dem Erblasser oder dessen Ehegatten nach dem Leben trachtete (§ 2333 Nr. 1 BGB), wenn er sich körperlicher Mißhandlungen (Nr. 2), eines Verbrechens oder schweren Vergehen gegen den Erblasser oder dessen Ehegatten schuldig gemacht hat (Nr. 3). Kein Pflichtteilsentziehungsrecht gewährt dagegen eine gegen Dritte gerichtete Straftat, mag sie auch noch so schwerwiegend sein.

---

[174] Vgl. §§ 2310 S. 2, 2346 BGB

[175] Vgl. die in §§ 325, 327 Abs. 1 Nr. 1 u. 2 InsO vorgesehene Rangfolge (früher § 226 Abs. 2 Nr. 4 u. 5 KO).

[176] BGH NJW 1985, 1554 ff. (1555 f.)

Auch die böswillige Verletzung der Unterhaltspflicht (Nr. 4) und ein ehrloser oder unsittlicher Lebenswandel gegen den Willen des Erblassers (Nr. 5) rechtfertigt die Pflichtteilsentziehung. Eine formgültig erklärte Entziehung wird unwirksam entweder durch Verzeihung (§ 2337 S. 2 BGB) oder bei dauernder Aufgabe des ehrlosen und unsittlichen Lebenswandels (§ 2336 Abs. 4 BGB).

Zu unterscheiden von der Pflichtteilsentziehung ist die Pflichtteilsbeschränkung in guter Absicht gemäß § 2338 BGB. Durch die Nacherbeneinsetzung bzw. die Anordnung einer Testamentsvollstreckung soll den Gefahren eines verschwenderischen Lebenswandels oder der Überschuldung des Abkömmlings vorgebeugt werden. Beide Maßnahmen können einzeln angeordnet oder miteinander verbunden werden.[177] Die Nacherbeneinsetzung dient dem Schutz des Abkömmlings vor sich selbst (§§ 2111 ff. BGB) sowie dem Zugriff seiner Gläubiger (§ 2115 BGB). Als Nacherben müssen alle gesetzlichen Erben des Abkömmlings eingesetzt werden, soweit für diese die Voraussetzungen eines Pflichtteilsentziehungsgrundes nicht vorliegen.[178] Die Anordnung der Verwaltung durch einen Testamentsvollstrecker führt zum Entzug des Verfügungsrechts unter Lebenden. Allerdings verbleibt dem Abkömmling der jährliche Reinertrag, soweit dieser nicht ebenfalls durch den Erblasser entgegen § 2338 Abs. 1 S. 2 BGB der Verwaltung unterstellt wurde.[179]

IV. Maßnahmen zur Verringerung von Pflichtteilsansprüchen

Auch wenn es zahlreiche Möglichkeiten für den Erblasser gibt, sein Vermögen im Hinblick auf spätere Pflichtteilsrechte zu begrenzen, so wird es in der Praxis kaum gelingen, die Pflichtteilsansprüche wesentlich zu vermindern oder gar zu vermeiden.

1. Die Strafklausel beim Berliner Testament

Im Rahmen eines Berliner Testaments (§ 2269 BGB) können die Ehegatten versuchen, die Schlußerben von der Geltendmachung des Pflichtteils nach dem Erstversterbenden abzuhalten, indem sie das gemeinschaftliche Testament mit einer Pflichtteilsklausel (auch Strafklausel genannt) versehen. Um den längerlebenden Ehegatten vor der Situation zu bewahren, den Pflichtteil an den Berechtigten auszahlen zu müssen und sich dadurch möglicherweise in finanzielle Bedrängnis zu bringen[180], ist die Aufnahme einer Strafklausel gängig, wonach das Kind, das seinen Pflichtteil nach dem Erstversterbenden verlangt hat, auch nach dem Tode des Längerlebenden lediglich den Pflichtteil erhält. Die testamentarische Erbeinsetzung des Schlußerben steht also unter

---

[177] Palandt/Edenhofer, § 2338 Rn. 4
[178] Palandt/Edenhofer, § 2338 Rn. 4
[179] Palandt/Edenhofer, § 2338 Rn. 5
[180] Zur Möglichkeit der Pflichtteilsreduzierung durch ehebedingte Zuwendungen vgl. Langenfeld, ZEV 1997, S. 6 ff. und die Duplik von Brambring, ZEV 1997, S. 7 f.

der auflösenden Bedingung der Geltendmachung des Pflichtteils. Solche Klauseln sind grundsätzlich wirksam, soweit sie nicht ausnahmsweise gegen die guten Sitten oder ein gesetzliches Verbot verstoßen.[181]

2. Das Geldvermächtnis beim Berliner Testament

Fürchten die Ehegatten, die Schlußerben eines Berliner Testaments würden nach dem Tode des Erstversterbenden ihre Pflichtteile geltend machen, so besteht die Möglichkeit, zugunsten derjenigen Schlußerben, die keine Ansprüche stellen, ein bis zum zweiten Erbfall gestundetes, aus dem Vermögen des Erstverstorbenen zu entrichtendes Geldvermächtnis in Höhe des gesetzlichen Erbteils auszusetzen (*sog. Jastrow'sche Klausel*).[182] Als Sanktion für den den Pflichtteil beanspruchenden Schlußerben dient nicht nur der Ausschluß von der Erbfolge im Hinblick auf den zweiten Erbfall, sondern auch die Verminderung des Nachlasses bzw. Pflichtteilsanspruchs als Folge des Vermächtnisanfalls. Freilich können Pflichtteilsansprüche auf diese Weise nicht gänzlich ausgeschlossen werden. Erreicht wird hiermit lediglich, daß sie nach dem Längstlebenden geltend gemacht werden, in dessen Vermögen der Nachlaß des zuerst Verstorbenen dann meist enthalten ist.

3. Die Schenkung

Der sich aufdrängende Ausweg lebzeitiger Schenkungen wird durch den Pflichtteilsergänzungsanspruch des Berechtigten relativiert.[183] Auch dürfte die in § 2325 BGB festgelegte Frist von 10 Jahren nicht ohne weiteres zu umgehen sein, etwa durch den Kunstgriff einer lebzeitigen Schenkung bei postumem Vollzug.[184] Dann könnte der Erblasser den verschenkten Gegenstand bis zu seinem Tod weiter nutzen, die Schenkung wäre also aufschiebend bedingt auf den Todesfall. Zwar hat der BGH[185] die erst nach dem Tod des Erblassers zu vollziehende Schenkung unter Lebenden gemäß §§ 516 ff. BGB neben der in § 2301 BGB geregelten Schenkung auf den Todesfall als rechtlich zulässiges Gestaltungsmittel des Erblassers erachtet.[186] Hinsichtlich der analogen Anwendung der Auslegungsregel des § 2084 BGB weichen die Ansichten der Senate allerdings voneinander ab.[187] Während § 2084 BGB einerseits analog an-

[181] Leipold JZ 1996, S. 287 ff. (293); Palandt/Edenhofer, § 2269 Rn. 13
[182] Palandt/Edenhofer, § 2269 Rn. 15
[183] Vgl. die Ausführungen zu C II
[184] In diesem Zusammenhang spricht *Dauner-Lieb* von der Funktion des BGH als „Schutzpatron" des pflichtteilberechtigten Blutsverwandten gegenüber den von allzu finfigen Juristen beratenen Ehegatten (FF Sonderheft 2000, 16 (19))
[185] BGH in NJW 1978, S. 2027; BGH in FamRZ 1985, S. 693 ff.; BGH in JZ 1986, S. 584 ff.; BGH in NJW 1987, S. 840 ff. = JZ 1987, S. 361 ff.; BGH in NJW 1988, S. 2731 f. = BGH in JZ 1988, S. 1078; BGH in NJW 1995, S. 250 f. (251)
[186] Zu den Möglichkeiten des postumen Vollzugs lebzeitiger Schenkungen vgl. Werkmüller, S. 24 ff.
[187] Ausführlich hierzu Werkmüller, S. 25 ff.

gewandt wird[188], um im Wege der Auslegung zu einer Schenkung unter Lebenden zu gelangen und so dem Willen des Schenkers zum Erfolg zu verhelfen[189], wird andererseits darauf hingewiesen, daß der Tatrichter bei der Frage, ob eine Schenkung unter Lebenden oder eine solche von Todes wegen vorliege, nicht „engherzig" verfahren dürfe, sondern vielmehr beachten müsse, daß eine Schenkung von Todes wegen „erfahrungsgemäß" vielfach auch dann gewollt sei, wenn der Erblasser nicht ausdrücklich eine Überlebensbedingung i.S.v. § 2301 BGB erklärt habe.[190]

Soweit die Intention des Erblassers allerdings auf die Umgehung von Pflichtteilsrechten abzielt, würden jedenfalls Sinn und Zweck des § 2325 BGB verbieten, den Fristbeginn schon im Zeitpunkt des Abschlusses des Schenkungsvertrages gemäß § 516 Abs. 1 BGB anzunehmen. Vielmehr ist in diesem Fall auf die auf Rechtsübertragung gerichtete Vollziehungshandlung abzustellen; dies ist bei beweglichen Sachen die Vollendung des Eigentumsübergangs, bei Grundstücksschenkungen die Umschreibung im Grundbuch gemäß § 873 Abs. 1 BGB.[191]

4. Der Übergabevertrag

Die Übertragung von Vermögen bei gleichzeitiger Vereinbarung einer Gegenleistungspflicht ist ein entgeltlicher Vertrag und damit dem Tatbestand des § 2325 BGB entzogen. So kann der zukünftige Erblasser z.B. gegen die Verpflichtung zur Pflege bis zum Tod oder gegen die Einräumung eines lebenslangen Wohnrechts Vermögen übertragen. Zu beachten ist allerdings, daß zwischen Leistung und Gegenleistung nicht ein derart deutliches Mißverhältnis bestehen darf, daß bei objektiver Betrachtung von einem Schenkungswillen auszugehen und die Vermögenszuwendung daher ganz oder teilweise als Schenkung zu betrachten ist (*sog. gemischte Schenkung*). Soweit danach den Vertragsparteien unterstellt wird, sie seien sich über den Mehrwert und dessen Unentgeltlichkeit einig gewesen, findet § 2325 BGB auf die wertmäßig über der Gegenleistung liegende Zuwendung Anwendung.[192]

5. Die gesellschaftsvertragliche Fortsetzungsklausel

Da die Beteiligung an einer Gesellschaft häufig den größten Anteil des Erblasservermögens ausmacht, wird der Gesellschafter-Erblasser nicht selten eine Anteilsübertragung unter Ausschluß der Pflichtteilsberechtigten erstreben. Denn dies stellt nicht nur eine äußerst effektive Möglichkeit der Einflußnahme

---

[188] Vgl. insbes. BGH in NJW 1988, S. 2731 f.

[189] Gegen eine analoge Anwendung der Auslegungsregel wendet sich Bork in JZ 1988, S. 1059 ff. (1063), der hierdurch den Schutzzweck des § 2301 BGB unterlaufen sieht.

[190] BGH in JZ 1987, S. 361 (362)

[191] Palandt/Edenhofer, § 2325 Rn. 22; Reuter, JuS 1971, S. 289 ff. (294)

[192] Palandt/Edenhofer, § 2325 Rn. 20

auf die gesetzliche Erbfolge dar.[193] Vielmehr kommt der Erblasser damit auch den Interessen seiner Mitgesellschafter an einem unbeeinflußten Fortbestand der Gesellschaft entgegen, da der Erbe des Gesellschaftsanteils ansonsten gezwungen sein könnte, seinen Anteil wirtschaftlich zu verwerten oder sogar die Gesellschaft aufzulösen, um Pflichtteilsansprüche zu befriedigen. Dies gilt sowohl für die Gesellschaft bürgerlichen Rechts (GbR) und die offene Handelsgesellschaft (oHG), als auch für die Beteiligung der Komplementäre an einer Kommanditgesellschaft (KG).[194]

Verfügt der Erblasser mittels Rechtsgeschäfts unter Lebenden über seinen Gesellschaftsanteil an einer Personengesellschaft, so gelingt ihm dadurch leichter die Umgehung der Pflichtteilsberechtigten, als dies durch Verfügung von Todes wegen der Fall wäre. Denn mittels Verfügung von Todes wegen kann nur der Erbteil, nicht das Pflichtteilsrecht entzogen werden.[195] Der Gesellschaftsanteil wird aber bei der Nachlaßberechnung nicht herangezogen, wenn der Erblasser schon zu Lebzeiten über ihn verfügt hat.

Die Problematik einer Pflichtteilsergänzung nach § 2325 bzw. § 2329 BGB stellt sich hierbei lediglich im Falle der unentgeltlichen Übertragung des Anteils. Wird der Gesellschaftsanteil unentgeltlich übertragen, ist eine Schenkung zu bejahen und für die Frage des Laufs der Zehnjahresfrist (§ 2325 Abs. 3 BGB) - wie bei allen anderen Vermögenswerten auch - auf den Zeitpunkt des Vollzugs der Schenkung abzustellen.[196]

Soweit der Erblasser noch zu Lebzeiten die Aufnahme seiner späteren Erben als Gesellschafter veranlaßt, ist hierin in der Regel keine unentgeltliche Zuwendung zu erblicken, da allein die persönliche Haftung sowie der Arbeitseinsatz des neuen Gesellschafters eine Gegenleistung darstellen können. Im Einzelfall kann allerdings auch eine gemischte Schenkung vorliegen, wenn beispielsweise ein Gesellschafter von jeglicher Arbeitsleistung freigestellt würde. In einem solchen Fall wäre der als unentgeltlich zu bewertende Anteil in die Nachlaßberechnung miteinzubeziehen.[197]

Möglich ist auch die Aufnahme einer Fortsetzungsklausel im Gesellschaftsvertrag, die bestimmt, daß die übrigen Gesellschafter im Falle des Ablebens des Erblassers die Gesellschaft fortführen sollen. Eine Regelung, die die Fortführung unter gleichzeitigem Ausschluß von Abfindungsanprüchen der Erben vor-

[193] Klingelhöffer, Rn. 340
[194] Staudinder/Ferid/Cieslar, a.a.O.
[195] Staudinder/Ferid/Cieslar, Einl. zu §§ 2303 ff. Rn. 123
[196] Vgl. Reuter, JuS 1971, S. 289 ff. (291 ff.) zum Fristbeginn bei § 2325 Abs. 3; vgl. auch Staudinger/Ferid/Cieslar, Einl. zu §§ 2303 ff. Rn. 125
[197] Klingelhöffer, Rn. 339

sieht, stellt hierbei den praktisch häufigsten Fall dar.[198] Denn trotz fehlender Gegenleistung der zum Eintritt vorgesehenen Personen steht der Chance jedes Gesellschafters, die Anteile eines versterbenden Mitgesellschafters zu erhalten, das Risiko gegenüber, die eigenen Anteile im Todesfall zu verlieren. An diesem Entgeltlichkeitscharakter vermag auch die bezweckte Nachlaßregelung nichts zu ändern, da die gegenseitige Chancengewährung einer solchen Auslegung entgegensteht.[199] Etwas anderes gilt allerdings für die Fälle, in denen ein auffälliges Mißverhältnis zwischen Chancen und Risiken zu bejahen ist, beispielsweise im Falle des Einrückens eines Gesellschafters mit erwiesenermaßen geringer Lebenserwartung.[200]

6. Der Pflichtteilsverzichtsvertrag

Den Ausschluß späterer Pflichtteilsansprüche kann der Erblasser mit der Vereinbarung eines Erbverzichtsvertrages gemäß § 2346 Abs. 1 BGB erreichen. Hierbei handelt es sich um einen besonderen erbrechtlichen Verfügungsvertrag, der den Verzicht der Verwandten oder des Ehegatten des Erblassers auf das gesetzliche Erbrecht (§ 2346 Abs. 1 BGB) bzw. der testamentarisch oder erbvertraglich eingesetzten Erben oder Vermächtnisnehmer auf das rechtsgeschäftlich Zugewandte (§ 2352 BGB) regelt. Der Zweck des Erbverzichtsvertrages besteht im sicheren Ausschluß des Erb- wie auch des Pflichtteilrechts (§ 2346 Abs. 1 S. 2 2. Halbs.). Nach § 2348 BGB bedarf der Vertrag der notariellen Beurkundung und kann nur unter Beachtung des gleichen Formerfordernisses wieder aufgehoben werden (§ 2351 BGB).

Eine Beschränkung des Verzichts auf das Pflichtteilsrecht ist gemäß § 2346 Abs. 2 BGB zulässig. In diesem Fall bleibt der Verzichtende gesetzlicher Erbe, riskiert aber im Falle der Enterbung durch Testament oder Erbvertrag den Verlust seines Pflichtteilsanspruchs.[201]

Der Erblasser erlangt durch einen Erbverzichtsvertrag die volle Testierfreiheit, wird den Berechtigten jedoch in der Regel nicht ohne Abfindungsvereinbarung zum Verzicht bewegen können. Da die Möglichkeit einer sofortigen Zuwendung im Vergleich zum zeitlich nicht absehbaren Pflichtteilsanspruch für den Berechtigten nicht wenig reizvoll sein wird, stellt der Erbverzicht für den Erblasser den sichersten Weg zur Vermeidung von Pflichtteilsansprüchen dar. Zu beachten ist in diesem Fall allerdings, daß der Verzicht des Abkömmlings oder Seitenverwandten des Erblassers sich gemäß § 2349 BGB auch auf deren Abkömmlinge erstreckt, soweit vertraglich nichts anderes vereinbart wurde.

---

[198] Zur Wirksamkeit solcher gesellschaftsvertraglicher Vereinbarungen: Schmitt, S. 109 ff.; Borrmann, S. 34 ff.
[199] Vgl. BGH NJW 1981, S. 1956 f. (1957); Staudinger/Ferid/Cieslar, Einl. zu §§ 2303 ff. Rn. 131; Klingelhöffer, Rn. 340; Borrmann, S. 40; a.A. Schmitt, S. 119 ff.
[200] BGH NJW 1981, S. 1956 f. (1957).
[201] Leipold, Rn. 411

D. Die Pflichtteilsvorschriften anderer geltender Rechtsordnungen

Bei der Frage nach der Berechtigung des geltenden Pflichtteilsrechts sind die Beweggründe von besonderer Bedeutung, die den Gesetzgeber zur Ausgestaltung der bestehenden Regelungen veranlaßt haben. Ein möglichst umfassendes Gesamtbild kann sich allerdings nur dann ergeben, wenn auch die in anderen geltenden Rechtsordnungen existenten Pflichtteilsvorschriften betrachtet werden. So können etwa aus dem Umstand, daß bestimmte Konstellationen von den Verfassern des BGB nicht berücksichtigt wurden, Rückschlüsse auf nicht gewollte rechtstechnische oder rechtsdogmatische Besonderheiten gezogen werden.

Für eine grobe Unterscheidung länderspezifischer Pflichtteilsrechte sorgt die von *Boehmer*[202] vorgenommene Differenzierung nach dem System des Geldpflichtteils[203], dem System der sachlich beschränkten Verfügungsfreiheit[204], des am Unterhaltsanspruch haftenden Pflichtteilsrechts[205], sowie nach der vorwiegend in anglo-amerikanischen Rechtsordnungen[206] anzutreffenden unbeschränkten Verfügungsfreiheit.[207]

I. Österreich

Ebenso wie das BGB gewährt auch das österreichische ABGB dem Berechtigten nur einen Geldpflichtteil - also einen obligatorischen Anspruch im Gegensatz zu einer echten materiellen Erbberechtigung -, welcher durch die Festsetzung einer bestimmten Quote errechnet wird. Die heute noch gängige Bezeichnung des Berechtigten als „Noterbe" spiegelt daher nicht die tatsächlich vorhandene rechtliche Konstruktion wider[208], da bereits durch das Hofdekret vom 31. Januar 1844 das Noterbrecht durch ein reines Pflichtteilsrecht abgelöst wurde.[209] Im Vergleich zum deutschen Pflichtteilsrecht ist die sehr viel umfassendere Reichweite der österreichischen Pflichtteilsregelungen (§§ 762 ff. ABGB) auffällig. Zum einen zählen zum Kreis der Berechtigten neben Ab-

---

[202] Staudinger/Boehmer, Einl. § 15 Rn 1 ff.

[203] Neben dem BGB sieht auch das österreichische ABGB einen Geldpflichtteil vor.

[204] Hiervon gehen insbesondere das französische, schweizerische und italienische Recht aus, Rauscher, Band II, 2. Teilband, S. 2 ff.; Staudinger/Boehmer, Einl. § 15 Rn 1 ff.

[205] Dies gilt für eine Vielzahl ehemals sozialistisch geprägter Länder, insbesondere aber auch für das ZGB der ehemaligen DDR. Bedarfsabhängige Regelungen finden sich aber auch im skandinavischen Bechtskreis, ausführlich: Rauscher, Band II, 1. Teilband, S. 152 f.

[206] Die an den englischen *Family Provision Act* angelehnte Ausgestaltung des israelischen Erbgesetzes von 1965 ist einem Pflichtteil zwar ähnlich, der Anspruch ist jedoch - wie auch nach englischem Recht - bedarfsabhängig, vgl. Rauscher, Band II, 1. Teilband, S. 151.

[207] Klingelhöffer, ZEV 1996, S. 258 ff. (258 f.)

[208] Ferid/Firsching-Firsching, Band V, Österreich, Grdz. F III, Rn. 101, Lfg. XXXIV

[209] Beneke, S. 20

kömmlingen, Ehegatten und Eltern subsidiär alle noch vorhandenen Vorfahren. Hinzu kommen die den Pflichtteilsanspruch ergänzenden Unterhaltssicherungen der Abkömmlinge und des überlebenden Ehegatten. Die Pflichtteilsberechtigung des Ehegatten wurde allerdings erst im Jahre 1978 eingeführt. Zuvor bestand lediglich der Unterhaltsanspruch.[210]

Die Abkömmlinge des Erblassers erhalten neben dem Quotenpflichtteil - welcher in der Hälfte des gesetzlichen Erbteils besteht - auch noch einen Unterhaltsanspruch gemäß § 142 ABGB, der zwar auf den erhaltenen Pflichtteil anzurechnen ist, den Pflichtteilsrechten anderer, nicht unterhaltsberechtigter „Noterben“ hingegen vorgeht.[211]

Beim Ehegatten treten neben den ebenfalls hälftigen Quotenpflichtteil nur im Bedarfsfall Unterhaltsansprüche gegen den Nachlaß (§§ 795, 796 ABGB). Die Höhe des Anspruchs bemißt sich nach den Lebensverhältnissen der Ehegatten vor dem Erbfall und ist begrenzt auf die Höhe des Nachlasses (§§ 796, 94 ABGB). Auf den Unterhaltsanspruch ist anzurechnen, was der überlebende Ehegatte aufgrund des Erbfalls erhalten hat, insbesondere auch der Pflichtteil und öffentlich-rechtliche oder private Versorgungsleistungen (§ 796 S. 2 ABGB).[212] Der Anspruch endet im Falle der Wiederheirat des Ehegatten (§ 796 S. 1 ABGB).

Der Aszendentenpflichtteil beträgt gemäß § 766 ABGB ein Drittel des gesetzlichen Erbteils, wobei Vorfahren nach überwiegender Ansicht durch das Vorhandensein von Abkömmlingen ausgeschlossen werden.[213]

Der Unterhaltsanspruch setzt voraus, daß der Bedürftige sich nicht selbst unterhalten kann[214] und ist unentziehbar[215] Hingegen kommt eine Pflichtteilsentziehung bei Straftaten (§ 770 i.V.m. § 540 ABGB; §§ 768 Nr.3, 769 ABGB), Nichtgewährung persönlichen bzw. finanziellen Beistandes (§§ 768 Nr. 2, 769 ABGB) und unmoralischem Lebenswandel (§§ 768 Nr.4, 769 ABGB) in Betracht. Für die Frage, ob der Berechtigte beharrlich einen gegen die öffentliche Sittlichkeit verstoßenden Lebenswandel geführt hat, ist die allgemeine Anschauung maßgeblich.[216] Entscheidend ist, ob die Lebensart geeignet ist, das Ansehen der Familie in der Öffentlichkeit herabzusetzen.[217] Auch die Verletzung ehelicher Beistandspflichten (§ 769 ABGB) und ein verschwenderischer Lebenswandel (§ 773 ABGB) können zur Entziehung des Pflichtteils führen.

---

[210] Wacke, HRG, Art. Pflichtteilsrecht, Sp. 1740
[211] Rummel-Pichler, § 142 Rn. 4
[212] Hierzu: Schwimann-Eccher, § 796 Rn. 5; Huber, S. 93
[213] Ferid/Firsching-Firsching, Band V, Österreich, Grdz. F III, Rn. 101, Lfg. XXXIV.
[214] Kralik, S. 286; Schwimann-Eccher, § 795 Rn. 1; Rummel-Welser, § 795 Rn. 4
[215] Rummel-Welser, § 795 Rn. 3; Koziol/Welser, S. 320 u. 392
[216] Rummel-Welser, § 768 Rn. 5
[217] Kralik, S. 280

Die Möglichkeit einer Reduzierung des Pflichtteilsanspruchs auf die Hälfte wurde durch das Erbrechtsänderungsgesetz (ErbRÄG) 1989 mit Wirkung zum 01.01.1991 geschaffen.[218] Der neu eingefügte § 773 a ABGB erlaubt beim Fehlen eines - bei Eltern und Kindern üblicherweise vorhandenen - Näheverhältnisses[219] zwischen Verwandten in gerader Linie eine Minderung des Pflichtteils. Das fehlende Näheverhältnis muß also nicht zwingend zwischen dem Erblasser und dessen pflichtteilsberechtigten Abkömmlingen gegeben sein, sondern kann auch im Verhältnis des Enkelkindes zu dessen Elternteil vorliegen und zu einem Minderungsrecht der Erblasser-Großeltern führen.[220]

II. Der romanische Rechtskreis

1. Schweiz

Wie die Pflichtteilsregelungen des Schweizer ZGB zeigen, ist die Berechnung der Pflichtteilshöhe anhand des gesetzlichen Erbteils des jeweiligen Berechtigten nicht auf ein Geldpflichtteilssystem fixiert, sondern kann auch der Ermittlung der Noterbquote dienen. Obwohl die den Pflichtteilsberechtigten vorbehaltene Quote und die frei verfügbare Vermögensquote nach Schweizer Recht auf den gesetzlichen Erbteil bezogen festgelegt sind, handelt es sich um ein Noterbsystem. Durch diese Anbindung an den gesetzlichen Erbteil und die Festlegung von Quotenhöhen kommt der in der Schweiz vorherrschende hohe Stellenwert einer Noterbberechtigung naher Verwandter zum Ausdruck, die sich nach dortiger Rechtsanschauung aus der Betrachtung des Vermögens als „Gesamtvermögen der Familie" rechtfertigt.[221] Hiernach steht den Eltern und Ehegatten des Erblassers ein Vorbehaltsteil in Höhe der Hälfte des gesetzlichen Erbteils zu (Art. 471 Ziff. 2 u. 3 ZGB), bei Abkömmlingen beträgt die Pflichtteilsquote dagegen ¾ des gesetzlichen Erbteils (Art. 471 Ziff. 1 ZGB). Die Verfügungsfreiheit des Erblassers bezieht sich also nur auf den Teil des Vermögens, der nach Abzug der Pflichtteile vom Gesamtnachlaß übrigbleibt (sog. Freiteil). Im Falle der Überschreitung des Freiteils setzt er seine Erben der Gefahr einer Klage auf Ausgleichung des Vorbehaltsteils aus.

Die durch Art. 472 ZGB a.F. gegebene Möglichkeit der kantonal unterschiedlichen Gewährung von Geschwisterpflichtteilsrechten, die je nach betroffenem Kanton die vollständige Aufhebung des Pflichtteilsanspruchs bzw. dessen Erweiterung auf Geschwisterkinder vorsah, wurde im Zuge der von der Bundes-

---

[218] Ferid/Firsching-Firsching, Band V, Österreich, Grdz. F III, Rn. 101, Lfg. XXXIV; Flick/Piltz, Rn. 815.

[219] Für oder gegen die Annahme eines Näheverhältnisses sprechende Faktoren können aufgrund der erst am 1.1.1991 durch das ErbRÄG 1989 in Kraft getretenen und damit noch jungen Regelung nicht genannt werden, da es bislang an einer gefestigten Rechtsprechungspraxis hierzu fehlt, Flick/Piltz, Rn. 815.

[220] Ferid/Firsching-Firsching, Band V, Österreich, Grdz. F III, Rn. 101, Lfg. XXXIV.

[221] Druey, § 6 Rn. 5 ff.

versammlung am 5.10.1984 verabschiedeten Reform des schweizerischen Ehegüter- und Ehegattenerbrechts[222] durch die Abschaffung des Geschwisterpflichtteilsrechts schlechthin beseitigt. Art. 472 ZGB a.F. lautete: „Die Kantone sind befugt, für die Beerbung ihrer Angehörigen, die in ihrem Gebiete den letzten Wohnsitz gehabt haben, den Pflichtteilsanspruch der Geschwister aufzuheben oder ihn auf die Nachkommen der Geschwister auszudehnen". Art. 471 Ziff. 3 ZGB a.F., der den Geschwistern einen Pflichtteil in der Höhe eines Viertels des gesetzlichen Erbteils zubilligte, fand nur Anwendung, soweit die Kantone nicht oder nicht wirksam von der Ermächtigung des Art. 472 ZGB a.F. Gebrauch machten.[223]

Ebenso aufgehoben wurde das dem überlebenden Ehegatten im Falle des Vorhandenseins von Abkömmlingen gemäß Art. 461 Abs. 1 ZGB a.F. zustehende Wahlrecht zwischen einem Viertel des Nachlasses als Erbteil und der Hälfte des Nachlasses zur Nutznießung.[224] Gemäß Art. 471 Nr. 4 ZGB a.F. entsprach der Ehegattenpflichtteil im Falle des Vorhandenseins weiterer erbberechtigter Personen der vollen gesetzlichen Eigentumsquote, anderenfalls war er zur Hälfte geschützt.[225] Dadurch, daß die Pflichtteilsbemessung also lediglich auf die gesetzliche Eigentumsquote abstellte[226], konnte das Wahlrecht des Ehegatten zwischen Eigentum und Nutznießung auf die Pflichtteilsquote keinen Einfluß nehmen und führte damit zu einer erheblichen Besserstellung gegenüber den Deszendenten. Verstärkt wurde dieses Ungleichgewicht im Falle der Zuweisung der Nutznießung durch den Erblasser. Denn dann erhielt der überlebende Ehegatte neben einem Viertel des Nachlasses auch noch die Nutznießung am übrigen Nachlaß und war somit besser gestellt als im Falle der gesetzlichen Erbfolge, die ihm lediglich das Wahlrecht gewährte.[227]

Die mithin für den Erblasser bestehende Möglichkeit, die Pflichtteilsrechte seiner Kinder durch Zuweisung der Nutznießung der gesamten Erbschaft an den Ehegatten zu umgehen,[228] findet sich mit ähnlichen Auswirkungen im türkischen Erbrecht wieder, dessen religiöse Bestimmungen (*„seriat"*) im Jahre 1926 abgeschafft und durch die Regelungen des schweizerischen ZGB ersetzt wurden. Nach Art. 471 Abs. 2 des türkischen ZGB (Art. 453 schweizer ZGB) kann nämlich der Erblasser durch Schenkungen zum öffentlichen Nutzen oder Stiftungsgründungen die - im übrigen sehr hoch angesetzten - Pflichtteile auf

---

[222] In Kraft getreten am 1.1.1988

[223] Vgl. hierzu ausführlich Schaer, S. 160 ff., der die früher geltenden Regelungen des ZGB zum Geschwisterpflichtteil kritisiert und schon damals nicht nur die Streichung der Ermächtigungsregel des Art. 472 ZGB a.F., sondern die vollständige Abschaffung des Geschwisterpflichtteils vorschlug.

[224] Rauscher, Band II, 1. Teilband, S. 9.

[225] Ferid/Firsching-Lorenz, Band V, Schweiz, Texte II Nr. 1, S. 47, Lfg. XXXII

[226] Ferid/Firsching-Lorenz, Band V, Schweiz, Grdz. F III Rn. 84, Fn. 390, Lfg. XXXIX

[227] Vgl. hierzu Ferid/Firsching-Lorenz, Band V, Schweiz, Grdz. F IV, Rn. 85, Lfg. XXXIX

[228] Ferid/Firsching-Lorenz, Band V, Schweiz, Grdz. F IV, Rn. 85, Lfg. XXXIX

1/3 des jeweils vorgesehenen Bruchteils herabsetzen und somit den frei verfügbaren Vermögensteil vergrößern.[229] Dennoch verfolgen beide Regelungen zumindest teilweise unterschiedliche Zwecke: Während das schweizerische Recht nur die Erhaltung des Vermögens in einer Hand begünstigt, bezweckt das türkische Erbrecht darüberhinaus einen Anreiz zu Stiftungsgründungen[230], die u.a. eine Steuerbegünstigung bezüglich der Stiftung zur Folge haben.[231]

Diese dem deutschen Erbrecht fremde Art der Sicherung der ökonomischen Stellung des überlebenden Ehegatten wurde im Hinblick auf eine Erhöhung der Erbteilsquote[232] dahingehend beschränkt, daß lediglich die Möglichkeit der Zuweisung einer Nutznießung durch letztwillige Verfügung erhalten blieb. Diese ebenfalls sehr ehegattenfreundliche Regelung gibt dem Erblasser die Option, eine Verfügung zu Lasten der Pflichtteilsrechte seiner Kinder zu treffen (Art. 473 ZGB).[233]

Eine Enterbung des Berechtigten ist möglich bei der Verletzung von Familienpflichten (Art. 477 Ziff. 2 ZGB) und schweren Verbrechen (Art. 477 Ziff. 1 ZGB) gegen den Erblasser oder diesem nahestehenden Personen (sog. Strafenterbung). Gesetzesverletzungen im Bereich des Familienrechts stellen z.B. Verstöße gegen die familienrechtliche Beistands-, Rücksichtsnahme- und Achtungsverpflichtung (Art. 272 ZGB), sowie die in Art. 328 ZGB geregelte Beistandspflicht unter Verwandten und Geschwistern dar. „Verbrechen“ meint jedes kriminelle Unrecht im strafrechtlichen Sinne, also auch Vergehen. Die Einstufung eines Verbrechens als schwer wird danach beurteilt, ob sich die Tat aus Sicht der Familie als schwerwiegend darstellt.[234]

Daneben sieht das Schweizer Pflichtteilsrecht in Art. 480 ZGB eine Enterbung in guter Absicht bis zur Hälfte des Noterbrechts vor (sog. Präventiventerbung). Sie dient dem Schutz des Pflichtteils vor dem Zugriff der Gläubiger des Noterben und ist nur gegenüber den Nachkommen des Erblassers zulässig. Eine solche Pflichtteilsentziehung kann der Erblasser aber lediglich dann vornehmen, wenn er die entzogene Hälfte den Nachkommen des Berechtigten zuwendet. Sind beim Eintritt des Erbfalls Nachkommen des Enterbten nicht vorhanden, entfällt eine Präventiventerbung. Auch muß ein im Zeitpunkt des Erbfalls erfolglos gebliebener Vollstreckungsversuch über eine Summe erfolgt sein, die mehr als ein Viertel des Noterbteils beträgt.

---

[229] Ferid/Firsching-Davran/Davran, Band VI, Türkei, Texte II Nr. 1, S. 23 Fn. 1, Lfg. XII
[230] Serozan, S. 1129
[231] Vgl. Art. 4 des Gesetzes Nr. 903 vom 15.07.1967 (Ferid/Firsching-Davran/Davran, Band VI, Türkei, Texte II Nr. 4, S. 51, Lfg. XII)
[232] Der Ehegatte erbt nunmehr gemäß Art. 462 ZGB neben Abkömmlingen die Hälfte, neben Erben der zweiten Ordnung ¾ und schließt alle weiteren Parentelen von der Erbfolge aus, Ferid/Firsching-Lorenz, Band V, Schweiz, Grdz. E III, Rn. 77, Lfg. XXXIX
[233] Hierzu ausführlich: Steinauer, ZSR 1980, 341
[234] Ferid/Firsching-Lorenz, Band V, Schweiz, Grdz. F VI, Rn. 99, Lfg. XXXIX

2. Frankreich

Obwohl der französische code civil[235] ganz überwiegend an rechtstechnische Elemente des römischen Rechts anknüpft, waren für die Ausgestaltung der Pflichtteilsvorschriften germanische Grundsätze maßgebend. Denn das in Nordfrankreich vorherrschende Gewohnheitsrecht, welches fränkischer und normannischer Überlieferung entspringt, wurde überwiegend beibehalten.[236] Anders als das deutsche Pflichtteilsrecht gewährt der code civil anknüpfend an das *droit coutumier*[237] den pflichtteilsberechtigten Personen nicht nur einen obligatorischen Geldanspruch, sondern eine unmittelbare Nachlaßbeteiligung durch Einräumung eines materiellen Vorbehaltserbrechts.[238] Dies führt zu einer Beschränkung der Verfügungsfreiheit des Erblassers auf den frei verfügbaren Vermögensteil (*la quotité disponible*), während der nicht verfügbare Vermögensteil (*la réserve*) den gesetzlichen Erben vorbehalten bleibt.[239] Überschreitet der Erblasser die verfügbare Quote, so können die Pflichtteilsberechtigten[240] im Wege der Herabsetzungsklage (*sog. action en réduction*)[241] die rückwirkende Vernichtung der den Freiteil übersteigenden Zuwendungen bewirken, Art. 920-930.[242] Soweit die verhältnismäßige Kürzung der Erbteile nicht genügt, um den Pflichterben den Pflichtteil zu gewähren, kann die Herabsetzungsklage auch zur Rückgabe von Geschenken führen, und zwar in der Reihenfolge ihrer Vornahme, beginnend mit der letzten Schenkung vor dem Erbfall (Art. 923, 926).[243]

Grundlage der Berechnung der *quotité disponible* sind neben letztwilligen Verfügungen auch diejenigen unentgeltlichen Verfügungen (*sog. libéralités*), die der Erblasser zu Lebzeiten getroffen hat.[244] Die Höhe des Vorbehalts ist anhand der Zahl und der Gradnähe der Berechtigten jeweils zu ermitteln, Art. 913 ff. Zum pflichtteilsberechtigten Personenkreis zählen nur die Abkömmlinge und

---

[235] Der belgische code civil stimmte ursprünglich mit dem französischen code civil aus dem Jahre 1804 überein. Beide Rechtsordnungen entwickelten sich aufgrund Teilrechtsänderungen und unterschiedlicher Interpretation gleichlautender Vorschriften im Laufe der Jahre immer stärker auseinander, Ferid/Firsching-Cieslar, Band I, Länderbericht Belgien, Grdz. C Rn. 2, Lfg XXVI.

[236] Gresser, ZEV 1997, S. 492 ff (493)

[237] Wacke, HRG, Art. Pflichtteilsrecht, Sp. 1738; Gresser, a.a.O.

[238] Ferid/Sonnenberger, 5 C 201, S. 573

[239] Ferid/Sonnenberger, 5 C 203, S. 574

[240] *Sog. héritiers réservataires*

[241] Sonnenberger/Schweinberger, S. 122; Ferid/Sonnenberger, 5 C 201, S. 573

[242] Vom Ziel aus betrachtet ist diese Gestaltungsklage sowohl der nach deutschem Recht in § 2316 BGB geregelten Ausgleichungspflicht unter Abkömmlingen, als auch dem Pflichtteilsergänzungsanspruch wegen Schenkungen an Dritte (§ 2325 BGB) ähnlich (wenngleich beide Ansprüche im Wege der Leistungsklage zu verfolgen wären), vgl. Henle, S. 93.

[243] Hubrecht, S. 149

[244] Werkmüller, ZEV 1999, S. 474 ff. (475); Henle, S. 92

die Aszendenten des Erblassers, soweit sie zur gesetzlichen Erbfolge berufen sind.[245] [246] Der überlebende Ehegatte ist lediglich gemäß Art. 207-1[247] durch eine Unterhaltsforderung gegen den Nachlaß wirtschaftlich abgesichert.[248] Die Unterhaltsrente, die zunächst den Erben und nur im Falle unzureichenden Nachlasses auch den Vermächtnisnehmer belastet, muß binnen Jahresfrist beantragt werden.[249]

Diese Unterhaltssicherung, die nicht entziehbar ist und Vorrang vor anderen gegen den Nachlaß gerichteten Ansprüchen hat, findet sich außer im code civil in keiner anderen romanischen Rechtsordnung, da dem Ehegatten mit dem Tod des Erblassers gemeinhin jede Bindung zu dessen Familienangehörigen abgesprochen wird.[250]

Eine Besonderheit gilt allerdings für den Fall des Zusammentreffens der Großeltern des Erblassers mit privilegierten Seitenverwandten (d.h. Geschwistern und deren Abkömmlingen). Da die Großeltern gemäß Art. 746 keine Erben werden, entfällt auch ihre Pflichtteilsberechtigung (vgl. Art. 914). Für die als gesetzliche Erben berufenen privilegierten Seitenverwandten ist hingegen kein Pflichtteilsrecht vorgesehen. Für den Erblasser bedeutet dies eine unbeschränkte Verfügungsfreiheit.

Die Höhe des verfügbaren Vermögensteils gegenüber Abkömmlingen beträgt gemäß Art. 913 grundsätzlich bei einem Kind die Hälfte, bei zwei Kindern ein Drittel und bei drei und mehr Kindern ein Viertel des Nachlasses.[251] Hinsichtlich der pflichtteilsberechtigten Aszendenten ist die Vorbehaltsquote auf ein Viertel pro Linie festgelegt. Die Quote in Höhe eines Viertels entfällt also jeweils auf überlebende Vorfahren mütterlicherseits und väterlicherseits und ist bei Vorhandensein beider Aszendenten (z.B. Großvater und Großmutter) innerhalb einer Linie zu teilen.[252] Eine spezielle Regelung gilt allerdings hinsichtlich der sog. Ehebruchskinder. Der im Art. 915 geregelten Konfiktkonstellation kommt mangels Pflichtteilsrecht des Ehegatten allein im Falle des Zusammentreffens von Ehebruchskindern mit anderen Kindern des Erblassers Bedeutung zu. Hiernach wird das Ehebruchskind zur Ermittlung der Vorbehaltsquote zwar

---

[245] Ferid/Firsching-Ferid, Band II, Frankreich, Grdz. F, Rn. 208, Lfg. XVIII; Ferid/Sonnenberger, 5 C 202, S. 573

[246] Hinsichtlich der Pflichtteilsrechte für Aszendenten gilt dies auch nach belgischem, italienischem und niederländischem Recht. Spanien sieht für alle entfernteren Vorfahren ebenfalls ein Noterbrecht vor; auf die Erblassereltern begrenzt ist die Pflichtteilsquote hingegen in Bulgarien (Art. 29 II Erbgesetz) und Rumänien (Art. 843 Codul Civil), Rauscher, Band II, 2. Teilband, S. 30 ff.

[247] In der Fassung des Reformgesetzes vom 3.1.1972

[248] Ferid/Sonnenberger, 5 C 202, S. 573; Gresser, a.a.O., S. 492

[249] Ferid/Sonnenberger, 5 B 24, S. 500

[250] Rauscher, Band II, 2. Teilband, S. 23.

[251] Die gleiche Regelung trifft Art. 913 des belgischen code civil.

[252] Holthöfer, S. 125

mitgezählt, erhält aber nur die Hälfte des sich für die übrigen Kinder ergebenden Vorbehalts.[253] Die andere Hälfte erhält nicht etwa der Erblasser zur freien Verfügung; vielmehr erhalten die Kinder der gebrochenen Ehe die Differenz anteilmäßig zu ihrer eigenen Quote hinzu.[254]

Eine Entziehung des Pflichtteils ist im code civil ebensowenig vorgesehen wie die Möglichkeit einer Enterbung. Geregelt ist lediglich der Erbrechtsverlust durch Erbunwürdigkeit nach den allgemeinen Vorschriften.[255]

3. Italien

Ein markanter Unterschied zum deutschen Erbrecht liegt in der Notwendigkeit einer förmlichen Erbschaftsannahme. Durch den Erbfall findet kein unmittelbarer Übergang der Rechtsstellung des Erblassers auf den Erben statt, sondern es tritt zunächst ein Erbanfall ein, durch welche der Erbe nur das Recht erlangt, die Erbschaft anzunehmen. Dieser Schwebezustand (*hereditas iacens*) wird erst durch die Annahme der Erbschaft beendet, die ausdrücklich oder stillscheigend erfolgen kann.[256]

Die italienische Pflichtteilsregelung stimmt mit der französischen weitgehend überein. Allerdings gilt die Regelung der *„riserva“* auch zugunsten des Ehegatten.[257] Neben den (ehelichen und unehelichen) Abkömmlingen und dem Ehegatten gehören die ehelichen Aszendenten zum Kreis der Pflichtteilsberechtigten (Art. 536 codice civile).

Die Höhe des Pflichtteils errechnet sich nicht nach einem festen Bruchteil des gesetzlichen Erbteils, sondern variiert nach dem Verwandtschaftsgrad und der Art des Zusammentreffens mit anderen Berechtigten.[258] Ist nur ein Abkömmling vorhanden, ist ihm die Hälfte des Nachlasses vorbehalten, Art 537 codice civile.[259] Treffen Abkömmlinge mit dem Ehegatten zusammen, gelten die Vorbehaltsquoten des Art. 542: Bei einem Kind entfallen auf dieses sowie den Ehegatten je 1/3 des Nachlasses. Bei mehreren Kindern beträgt die Quote der Kinder die Hälfte des Nachlasses. Auf den Ehegatten entfällt ¼ (Art. 542 Abs. 2).

Das italienische „Noterbrecht“ verschafft dem Berechtigten eine echte Erbenstellung, nicht nur eine obligatorische Forderung. Pflichtteilswidrige Testa-

---

[253] Rieg, S. 79 ff. (89)
[254] Ferid/Sonnenberger, 5 C 208, S. 576
[255] Ferid/Sonnenberger, 5 C 202, S. 573
[256] Luther, S. 89
[257] Art. 540 codice civile
[258] Luther, S. 89
[259] Ferid/Firsching-Ferid, Band III, Italien, Texte B, Lfg. XIX

mentsbestimmungen behalten bis zur rechtskräftigen Entscheidung einer hiergegen erhobenen Herabsetzungsklage ihre Gültigkeit.[260]

4. Spanien

Auch Spanien sieht ein echtes Noterbrecht der Abkömmlinge, subsidiär der Aszendenten und Geschwister vor (Art. 807, 808 código civil).[261] Im Gegensatz zum französischen Recht, das bei wachsender Kinderzahl die Testierfreiheit stärker beschränkt, sieht das spanische Recht für die Abkömmlinge eine gleichbleibende reservierte Quote von 2/3 vor. Hiervon ist ein Drittel auf alle Kinder gleichmäßig zu verteilen („*legitima rigorosa*").[262] Hinsichtlich des anderen Drittels („*mejora*") kann der Erblasser die Aufteilung unter den Abkömmlingen frei bestimmen, Art. 808, 829. Für den Ehegatten ist hingegen kein fester Nachlaßteil reserviert. Im Gegensatz zum französischen Recht steht ihm statt eines Unterhaltsanspruchs nur ein Nießbrauchsrecht in Höhe von 2/3 des Nachlasses zu, soweit weder Abkömmlinge noch Aszendenten vorhanden sind (Art. 838). Neben Abkömmlingen besteht nach Art. 834 ein Anrecht auf den Nießbrauch an dem zur Aufbesserung bestimmten Drittel. Sind keine Abkömmlinge vorhanden, erstreckt sich das Nießbrauchsrecht neben Aszendenten dagegen auf die Hälfte des Nachlasses (Art. 837).[263]

Das spanische Noterbrecht gestattet folglich dem Erblasser, den Bedarf seiner Nachkommen in Höhe eines Drittels des Nachlasses selbst zu bestimmen. Hiermit löst es sich von den übrigen unterhaltsrechtlich ausgestalteten Pflichtteilsregelungen anderer Länder, die die Frage der Bedürftigkeit nach objektiven Kriterien beantworten.[264]

Der Erblasser darf den Berechtigten den Noterbteil nur entziehen, wenn die Voraussetzungen einer Enterbung nach Art. 848 ff. vorliegen (Art. 813). Als Folge einer unberechtigten Verfügung über die Noterbquote von 2/3 kommt wie auch nach französischem und italienischem Recht die Herabsetzungsklage in Betracht (Art. 817).

---

[260] Ferid/Firsching-Ferid, Band III, Italien, Grdz. F § 2 VII, Lfg. XIX
[261] Ferid/Firsching-Hierneis, Band VI, Spanien, Texte A I, Lfg. XXXII
[262] Rauscher, Band II, 2. Teilband, S. 3
[263] Rauscher, a.a.O.
[264] Rauscher, a.a.O., S. 7

III. Staaten sozialistischer Prägung

Den früheren sozialistischen Ländern war die unterhaltsrechtliche Ausgestaltung des Pflichtteilsrechts gemein.

So sah das ZGB der früheren DDR in § 396 Abs. 1 Nr. 1 die uneingeschränkte Pflichtteilsberechtigung zwar des Ehegatten vor. Gemäß § 396 Abs. 1 Nr. 2 waren die Kinder, Enkel und Eltern des Erblassers hingegen nur dann pflichtteilsberechtigt, wenn sie im Zeitpunkt des Erbfalls von dem Erblasser auch Unterhalt beanspruchen konnten. Die Höhe des Anspruchs war hingegen nicht bedarfsabhängig geregelt, sondern betrug konstant 2/3 des Wertes des gesetzlichen Erbteils (§ 396 Abs. 2 S. 1 u. 2 ZGB). Das ZGB nahm die unterhaltsabhängige Pflichtteilsregelung der früheren Sowjetunion, wonach die Quote ebenfalls 2/3 betrug, zum Vorbild.[265] Gemäß Art. 8 des Eingungsvertrages (i.V.m. Art. 230 Abs. 2 EGBGB) werden diejenigen Erbfälle, die ab dem Inkrafttreten des Einigungsvertrages am 03.10.1990 eintreten, im allgemeinen vom Erbrecht des BGB bestimmt, und zwar selbst dann, wenn und soweit der Erblasser interlokalrechtlich bis zum 02.10.1990 dem DDR-Erbrecht und damit den Normen des ZGB unterstand.[266]

Die Pflichtteilsregelung Tschechiens[267] gewährt minderjährigen Abkömmlingen sogar Pflichtteilsansprüche in Höhe ihres gesetzlichen Erbteils und berücksichtigt damit die Unterhaltssicherung in besonderem Maße. Aber auch volljährige Abkömmlinge können einen Pflichtteil in Höhe der Hälfte verlangen, § 479 tschech. ZGB.[268] Zwar gehört der Ehegatte nicht zu den Pflichtteilsberechtigten, wird aber aufgrund der Regelungen über den gesetzlichen Güterstand in der Regel ebenfalls am Nachlaß beteiligt sein.[269]

Die Teilrechtsordnungen des damaligen Jugoslawien gewähren größtenteils einheitlich ein noterbrechtlich gestaltetes Pflichtteilsrecht in Höhe der Hälfte des gesetzlichen Erbteils. Pflichtteilsberechtigt sind überwiegend auch die Enkel und fernere Abkömmlinge.[270] Eine bedürfnisbezogene Ausgestaltung weisen hingegen Bosnien-Herzegowina und Makedonien auf. Art. 28 II des bos-

[265] Freytag, ZRP 1991, 304 ; Rauscher, a.a.O., S. 9

[266] Ausführlich hierzu: Bosch, FamRZ 1992, 869 ff. u. 993 ff.

[267] Die Tschechische Republik übernahm mit dem Tag der Spaltung der früheren Tschechischen und Slowakischen Föderativen Republik (CSFR) die gesamte frühere Rechtsordnung sowie alle internationalen Verpflichtungen der CSFR, so daß am 01.01.1993 in der Tschechischen Republik das gleiche Recht galt wie am 31.12.1992 in der CSFR (vgl. Ferid/Firsching-Bohata, Band VI, Tschechische Republik, Grdz. C Rn. 3, Lfg. XLI (Stand: 1.1.1998).

[268] Ferid/Firsching-Bohata, Band VI, Tschechische Republik, Texte A, S. 9, Lfg. XLI (Stand: 1.1.1998)

[269] Ferid/Firsching-Bohata, Band VI, Tschechische Republik, Länderbericht, Grdz. G, Rn. 86. Lfg. XLI

[270] Rauscher, a.a.O., S. 6

nisch-herzegowinischen Gesetzes sieht einen Pflichtteil in Höhe von 1/3 bei aktuell bestehendem Unterhaltsbedarf der Erblasserkinder vor. Das makedonische Erbgesetz gewährt den Pflichtteil in Höhe der Hälfte des gesetzlichen Erbteils, soweit dieser zuvor Unterhalt gewährt hat oder mit dem Berechtigten in einer Lebensgemeinschaft lebte.[271]

Die Bundesländer Serbien[272] und Montenegro[273] der Bundesrepublik Jugoslawien sehen im Gesetz über die Beerbung ein unbedingtes Pflichtteilsrecht für Abkömmlinge, Adoptierte aus der Volladoption und deren Abkömmlinge, Ehegatten, Eltern und die Adoptierenden aus der Volladoption vor. Nach montenegrinischem Recht sind die Großeltern und Geschwister des Erblassers nur dann pflichtteilsberechtigt, wenn sie dauernd erwerbsunfähig sind und ihren Lebensunterhalt nicht aus eigenen Mitteln bestreiten können (Art. 25 Abs. 2 montenegr. Erbgesetz). Das serbische Gesetz gewährt unter diesen Voraussetzungen auch entfernterer Aszendenz und den Adoptierenden des Verstorbenen aus der nicht vollen Adoption einen Pflichtteilsanspruch, soweit Verwandte der ersten Erbenordnung des Adoptierenden nicht vorhanden sind (Art. 39 Abs. 1 u. 2, Art. 38 Abs. 2 serb. Erbgesetz).[274]

Polen sieht in Art. 145, 151 des Erbrechtsdekrets vom 08.10.1946[275] einen Geldpflichtteil vor und gibt damit dem Gleichheitsprinzip anstelle der Bedarfsberücksichtigung den Vorrang. Aber auch hier ist die Arbeitsunfähigkeit naher Verwandter - wie im ehemaligen albanischen Recht[276] - von Bedeutung. Sind die Eltern oder der Ehegatte des Erblassers dauernd arbeitsunfähig, steht ihnen nach Art. 991 § 1 poln. ZGB[277] ein Anspruch in Höhe von 2/3 des Wertes des gesetzlichen Erbteils zu, anderenfalls nur die Hälfte.

IV. Nordischer Rechtskreis

Innerhalb des skandinavischen Rechtskreises finden sich stark unterschiedliche Pflichtteilssysteme. Während Finnland und Schweden - wie auch das deutsche und österreichische Recht - einen Geldpflichtteil vorsehen, räumen Dänemark, Norwegen und Island den Berechtigten ein Noterbrecht ein.[278] Die

---

271 Rauscher, a.a.O., S. 9

272 Art. 39 Abs. 1 des serbisches Erbgesetzes

273 Art. 25 Abs. 1 des montenegrinischen Erbgesetzes

274 Ferid/Firsching-Cekovic-Vuletic, Band IV, BR Jugoslawien, Länderbericht, Grdz. F, Rn. 231 ff., Lfg. XLI (Stand: 1.1.1998)

275 Ferid/Firsching-Geilke, Band V, Polen, Texte, S. 37, Lfg. I

276 Vor der politischen Wende im Jahre 1991 und Einführung des ZGB von 1994 wies der albanische Kodi Civil starke sozialistische Züge auf. Die Frage der Bedürftigkeit war hier fast ausschließlich maßgebend. Art. 113 II untersagte den Ausschluß minderjähriger Kinder und anderer minderjähriger oder arbeitsunfähiger Erben und billigte ihnen damit einen Pflichtteil in Höhe der gesetzlichen Erbquote zu (Rauscher, a.a.O., S. 9 f.)

277 Ferid/Firsching-Geilke, Band V, Polen, Texte, S. 112, Lfg. I

278 Rauscher, a.a.O., S. 7

Bemessung der Noterbquote erfolgt nicht einheitlich. Das dänische Recht knüpft hierbei an die Hälfte des gesetzlichen Erbteils (4. Kap. § 25 DänErbG) an. Das norwegische Erbgesetz vom 03.03.1972 räumt den Abkömmlingen in § 29 einen festen Anteil am Nachlaß von 2/3 ein. Bemerkenswert ist, daß die reservierte Quote zugleich betragsmäßig begrenzt wird und damit dem Erblasser insbesondere bei sehr großen Nachlässen weitgehende Testierfreiheit gewährt. Neben dem Pflichtteil - aber auch im Falle gesetzlicher Erbfolge - erhalten die Abkömmlinge zum Zwecke der Ausbildungssicherung eine Vorwegberechtigung auf eine bestimmte Summe (*sog. support money*), die unentziehbar und damit pflichtteilsähnlich wirkt, § 37 NorwErbG.[279] Hiernach erhalten in Ausbildung befindliche Kinder des Erblassers bis zum 21. Lebensjahr eine Erziehungssumme, die sich an ihrem Bedarf orientiert und neben eigenem Vermögen auch einen dem Kind zugefallenen Erbteil zur Anrechnung bringt.[280]

Auch Dänemark[281], Island[282] und Finnland[283] sehen eine Begünstigung in Form des *support money* vor. Schweden schaffte hingegen das *support money* durch Gesetz vom 14.12.1978 wieder ab, da die ausbildungsorientierte Unterhaltspflicht nach schwedischem Verständnis vorwiegend durch staatliche Leistungen abgedeckt werden müsse.[284]

Pflichtteilsberechtigt sind in Dänemark nur die Abkömmlinge und der Ehegatte des Erblassers, 4. Kap. § 25 DänErbG. Norwegen sieht lediglich eine güterrechtliche Absicherung des Ehegatten vor, während Finnland das *support money* auch auf Ehegatten[285] und sogar Eltern[286] erstreckt. Nachdem Schweden zunächst kein Pflichtteilsrecht des Ehegatten vorsah, gewährleistet Kap. 3 § 1 Abs. 2 des Erbgesetzes von Schweden in der Fassung von 1987 dem Ehegatten nunmehr einen Anspruch auf Vermögenswerte des Nachlasses.[287]

Aszendenten und ferneren Verwandten kommt nach den nordischen Erbgesetzen - bis auf Finnland - keine unentziehbare Teilhabe am Nachlaß zugute. Dies erklärt sich damit, daß Quotenpflichtteilsregelungen allgemein dem Parentelvorrang folgen, während die auf eine Unterhaltssicherung ausgerichteten Systeme - wie die der nordischen Staaten - weniger dem Gleichheitsgedanken als dem familiären Bedarfsgedanken Rechnung tragen.[288]

---

[279] Rauscher, a.a.O., S. 15
[280] Rauscher, Band II, 1. Teilband, S. 152 f.
[281] 5. Kap. § 27 DänErbG
[282] Die Regelungen im isländischen Erbgesetz decken sich mit denen des DänErbG
[283] 8. Kap. § 1 FinnErbG
[284] Huber, S. 89, Fn. 145
[285] 8. Kap. § 2 FinnErbG
[286] 8. Kap. § 4 FinnErbG
[287] Rauscher, Band II, 2. Teilband, S. 23
[288] Rauscher, a.a.O., S. 29

V. Anglo-amerikanischer Rechtskreis

1. England

Das englische Rechtssystem ist im Unterschied zu den Rechtsordnungen der kontinentaleuropäischen Länder nicht als zielstrebig geplantes und durchstrukturiertes Normengebilde zu verstehen, welches auf politische Entscheidungen zurückzuführen ist. Es handelt sich vielmehr um ein aus richterlichen Erkenntnissen historisch gewachsenes Gefüge von Normen (*sog. case law*), das lediglich in Teilbereichen des Privatrechts - wozu auch das Erbrecht zählt - durch *sog. statutes* geregelt ist.[289] Das *common law* bezeichnet hingegen die Summe all jener Rechtssätze, die seit dem 11. Jahrhundert von den königlichen Gerichten entwickelt worden sind und deren Ursprünge in den regionalen Gewohnheitsrechten zu finden sind. Einen Gegenpol zum *common law* bildeten die *sog. rules of equity*, die im Mittelalter vom Lordkanzler (später *Court of chancery*) erlassen wurden, um Unbilligkeiten im Rahmen der königlichen Gerichtsbarkeit vorzubeugen, die natürlicherweise mit dem sozialen Wandel einhergingen.[290]

Im Unterschied zum deutschen Recht weist das englische Erbrecht neben den Grundsätzen der Testierfreiheit und der Familienerbfolge noch ein drittes Prinzip auf, wonach zwischen der Verwaltung der Erbschaft und der Verteilung des Nachlasses zu unterscheiden ist. Das Erblasservermögen geht nicht im Wege der Universalsukzession direkt auf die Erben über, sondern zunächst auf den sog. *personal representative*, der entweder schon vom Erblasser bestimmt (*executor)* oder später vom Gericht ernannt wurde (*beneficiaries)*. Dieser verwaltet den Nachlaß als Treuhänder und verteilt den Reinnachlaß im Anschluß an die Begleichung von Verbindlichkeiten an die Berechtigten.[291] Da das Erblasservermögen zunächst auf den Nachlaßverwalter übergeht, stehen den Begünstigten - anders als im deutschen Recht - Ansprüche nur gegen den Nachlaß zu.[292]

Nach früherem englischen Recht konnte der Erblasser lediglich über ein Drittel seines Vermögens frei verfügen. Die verbleibenden Drittel standen jeweils seiner überlebenden Ehefrau sowie seinen Kindern zu.[293] Spätestens seit dem 16. Jahrhundert sah das *common law* jedoch für Männer das Recht vor, letztwillige Verfügungen über ihr gesamtes Vermögen zu treffen. Eine Einschränkung erfuhr die Testierbefugnis lediglich durch die Grenze gesetzes- bzw. sittenwidriger Vermögenszuwendungen.[294] Mit dem *Married Women's Property Act of*

[289] Radbruch, S. 7 ff.
[290] Henrich, S. 16 ff.
[291] Huber, S. 67
[292] Claudi in: Mitteilungen der Rheinischen Notarkammer 1981, S. 79 ff. (89)
[293] Beneke, S. 21
[294] Rauscher, Band II, 1. Teilband, S. 150.

1882[295] erlangte auch die Frau neben dem Recht auf Bildung eigenen Vermögens die absolute Testierfreiheit.[296] Seit jeher kam dem überlebenden Ehegatten im englischen Erbrecht eine starke Position zu. Er ist praktisch der Alleinerbe.[297] Erklären läßt sich die mit dem englischen Güterrecht, das nur die Gütertrennung und keinen güterrechtlichen Ausgleichsanspruch kennt.[298]

Im Jahre 1938 wurde mit dem *Inheritance (Family Provision) Act*[299] ein Unterhaltsanspruch der nächsten Angehörigen gegen den Nachlaß geschaffen. Dieses Gesetz wurde durch den *Inheritance (Provision for Family and Dependants) Act* im Jahre 1975 ergänzt.[300]

Obwohl die Engländer eher selten von der Möglichkeit der Errichtung letztwilliger Verfügungen Gebrauch machten[301] - und stattdessen Nachlaßregelungen auch heute noch vorwiegend mit Hilfe von „trusts"[302] treffen[303] - sah man die Notwendigkeit der wirtschaftlichen Absicherung bestimmter vom Erblasser nicht bedachter Personen.[304] Hierzu gehören neben dem Ehegatten, dem nicht wieder verheirateten früheren Ehegatten und den Kindern auch diejenigen Personen, die vom Erblasser Unterhaltszahlungen erhalten hatten oder von ihm

---

295 Weitere für das englische Erbrecht bedeutsame statutes sind u.a. der *Intestates'Estates Act 1952* und der *Administration of Estates Act 1925*, welche Regelungen zur gesetzlichen Erbfolge enthielten (zur Entwicklung vgl. Neumayer, FS Ferid, S. 676; Claudi in: Mitteilungen der Rheinischen Notarkammer 1981, S. 79 ff. (89))

296 Bromley, S. 63 ff. (63)

297 Henrich, § 7 I 2 c

298 Goetz, S. 13; Flick-Piltz, Rn. 581

299 Abgedruckt bei Ferid/Firsching-Henrich, Band III, Großbritannien, Texte Nr. 17

300 Anwendbar ist dieses Gesetz lediglich in Fällen, in denen der Erblasser nach dem 1.4.1976 verstorben ist und seinen letzten Wohnsitz in England hatte: Inheritance (Family Provision) Act 1975, ss 1 (1) und 27 (2)(vgl. hirzu: Flick/Piltz, Rn. 579; Huber, S. 67

301 Beneke, S. 21

302 Trust ist eine auf den Grundsätzen der rules of equity gründende Verpflichtung, durch die jemand Eigentum, das ihm übertragen wurde, zugunsten anderer Personen zu halten hat, zu denen er selbst auch gehören kann und von denen jeder berechtigt ist, die Einhaltung dieser Verpflichtung zu erzwingen (so wörtlich: Claudi in: Mitteilungen der Rheinischen Notarkammer 1981, S. 79 ff. (84))

303 Das Rechtsinstitut des trust geht zurück auf das lehensrechtlich bedingte Verbot einer testamentarischen Verfügung über Grundstücke sowie die strengen Ordensregeln der Klostergemeinschaften, denen es untersagt war, Eigentum an Grundstücken zu halten, vgl. Claudi in: Mitteilungen der Rheinischen Notarkammer 1981, S. 79 ff. (84); Ferid/Firsching-Henrich, Band III, Großbritannien, Grdz. F, Rn. 220

304 Jedenfalls kann wohl nur von einer relativen Seltenheit im Vergleich zu Deutschland gesprochen werden. Denn die Häufigkeit der testamentarischen Erbfolge muß vor dem Hintergrund der für den Testator bestehenden weitreichenden Freiheiten betrachtet werden. Schließlich bestand für ihn neben der Errichtung eines trust durch Rechtsgeschäft unter Lebenden die Möglichkeit, auf die Verwaltung seines Nachlasses durch die Wahl seines Nachlaßverwalters (personal representative) Einfluß zu nehmen, vgl. Ferid/Firsching-Henrich, Band III, Großbritannien, Grdz. G I, Rn. 234, Lfg. XIV

wie ein eheliches Kind behandelt worden waren.[305] Anspruchsberechtigt sind seit 1.1.1996 auch nichteheliche Lebenspartner, die länger als zwei Jahre mit dem Erblasser im selben Haushalt leben.[306]

Auf entsprechenden Antrag des Berechtigten ermittelt das Gericht nach freiem Ermessen dessen Bedürftigkeit und ordnet entweder eine einmalige oder periodische Zahlungen aus dem Nachlaß des Verstorbenen an. Hierbei hängen Grund und Höhe des Anspruchs gleichermaßen von den Umständen ab.[307] Bei der Feststellung der Bedürftigkeit legt der Richter seinen Erwägungen moralische Gesichtspunkte - i.S.e. Verpflichtung des Erblassers zur wirtschaftlichen Versorgung - ebenso zugrunde wie tatsächliche Gegebenheiten. Hierbei spielen die eigenen Vermögensverhältnisse des Antragstellers, sowie das Alter des Ehegatten und die Dauer der Ehe eine wichtige Rolle.[308]

Festzuhalten bleibt, daß im Gegensatz zu anderen europäischen Rechtssystemen eine direkte Beschränkung der Dispositionsbefugnis des Erblassers mangels Pflichtteilsrecht bzw. Noterbrecht im englischen Recht zwar nicht anzutreffen ist, daß der gerichtlich angeordneten Sicherung von Unterhaltsansprüchen aus den Mitteln des Nachlasses hingegen ein gewisser Pflichtteilscharakter nicht abgesprochen werden kann. Durch die Berücksichtigung der individuellen Bedürftigkeit der Berechtigten wird der erbrechtliche Versorgungsgedanke in den Vordergrund gerückt und dem Richter ein weiter Ermessensspielraum gewährt.[309]

2. Israel

Wie im englischen Recht findet sich auch im Erbgesetz Israels von 1965 kein Pflichtteilsanspruch der gesetzlichen Erben. Vor Inkrafttreten des Erbgesetzes erfüllte das Verbot der testamentarischen Verfügung über „Miri-Land“ (der Name ist abgeleitet von „Emir“[310]) diesen Zweck.[311] Hierdurch wurde das Erbrecht der gesetzlichen Erben an diesem Boden gewährleistet, der einer der verschiedenen rechtlichen Boden-Kategorien angehörte und aufgrund seiner erbrechtlichen Bedeutung in der Regel im Grundbuch entsprechend ausgewiesen wurde.[312]

---

[305] Ferid/Firsching-Henrich, Band III, Großbritannien, Grdz. F XII, Rn. 230, Lfg. XIV
[306] Law Reform (Succession) Act 1995, ss 2 (2) und 2 (3)
[307] Graupner, S. 123
[308] Ferid/Firsching-Henrich, Band III, Großbritannien, Grdz. F XII, Rn. 231, Lfg. XIV
[309] Reichert-Facilides spricht in diesem Zusammenhang auch von der „richterlichen Erbhilfe“, Generalreferat, S. 105.
[310] Ferid/Firsching-Assan/Margalith, Band III, Israel, Grdz. D, Rn. 58, Lfg. XXXIII
[311] Ferid/Firsching-Assan/Margalith, Band III, Israel, Grdz. G, Rn. 155, Lfg. XXXIII
[312] Ferid/Firsching-Assan/Margalith, Band III, Israel, Grdz. D, Rn. 58, Lfg. XXXIII

Dieses Testierverbot wurde im Jahre 1965 durch § 149 ErbG aufgehoben. An seine Stelle trat die Regelung eines Unterhaltsanspruch aus dem Nachlaß, der gegen die Erbengemeinschaft zu richten ist, § 56 ErbG.[313] Berechtigte Personen sind neben Ehegatten, Kindern und Enkeln auch die Großeltern und Partner einer nichtehelichen Lebensgemeinschaft. Der israelische Gesetzgeber hat sich im Sinne einer weitestgehend uneingeschränkten Testierfreiheit dafür entschieden, den Gerichten die Verteilung des Erblasservermögens zu überlassen, sofern die Voraussetzungen hierfür gegeben sind.[314] Das Gericht hat bei der Festsetzung des Unterhalts unter anderem den Wert des Nachlasses, das Vermögen und Einkommen des Berechtigten, seinen Lebensstandard und seinen gesetzlichen oder testamentarischen Erbteil zu berücksichtigen (§ 59 ErbG).[315] Nicht zu beachten ist das Verhalten des Unterhaltsberechtigten gegenüber dem Erblasser.[316] Gemäß § 58 ErbG sollen Ausgaben zur Vorbereitung für einen Beruf eingeschlossen sein.[317] Anders als das englische Recht besteht nach § 57 (a) (2) ErbG eine Anspruchsberechtigung für Kinder grundsätzlich nur bis zum 18. Lebensjahr. Darüberhinaus kann bis zum 23. Lebensjahr Unterhalt gewährt werden, wenn das Gericht dies für angebracht hält (§ 57 (a) (3)) ErbG.[318]

3. Vereinigte Staaten von Amerika

In den USA bestehen zwei selbständige Gerichtssysteme nebeneinander, nämlich die Bundesgerichte und die jeweiligen Staatengerichte der Bundesstaten sowie der übrigen Distrikte und Territorien.[319] Anders als im deutschen Recht, das Bundesgerichte nur auf der obersten Stufe kennt, sind in den USA auch die Bundesgerichte dreistufig[320] aufgebaut.[321] Sowohl hinsichtlich des Prozeßrechts als auch bezüglich des materiellen Rechts darf aus der Existenz bundes- und einzelstaatlicher Rechtssätze jedoch nicht geschlossen werden, daß die einzelnen Bundesgerichte stets und ausschließlich nur das eigene Recht anwenden dürfen. Dies hat seine Ursache in der verglichen mit deutschem Recht viel weniger deutlichen Trennung von Prozeßrecht und materiellem Recht.[322]

---

[313] Ferid/Firsching-Assan/Margalith, Band III, Israel, Grdz. G, Rn. 155 f., Lfg. XXXIII
[314] Zu den Ausnahmen vgl. Scheftelowitz, Rn. 175
[315] Ferid/Firsching-Assan/Margalith, Band III, Israel, Grdz. G, Rn. 166, Lfg. XXXIII
[316] Rauscher, Band II, 2. Teilband, S. 15
[317] Ferid/Firsching-Assan/Margalith, Band III, Israel, Grdz. G, Rn. 165, Lfg. XXXIII
[318] Dies ist möglicherweise dann der Fall, wenn sich das Kind in einer weiterführenden Ausbildung befindet, Rauscher, a.a.O., S. 15
[319] Schack, S. 2
[320] *District Courts* (Bundesdistriktgerichte), *Circuit Courts of Appeals* (allg. Rechtsmittelinstanz) und *U.S. Supreme Court* (oberste Revisionsinstanz), vgl. die ausführliche Darstellung bei Schack, S. 2 ff.
[321] Schack, S. 2
[322] Schack, S. 14

Die überwiegende Zahl der US-Bundesstaaten sieht für den Ehegatten in gewissen Grenzen eine zwingende Nachlaßbeteiligung vor. Die Eltern zählen nicht zum Kreis der Berechtigten, die Kinder lediglich in Louisiana und Puerto Rico.[323]

Die zugunsten des Ehegatten geltenden Sicherungsformen des *dower* (dingliches Recht an bestimmten Grundstücken)[324] und *curtesy* (Recht des Ehemannes am Nachlaß der Frau kraft Güterrechts)[325] sind inzwischen weitgehend durch das *forced heirship* abgelöst worden. Dieses umfaßt 1/3 oder 1/2 des Nachlasses.[326] Um eine Doppelbeteiligung zu vermeiden, existiert diese Form der Nachlaßbeteiligung hingegen nicht in denjenigen Staaten, die dem überlebenden Ehegatten zugleich einen Anteil am gemeinschaftlichen Vermögen einräumen (sog. *community-property-Staaten*).[327] Denn die Übernahme des Modells der gesetzlichen Erbfolge aus dem 1969 gebilligten *„Uniform Probate Code"* durch bislang 14 Bundesstaaten[328] löste weitgehend die zuvor geltenden Regelungen[329] ab, wonach Verwandten in gerader Linie und Seitenlinie ein unbegrenztes Erbrecht zukam.[330] Der *Uniform Probate Code* (UPC) basiert auf der Vorstellung, daß auch im Falle der Gütertrennung der Ehegatten ein Vermögensausgleich vorzunehmen sei. Hat die Ehe wenigstens 15 Jahre angedauert, wird vermutet, daß das gesamte Vermögen während der Ehe erwirtschaftet wurde. Der überlebende Ehegatte kann in diesem Fall die Hälfte des Gesamtvermögens beanspruchen. Im Falle einer geringeren testamentarischen Erbeinsetzung oder der Enterbung steht ihm gemäß Sec. 2.201 UPC ein Wahlrecht zwischen der testamentarischen Zuwendung und einem Anteil am Nachlaß zu (*sog. elective share:* Wahlanteil).[331] Der Nachlaßanteil entspricht dem Differenzbetrag zwischen dem eigenen Vermögen und dem hälftigen Gesamtvermögen. Der Differenzbetrag verringert sich gestaffelt bei einer Ehedauer von weniger als 15 Jahren. Bei einer Ehe, die mindestens 1

---

[323] Ferid/Firsching-Firsching/Heusler, Band VII, Länderbericht USA, Grdz. E II, Rn. 98, Lfg. VI; Rheinstein, S. 9, 11

[324] Ferid/Firsching-Firsching/Heusler, Band VII, Literatur USA, Grdz. A Rn. 1, Lfg. VI; Grdz D VIII Rn. 91

[325] Ferid/Firsching-Firsching/Heusler, Band VII, Literatur USA, Grdz. A Rn. 1, Lfg. VI; Grdz D VIII Rn. 91

[326] Rauscher, a.a.O.

[327] Ferid/Firsching-Firsching/Heusler, Band VII, Literatur USA, Grdz. A Rn. 1; Grdz D VIII Rn. 90, Lfg. VI; Rauscher, a.a.O., S. 19

[328] Dazu zählen: Alaska, Arizona, Colorado, Florida, Hawai, Idaho, Kentucky (nur Art. VII, Trust-Administration), Maine, Michigan, Minnesota, Montana, Nebraska, New Mexico, North Dekota und Utah (Ferid/Firsching-Firsching/Heusler, Band VII, Texte II Nr. 10, S. 20c, Lfg. XXVII)

[329] Eine Begrenzung fand sich nur in Maryland, vgl. Rauscher, Band II, 1. Teilband, S. 132 Fn. 5

[330] Rauscher, Band II, 1. Teilband, S. 132

[331] Ferid/Firsching- Firsching/Heusler, Band VII, USA, Texte II Nr. 10, S. 28b, Lfg. XXVII

Jahr, aber weniger als 2 Jahre angedauert hat, kann der Ehegatte beispielsweise nur 3 % des Gesamtvermögens beanspruchen.[332]

Allerdings sehen einige Bundesstaaten im Geltungsbereich des Uniform Probate Code Unterhaltssicherungen vor (*sog. family provisions*).[333] Zum begünstigten Personenkreis zählen überwiegend Ehegatten und unterhaltsbedürftige Kinder, teilweise werden auch Enkel, Eltern und Großeltern miterfaßt. Die Leistungen werden nach richterlichem Ermessen festgesetzt und entweder in einer Summe oder in Form von Unterhaltsraten gewährt. Die Höhe des Anspruchs orientiert sich - mit Ausnahme des Ehegatten - ausschließlich an der Bedürftigkeit.[334] Die family-provisions-Regelungen sind zumeist auf ein Jahr zeitlich begrenzt.

Ein weitergehender Enterbungsschutz besteht für Abkömmlinge in der Regel nicht. Zwar kann das gesetzliche Erbrecht nur ausdrücklich letztwillig entzogen werden. Andererseits ist ein Eingriff in letztwillige Verfügungen nur in Ausnahmefällen möglich. Dient die testamentarische Zuwendung wohltätigen Zwecken und geht sie zulasten der Familie, so kann sich die Unwirksamkeit der letztwilligen Verfügung daraus ergeben, daß sie der Familie mehr als den halben Nachlaß entzieht[335] oder kurz vor dem Tode errichtet wurde.[336] Soweit der Erblasser Kinder und Ehegatten übergeht, kommt nach dem Probate Code von Kalifornien auch eine anteilige Herabsetzung der testamentarischen Verfügungen[337] in Betracht, sofern der Teil des Nachlasses, über den der Erblasser nicht testamentarisch verfügt hat, geringer ist als der den Berechtigten jeweils zustehende Anteil.[338]

4. Irland

Der irische Succession Act 1965 hebt sich mit seiner Pflichtteilsregelung von allen anderen Erbrechtsordnungen ab. Er folgt weder dem Prinzip der Gleichteilung der Abkömmlinge, noch nimmt er deren Bedürftigkeit zum Maßstab für eine Mindestsicherung am Nachlaß des Erblassers.[339] Nach sec 76 Succession Act 1965 kann der Erblasser über das gesamte Vermögen, das beim Erbfall

---

[332] Haas, ZEV 2000, 249 (257); vgl. auch Ferid/Firsching-Firsching/Heusler, a.a.O. Grdz. D VII Rn. 89 ff., Lfg. VI

[333] Rauscher, a.a.O., S. 150

[334] Ferid/Firsching-Firsching/Heusler, Band VII, Länderbericht USA, Grdz. D VIII, Rn. 93, Lfg. VI; Rauscher, a.a.O., S. 150 f.

[335] Rauscher, Band II, 2. Teilband, S. 13

[336] Ferid/Firsching-Firsching/Heusler, Band VII, Länderbericht USA, Grdz. D VIII, Rn. 93, Lfg. VI

[337] Kinder: § 6573 PC; Ehegatte: § 6562 PC

[338] Ferid/Firsching-Firsching/Heusler, Band VII, USA, Texte III Nr. 4, S. 20 f., Lfg. XXXVI

[339] Rauscher, Band II, 2. Teilband, S. 17

auf seinen *personal representative*[340] übergeht, letztwillig verfügen. Ein Schutz vor Enterbung besteht nur insoweit, als testamentarische Zuwendungen durch die Ansprüche des Ehegatten und der Kinder vermindert werden können, indem Zahlungen aus dem Nachlaß angeordnet werden[341], dessen Verwaltung und Verteilung dem *personal representative* obliegt.[342]

Während dem Ehegatten eine feste Nachlaßbeteiligung eingeräumt wird *(legal right)*[343], kommt ein Anspruch der Abkömmlinge nur im Falle testamentarischer Erbfolge in Betracht. Inwieweit ein Kind des Erblassers Zuwendungen aus dem Nachlaß erhalten soll, entscheidet auf einen entsprechenden Antrag gemäß sec 117 Succession Act 1965 das Gericht. Dem Richter steht bei der Beurteilung ein ungewöhnlich breiter Ermessensspielraum zu, da er lediglich zu prüfen hat, ob der Testator durch die letztwillige Verfügung aus Sicht eines klugen und gerechten Elternteils seine moralische Pflicht verletzt hat (sec 117 (1) u. (2) Succession Act 1965).[344] In die Entscheidung über eine Nachlaßbeteiligung können mithin auch Umstände einfließen, die außerhalb der durch den Erbfall entstandenen Situation liegen und dem Richter ein Gesamtbild von den Familienverhältnissen verschaffen.[345] Hierbei wird insbesondere die persönliche Beziehung der Kinder zum Erblasser vor dem Erbfall von Belang sein und damit eine Anknüpfung an den Grad der gelebten familiären Solidarität stattfinden. Aber auch das Alter des Kindes, seine gegenwärtigen und zu erwartenden Bedürfnisse, die zu Lebzeiten des Erblassers erhaltenen Zuwendungen sowie die Verpflichtung des Erblassers gegenüber anderen Personen sind von Bedeutung.[346] Gelangt das Gericht zu der Überzeugung, der Erblasser habe seine „moral duty" verletzt, ordnet es entweder die einmalige Zahlung einer Kapitalsumme oder eine laufende Rentenzahlung aus dem Nachlaß an.[347]

Allerdings darf durch diese Zuwendung das *legal right* des überlebenden Ehegatten keinesfalls geschmälert sein. Ist der überlebende Ehegatte auch Elternteil des unterhaltsberechtigten Kindes, so muß darüberhinaus eine Beeinträchtigung des gesetzlichen Erbteils und testamentarischer Zuwendungen zu-

---

340 Ebenso wie in England verwaltet der personal representative den Nachlaß zunächst treuhänderisch, bevor er auf die Erben übergeht. Er wird als die Person angesehen, die die Persönlichkeit des Erblassers fortsetzt, (Ferid/Firsching-Coester-Waltjen, Band III, Irland, Grdz. D I, Rn. 22, Lfg. XXXIV)

341 Ferid/Firsching-Coester-Waltjen, Band III, Irland, Grdz. F II, Rn. 73, Lfg. XXXIV

342 Ferid/Firsching-Coester-Waltjen, Band III, Irland, Grdz. F II, Rn. 22, 96 ff., Lfg. XXXIV

343 Neben Kindern des Erblassers beträgt das legal right 1/3 des Nachlasses; sind keine Kinder vorhanden, erhält der Ehegatte die Hälfte.

344 „The court shall consider the application from the point of view of a prudent and just parent(...)", Sec 117 (2) Succession Act 1965, abgedruckt bei: Ferid/Firsching-Coester-Waltjen, Band III, Irland, Texte 1, S. 23, Lfg. XXXIV

345 Ferid/Firsching-Coester-Waltjen, Band III, Irland, Grdz. F II, Rn. 82, Lfg. XXXIV

346 Ferid/Firsching-Coester-Waltjen, Band III, Irland, Grdz. F II, Rn. 82, Lfg. XXXIV

347 Ferid/Firsching-Coester-Waltjen, Band III, Irland, Grdz. F II, Rn. 83, Lfg. XXXIV

gunsten des Ehegatten ausgeschlossen sein (sec 117 (3)).[348] Der Erblasser hat es also in gewissem Umfang in der Hand, seinen Ehegatten gegenüber gemeinsamen Abkömmlingen zu begünstigen, indem er zugunsten des Ehegatten testamentarisch verfügt. Voraussetzung ist allerdings, daß der überlebende Ehegatte von seinem Wahlrecht nach sec 115 (1)(a) Succession Act 1965 zwischen *legal right* einerseits und testamentarischer Zuwendung andererseits - allein oder neben dem gesetzlichen Erbrecht - entsprechenden Gebrauch macht.[349]

VI. Ergebnis

Die Rechtsvergleichung hat gezeigt, daß bis auf England, Israel und einige Bundesstaaten der USA den engeren Familienangehörigen des Erblassers allgemein eine Mindestbeteiligung am Nachlaß eingeräumt wird. Die meisten Staaten machen hierbei von einer dem deutschen Modell ähnlichen Quotenregelung Gebrauch. Eine Besserstellung des Ehegatten gegenüber den Abkömmlingen findet sich in den Rechtsordnungen Irlands und den US-Bundesstaaten.

Soweit einige Länder den versorgungsrechtlichen Charakter des Pflichtteilsrechts stärker berücksichtigen und daher eine bedarfsabhängige Ausgestaltung aufweisen, darf nicht übersehen werden, daß diese zum Teil von Erbrechts-Modellen ausgehen, die strukturell betrachtet von der deutschen Quotenregelung erheblich abweichen oder aber vor einem anderen politischen und gesellschaftlichen Hintergrund zu betrachten sind.

So gehen die nordischen Länder sämtlich von einem unterhaltsrechtlichen Ansatz aus, der losgelöst von der Problematik der entziehungsfesten Nachlaßbeteiligung zu betrachten und daher auf die deutschen Pflichtteilsregelungen nicht übertragbar ist. Der Reformgedanke hätte aber im deutschen Quotenpflichtteil anzusetzen und könnte die Bedürftigkeit allenfalls zur Voraussetzung einer zwingenden Nachlaßbeteiligung bestimmen.[350]

Soweit der Bedarfsgedanke in ehemals sozialistisch geprägten Staaten auftaucht, muß Beachtung finden, daß das Weltbild der dortigen Bevölkerung kaum andere Funktionen des Pflichtteilsrechts als die der Versorgung von bedürftigen Familienangehörigen zuläßt. Vermögensrechtliche Begründungen verbieten sich bereits aufgrund der - noch immer vorherrschenden - antikapitalistischen Denkmuster.[351] Insoweit sind die rechtsvergleichenden Ergeb-

---

[348] Rauscher, Band II, 2. Teilband, S. 28; Ferid/Firsching-Coester-Waltjen, Band III, Irland, Grdz. F II, Rn. 83, Lfg. XXXIV

[349] Ferid/Firsching-Coester-Waltjen, Band III, Irland, Grdz. F II, Rn. 76, Lfg. XXXIV

[350] Rauscher, a.a.O.. S. 105

[351] Rauscher, Band II, 2. Teilband, S. 107

nisse auch nur eingeschränkt verwertbar und jedenfalls nicht zwingend wegweisend für Reformbestrebungen des deutschen Erbrechts.

E. Der verfassungsrechtliche Schutz des Pflichtteilsrechts

I. Die Verfassungsgarantie des Erbrechts

1. Zum Verhältnis von Testierfreiheit und Verwandtenerbfolge

Die in Art. 14 Abs. 1 S. 1 GG ausgesprochene Erbrechtsgarantie gewährleistet das Erbrecht einerseits als Individualgrundrecht, dessen wichtigste Ausformungen die Testierfreiheit des Erblassers[352] und das gesetzliche Verwandtenerbrecht[353] darstellen. Die Testierfreiheit erlaubt dem Erblasser, den Verbleib seines Nachlasses selbst zu bestimmen, sei es durch letztwillige Verfügung oder auch durch Untätigbleiben, was den Eintritt der gesetzlichen Erbfolge nach sich zieht. Eine Einschränkung erfährt die Testierfreiheit durch das Prinzip der Verwandtenerbfolge. Verfassungsrechtlich garantiert ist allerdings nur die gesetzliche Erbfolge der engeren Familie - bestehend aus Eltern und Kindern[354] - , deren spezieller verfassungsrechtlicher Schutz aus Art. 6 Abs. 1 GG resultiert. Das so begründete Spannungsverhältnis beider Prinzipien wird durch die Pflichtteilsvorschriften des BGB (§§ 2303 ff.) bewältigt.[355]

Im Wege praktischer Konkordanz ist es dem Gesetzgeber in gewissen Grenzen gestattet, Inhalt und Schranken der Testierfreiheit zu bestimmen (Art. 14 Abs. 1 S. 2 GG). So dient etwa § 14 Heimgesetz dem Schutz der Heimbewohner vor finanzieller Ausnutzung und Benachteiligung durch Heimträger (§ 14 Abs. 1 HeimG) und Heimpersonal (§ 14 Abs. 5 HeimG), indem diesen Personen die Entgegennahme bzw. das Sichversprechenlassen von Geld oder geldwerten Leistungen untersagt wird.[356] Hierunter fallen auch Testamente, soweit die betreffende Person noch zu Lebzeiten des Erblassers Kenntnis vom Inhalt des Testaments hatte.[357]

Auch für den Bereich der Landwirtschaft existiert eine zulässige Schrankenbestimmung der Testierfreiheit.[358] Gemäß § 4 Höfeordnung fällt der landwirtschaftliche Hof nur einem Erben - dem Hoferben - zu, auch wenn mehrere Erben vorhanden sind. Hierdurch soll zum einen der Zersplitterung von Höfen, aber auch der Überschuldung durch Miterbenansprüche vorgebeugt werden.[359] § 5 Höfeordnung enthält eine von den allgemeinen erbrechtlichen Bestimmungen abweichende gesetzliche Hoferbenordnung. Zwar stimmt der Kreis der

[352] Vgl. BVerfGE 91, 346 ff. (358)
[353] Vgl. BVerfGE 93, 165 ff. (173)
[354] Jarass/Pieroth, Art. 6 Rn. 4
[355] v. Münch/Kunig/Bryde, Art. 14 Rn. 48
[356] Kunz/Ruf/Wiedemann, § 14 Rn. 1
[357] Kunz/Ruf/Wiedemann, § 14 Rn. 7
[358] Zur Sondererbfolge bei Frei- und Anerbengütern vgl. Mitteis/Lieberich, Kap. 54, S. 167; Wieacker, § 14 III 4, S. 233 und die Ausführungen zu B II
[359] Lange/Wulff/Lüdke-Handjery, § 4 Rn. 1 u. 4

erbberechtigten Personen mit dem des BGB überein; hinsichtlich der Rangfolge nehmen die Abkömmlinge aber insoweit eine privilegierte Stellung ein, als sie Hoferben erster Ordnung sind, der Ehegatte des Erblassers hingegen nur Hoferbe zweiter Ordnung ist.[360]

Die Garantie des Erbrechts umfaßt auch die Existenz des Rechtsinstituts der Erbschaft[361], in dessen Mittelpunkt der staatliche Auftrag zur Formulierung und Aufrechterhaltung der erbrechtlichen Vorschriften steht.[362] Größere Bedeutung ist nach der Rechtsprechung des Bundesverfassungsgerichts allerdings der Garantie des subjektiven Erbrechts beizumessen, da die bloße Institutsgarantie ihrerseits geleitet wird von der inhaltlichen Ausfüllung des betreffenden Grundrechts nach dessen Aufgabe und Intention.[363]

2. Das Prinzip der Privaterbfolge

Die Privaterbfolge, also die Ausgestaltung des Erbrechts als Privaterbrecht im Gegensatz zum Staatserbrecht, zählt nach verbreiteter Ansicht[364] neben Testierfreiheit und Verwandtenerbfolge zu den Grundprinzipien der Erbrechtsgarantie. *Otte*[365] betrachtet das Privaterbrecht hingegen nicht als untergeordnetes Prinzip, sondern als das Erbrecht selbst. Nach seiner Auffassung käme ein Erbrecht, das nur die Vermögensweitergabe an den Staat zuläßt, einer Abschaffung des Erbrechts gleich. Dieser Ansicht ist jedoch entgegenzuhalten, daß das Privaterbrecht sozusagen als kleinster gemeinsamer Nenner die Erbrechtsgarantie konkretisiert und daher als Grundprinzip nicht wegzudenken ist. Da das Verbleiben von Vermögen in privater Hand auch die Voraussetzung einer funktions-tüchtigen Eigentumsgarantie ist, ist die Anerkennung der Privaterbfolge als Teil des unantastbaren Wesensgehalts des Erbrechts zu betrachten (Art. 19 Abs. 2 GG).[366]

Die Notwendigkeit einer grundrechtlichen Absicherung des privaten Erbrechts zeigt nicht zuletzt die durch die Besteuerung von Erbschaften seitens des Staates erzielte Teilhabe am Nachlaß und die damit verbundene Diskussion

---

[360] Lange/Wulff/Lüdke-Handjery, § 5 Rn. 1

[361] St.Rspr., vgl. BVerfGE 67, 329 ff. (340); 91, 346 ff. (358); vgl. auch Bowitz, JZ 1980, S. 304 ff. (304)

[362] Depenheuer in: v. Mangoldt/Klein/Starck, Art. 14 Rn. 518

[363] BVerfGE 50, 290 ff. (339); 24, 367 ff. (389)

[364] Vgl. MK-Leipold, Einl. zum Erbrecht Rn. 17; ders., Erbrecht, Rn. 54; AK-Rittstieg, Art. 14/15 Rn. 147; Depenheuer in: v. Mangoldt/Klein/Starck, Art. 14 Rn. 517; Stein, § 41 II, S. 341; Schmidt-Bleibtreu/Klein, Art. 14 Rz. 5; Rauscher, ZRP 1992, S. 272 (Anm. zu Freytag, ZRP 1991, S. 106 ff.)

[365] Staudinger/Otte, Einl. zu §§ 1922 ff., Rn. 61; hinsichtlich des Begriffs selbst vgl. auch Soergel/Stein, Einl. zum Erbrecht, Rn. 6 (Fn. 8); zum Meinungsstand vgl. ausführlich Quebe, S. 31 ff.

[366] Vgl. Depenheuer in: v. Mangoldt/Klein/Starck, Art. 14 Rn. 517; AK-Rittstieg, Art. 14/15 Rn. 147

um die im Hinblick auf Art. 14 GG verfassungsrechtlich noch zulässige Höhe der Erbschaftssteuer.[367]

II. Der Stellenwert des Pflichtteilsrechts

1. Die Ansichten der Rechtsprechung

Die Frage, in welchem Umfang das Pflichtteilsrecht Verfassungsschutz genießt, inbesondere aus welchen Grundrechten das Pflichtteilsrecht abgeleitet wird, wurde seitens der Rechtsprechung bislang nicht eindeutig beantwortet.

a) Die Entscheidungen des Bundesverfassungsgerichts

In der sog. Höfe-Entscheidung[368] hat der 1. Senat des Bundesverfassungsgerichts das Pflichtteilsrecht zwar als sachgerechte gesetzliche Regelung der Erbfolge in Ergänzung der testamentarischen Erbfolge angesehen. In dieser Entscheidung wurde die Zuweisung eines landwirtschaftliches Betriebes an einen von mehreren Miterben im Hinblick auf Art. 14 Abs. 1 S. 1 und Art. 3 Abs. 1 GG als verfassungsrechtlich nicht zu beanstanden bewertet. Offen blieb allerdings die Bedeutung des Verwandtenerbrechts im Hinblick auf Art. 14 Abs. 1 S. 1 GG. Ebenfalls nicht erörtert wurde diese Frage in einer anderen Entscheidung[369] zu den Abfindungs- und Ausgleichsansprüchen weichender Miterben nach dem Höferecht (§§ 12, 13 HöfeO). Hierin heißt es: „Die vorliegende Verfassungsbeschwerde nötigt nicht dazu, die Reichweite der familienerbrechtlichen Gewährleistungen des Grundgesetzes abschließend zu erörtern."

Eine „Mitberechtigung" nächster Familienangehöriger am Nachlaß wurde hingegen durch den 2. Senat im Rahmen der verfassungsrechtlichen Beurteilung der Erbschaftsbesteuerung eingeräumt.[370] Zu den bei der Ausgestaltung und Bemessung der Erbschaftssteuer zu beachtenden Grundsätzen heißt es u.a.: „Neben den verfassungsrechtlichen Schutz der Testierfreiheit tritt der Schutz von Ehe und Familie (Art. 6 I GG). Deshalb sieht das bestehende Erbschaftssteuerrecht auch das Familienprinzip als weitere Grenze für das Maß der Steuerbelastung vor."[371]

Auf diese Entscheidung hat der 1. Senat wiederum Bezug genommen und ausgeführt, daß aufgrund des Schutzes von Ehe und Familie in Art. 6 Abs. 1

[367] Nach der Rechtsprechung des BVerfG kommt ein Verstoß gegen Art. 14 GG allenfalls bei übermäßiger Belastung und grundlegender Beeinträchtigung der Vermögensverhältnisse durch die Erbschaftssteuer in Betracht, vgl. BVerfGE 63, S. 312 ff. (327)
[368] BVerfGE 91, S. 346 ff. (359)
[369] BVerfGE 67, 329 ff. (341)
[370] BVerfGE 93, S. 165 ff. (173)= Leitsatz in NJW 1995, S. 2624 ff.
[371] Vgl. BVerfG in NJW 1995, S. 2624 ff. (2625)

GG die familiären Bezüge der nächsten Familienangehörigen zum Nachlaß erbschaftssteuerrechtlich zu berücksichtigen seien.[372]

Auch in der kürzlich ebenfalls durch den 1. Senat ergangenen Entscheidung[373] wird die Frage, in welchem Verhältnis das Prinzip der Testierfreiheit und das Prinzip des Verwandtenerbrechts zueinander stehen und ob es von Verfassungs wegen geboten ist, nahen Angehörigen auch gegen den Willen des Erblassers eine Mindestbeteiligung am Nachlaß einzuräumen, ausdrücklich offen gelassen. Die Verfassungsbeschwerde, die mangels grundsätzlicher verfassungsrechtlicher Bedeutung i.S.d. § 93a Abs. 2 BVerfGG nicht zur Entscheidung angenommen wurde, betraf die Auskunftsklage (§ 2314 BGB) eines Sohnes des Beschwerdeführers, der nach dem Ableben seiner Mutter Pflichtteilsansprüche gegen den Beschwerdeführer als Alleinerben im Wege der Stufenklage geltend machte. Nachdem sowohl das LG Hanau als auch das OLG Frankfurt der Auskunftsklage stattgegeben hatten, rügte der Beschwerdeführer die Verfassungswidrigkeit des Pflichtteilsrechts. Aufgrund der fehlenden persönlich-menschlichen Bindung und eingetretener Entfremdung zwischen der Erblasserin und dem gemeinsamen Sohn sei eine Einschränkung der Testierfreiheit nicht mehr gerechtfertigt.

Der 1. Senat hat die Klärung der Frage nach dem Verhältnis des Prinzips der Testierfreiheit und dem Prinzip des Verwandtenerbrechts vorliegend als nicht entscheidungserheblich eingestuft, da nach den Feststellungen beider Fachgerichte weder Anhaltspunkte für eine völlige Entfremdung noch für eine von der Erblasserin beabsichtigte Entziehung des Pflichtteilsrechts vorgelegen hätten und zudem der Pflichtteil des Sohnes im gemeinschaftlichen Ehegattentestament ausdrücklich erwähnt worden sei.[374]

b) Die Entscheidungen des Bundesgerichtshofs

Der BGH hat zur Frage der verfassungsrechtlichen Gewährleistung ausdrücklich Stellung genommen.[375] Zwar bezieht er sich insoweit zu Unrecht darauf, das Bundesverfassungsgericht habe das Pflichtteilsrecht dem Schutzbereich des Art. 14 Abs. 1 S. 1 GG zugeordnet. [376] Tatsächlich läßt das Bundesverfassungsgericht genau diese Frage bewußt offen.[377] Die seitens des BGH[378] ver-

---

[372] BVerfG FamRZ 1998, 153 (154)

[373] BVerfG ZEV 2000, 399 f. = NJW 2001, 141 f.

[374] Dies erstaunt insbesondere im Hinblick darauf, daß imVorfeld der Entscheidung umfangreiche Stellungnahmen zur Problematik eingeholt wurden und u.a. Anhörungen der Bundesnotarkammer, Bundesrechtsanwaltskammer, des IV. Zivilsenats des BGH und des BMJ erfolgten (so Bengel, ZEV-Jahrestagung 2000/2001, S. 1, Fn. 1)

[375] BGHZ 98, 226 ff. (233)= NJW 1987, 122 ff. (123); BGHZ 109, S. 306 ff. (313)= NJW 1990, S. 911 f. (913)

[376] BGHZ 98, 226 ff. (233)

[377] BVerfGE 67, 329 ff. (341)

[378] BGHZ 98, 226 ff. (233); BGHZ 109, S. 306 ff. (313)

tretene Ansicht, das Interesse der Pflichtteilsberechtigten stehe „in einem gewissen Umfang auch unter dem Schutz der Art. 14, 6 Abs. 1 GG“, spiegelt seine grundsätzliche Haltung in Bezug auf die Schutzwürdigkeit von Pflichtteilsberechtigten wider.[379] Hiermit stimmt der BGH mit der ganz überwiegend im verfassungsrechtlichen und zivilrechtlichen Schrifttum vertretenen Auffassung überein.[380]

c) Ergebnis

Festzuhalten bleibt, daß nach der Rechtsprechung des Bundesverfassungsgerichts die Verfassungsmäßigkeit der durch das Pflichtteilsrecht bewirkten Beschränkung der Testierfreiheit als solche nicht in Frage gestellt wird und der in den §§ 2303 ff. BGB geregelte Ausgleich zwischen Testierfreiheit und Verwandtenerbrecht den verfassungsrechtlichen Vorgaben genügt. Weiterhin ungeklärt ist hingegen die Frage, ob das Pflichtteilsrecht auch dann Verfassungsschutz genießt, wenn die Mindestbeteiligung eines nahen Familienangehörigen gegen den erkennbaren Willen des Erblassers erfolgen würde.[381]

Ob aus den erwähnten Entscheidungen des Bundesverfassungsgerichts zum Stellenwert des Verwandtenerbrechts mit *Depenheuer*[382] gefolgert werden kann, das Pflichtteilsrecht stelle nach Ansicht des BVerfG ein neben der Testierfreiheit bestehendes Prinzip dar, das im Rahmen des Art. 14 GG ebenfalls Geltung beanspruchen dürfe, ist höchst fraglich. Der Umstand, daß eine ausdrückliche Stellungnahme bislang nicht erfolgte, läßt eigentlich keinerlei Deutung zu.

Nach der Ansicht des BGH ist das Pflichtteilsrecht hingegen verfassungsrechtlich gewährleistet.

2. Die Ansichten im Schrifttum

Von der Verfassungswidrigkeit des Pflichtteilsrechts überzeugt ist *Petri*[383], der hierin lediglich eine unzulässige Beschränkung der Testierfreiheit erblickt und die Möglichkeit kollidierenden Verfassungsrechts gar nicht erwägt. Für eine

---

[379] So wird die Notwendigkeit der Wahrung der Belange von Pflichtteilsberechtigten gegenüber den Erben beispielsweise im Bereich lebzeitiger Verfügungen des Erblassers gesehen, BGHZ 98, S. 226 ff. (232 f.).

[380] Vgl. dazu den folgenden Abschnitt

[381] BVerfG ZEV 2000, 399 (400)

[382] Depenheuer in: v. Mangoldt/Klein/Starck, Art. 14 Rn. 528

[383] ZRP 1993, S. 205 ff. (206), dagegen: Stöcker, FamRZ 1993, S. 1261 ff. (1261 Fn. 5); Otte, ZEV 1994, S. 193 ff. (194); Scheer, ZRP 1994, S. 40

vollsändige Beseitigung des Pflichtteilsrechts sprach sich bereits *Kokott*[384] anläßlich der Verhandlungen des 49. Deutschen Juristentages aus. Den Grenzbereich des verfassungsrechtlich Zulässigen sehen *Klingelhöffer*[385] und *Huber*[386] durch das Pflichtteilsrecht erreicht.

Dauner-Lieb[387] hält die Begründung des Pflichtteilsrechts aus der Erbrechtsgarantie des Art. 14 Abs. 1 S. 1 GG als eines der tragenden Prinzipien des Erbrechts insoweit für zweifelhaft, als durch diese Sichtweise die Veränderung oder Aufhebung althergebrachter Traditionen selbst dann verhindert würde, wenn das sie tragende gesellschaftliche Umfeld längst nicht mehr existiere.

Nach ganz überwiegender Auffassung im Schrifttum steht das Pflichtteilsrecht aber unter dem Schutz der Verfassung. Lediglich die Begründungsversuche weichen (zum Teil) voneinander ab.

a) *Rauscher*[388] und *Stöcker*[389] wollen das Pflichtteilsrecht der Eigentumsgarantie zuordnen. Auch *Stein*[390] zählt sämtliche Rechte der Erben zur Eigentumsgarantie. Zwar sieht *Otte*[391] die Testierfreiheit grundsätzlich bereits von der Eigentumsgarantie abgedeckt, hält aber dennoch die Erbrechtsgarantie für ausschlaggebend, weil die Erwähnung des Erbrechts in Art. 14 Abs. 1 S. 1 GG ansonsten überflüssig sei und der Eigentumsgarantie keinerlei Familienbezug zukomme.

Die herrschende Literaturmeinung[392] folgt der vom BGH[393] vertretenen Ansicht darin, daß das Pflichtteilsrecht als Teil der Erbrechtsgarantie Art. 14 Abs. 1 S.

---

384 Verhandlungen des 49. Deutschen Juristentages, Sitzungsberichte, S. K 88 ff. (K 90). Ihr Antrag wurde mit 29 Gegenstimmen (bei 1 Stimme dafür und 4 Enthaltungen) abgelehnt, vgl. die Beschlußfassung S. K 152 u. K 160

385 Klingelhöffer, Rn. 6

386 Huber, S. 47 ff.

387 FF Sonderheft 2000, 16 (23)

388 Rauscher, Band I, S. 89

389 WM 1979, S. 214 ff. (220)

390 Stein, § 41 II, S. 341 (anders als in Soergel, Einl. zum Erbrecht Rn. 5, wo er das Pflichtteilsrecht ausdrücklich nicht Art. 14 Abs. 1 S. 1 GG unterstellt)

391 Staudinger/Otte, Einl. zu §§ 1922 ff. Rn. 63 f. u. 69 a.E.

392 So schon Boehmer, Erbrecht in: Neumann/Nipperdey/Scheuner, S. 418 ff.; vgl. auch Maunz/Dürig/Papier, Art. 14 Rn. 293; MK-Leipold, Einl. zum Erbrecht Rn. 18a; ders. Erbrecht, Rn. 54; AK-Däubler, Einl. zum Erbrecht Rn. 170 ; v. Münch/Kunig/Bryde, Art. 14 GG Rn. 48; Robbers in: v. Mangoldt/Klein/Starck, Art. 6 Abs. 1 Rn. 136; Wendt in: Sachs, Art. 14 Rn. 200; Jung, FamRZ 1976, S. 134 ff. (135 ff.); a.A. Soergel/Stein, Einl. zum Erbrecht Rn. 5; Staudinger/Ferid/Cieslar, Einl. zu § 2303 Rn. 22; unklar insoweit RGRK-Kregel, Einl. §§ 1922, Rn. 4, der lediglich die Testierfreiheit dem verfassungsrechtlichen Schutz unterstellt.

393 BGHZ 98, 226 ff. (233); BGHZ 109, S. 306 ff. (313)

1 GG zuzuordnen sei.[394] Die Einschränkung der Testierfreiheit durch das Pflichtteilsrecht folge aus dem Prinzip der Verwandtenerbfolge, wonach der Gesetzgeber verpflichtet sei, im Falle des Fehlens einer letztwilligen Verfügung die gesetzliche Erbfolge festzulegen. Die durch das Pflichtteilsrecht geschaffene Mindestbeteiligung der engeren Familie am Erbgut wird überwiegend nicht nur der Erbrechtsgarantie entnommen; vielmehr spiele auch Art. 6 Abs. 1 GG im Rahmen der Interpretation der Erbrechtsgewährleistung eine wichtige Rolle.[395] Während zur verfassungsrechtlichen Herleitung des Pflichtteilsrechts teilweise neben Art. 14 Abs. 1 S. 1 GG auch auf Art. 6 Abs. 1 GG zurückgegriffen wird[396], zieht die überwiegende Ansicht Art. 6 Abs. 1 GG nur zur Auslegung heran[397], um dem Zusammenhang zwischen der Erbrechtsgarantie einerseits und dem staatlichen Schutzauftrag im Hinblick auf Ehe und Familie andererseits gerecht zu werden. So sieht *Depenheuer*[398] in Art. 6 GG eine angemessene Verfassungskonkretisierung im Hinblick auf Art. 14 Abs. 1 S. 1 GG und folgert aus dem Zusammenspiel beider Grundrechte einen verfassungsmäßig gewährleisteten Wesensgehalt des Verwandtenerbrechts, der eine Mindestbeteiligung der durch Art. 6 Abs. 1 GG geschützten Personen am Erbgut nach sich ziehen müsse.[399]

b) Einige wenige Autoren[400] leiten das Pflichtteilsrecht allein aus Art. 6 Abs. 1 GG ab, wobei *Stein*[401] selbst diese verfassungsrechtliche Gewährleistung anzweifelt.

Gegen eine Einbeziehung in Art. 14 Abs. 1 S. 1 GG spreche bereits die Systematik der Eigentumsverfassung. Da das Pflichtteilsrecht zu einer Verminderung des Nachlasses führe, die zulasten der zu Erben berufenen Personen ginge, könne seine Garantie nicht aus der gleichen Grundrechtsnorm hervorgehen, die auch die Testierfreiheit gewähre. Die Schranke der Testierfreiheit sei vielmehr der kollidierenden Gegennorm des Art. 6 Abs. 1 GG zu entnehmen.[402]

---

[394] Zweifel an der Unentziehbarkeit des Pflichtteils hat dennoch AK-Rittstieg, Art. 14/15 Rn. 148

[395] AK-Rittstieg, Art. 14/15 Rn. 148; MK-Frank, § 2303 Rn. 1

[396] Wendt in: Sachs, Art. 14, Rn. 200; v. Münch/Kunid/Bryde, Art. 14 Rn. 48; Palandt/Edenhofer, Einl. v. § 1922 Rn. 4; a.A. wohl Dauner-Lieb, FF Sonderheft 2000, 16 (23)

[397] Vgl. MK-Leipold, Einl. zum Erbrecht, Rn. 18; Otte, ZEV 1994, S. 193 ff. (194); Leipold, Rn. 54

[398] Depenheuer in: Mangoldt/Klein/Starck, Art. 14 Rn. 526

[399] a.a.O. Rn. 528

[400] Soergel/Stein, Einl. zum Erbrecht, Rn. 7 u. 8; Staudinger/Ferid/Cieslar, Einl. zu §§ 2303 Rn. 22; Jarass/Pieroth, Art. 14 Rn. 64; Brox, Rn. 24; Hetmeier, S. 60 ff. ; Gerken, Rpfleger 1989. S. 45 ff. (45), der sich allerdings zu Unrecht auf Leipold beruft; dieser zieht Art. 6 Abs. 1 GG nur unterstützend heran, vgl. MK-Leipold, Einl. zum Erbrecht, Rn. 18.

[401] Soergel/Stein, Einl. zum Erbrecht, Rn. 7

[402] Vgl. Soergel/Stein, Einl. zum Erbrecht, Rn. 5

3. Stellungnahme

Bei der Entscheidung, ob das Pflichtteilsrecht der Erbrechtsgarantie des Art. 14 GG entnommen werden kann, ist zunächst der vom Grundgesetz wie auch vom BGB gewählte Wortlaut von Bedeutung. Während Art. 6 Abs. 1 GG nur die Beziehung Familie - staatlicher Schutz erwähnt, ist in Art. 14 Abs. 1 S. 1 GG das Erbrecht neben dem Eigentum selbständig aufgeführt. Auch wenn *Brox*[403] darin beizupflichten ist, daß der Verwendung des Begriffs „Erbrecht" im Grundgesetz und im BGB jeweils eine unterschiedliche Bedeutung zukommt, so dient der Begriff doch immerhin als Titel des gesamten 5. Buches des BGB.

Wie bereits ausgeführt, umfaßt Art. 14 Abs. 1 S. 1 GG nach herrschender Ansicht die Prinzipien des Privaterbrechts, der Familienverbundenheit und der Testierfreiheit. Da die Eigentumsgarantie des Art. 14 GG nicht nur den Gebrauch, sondern auch die Übertragung von Vermögenswerten gewährleistet, ließe sich die Testierbefugnis problemlos der Eigentumsgarantie zuordnen.[404] Die Erwähnung der Erbrechtsgarantie verlöre in diesem Falle allerdings an Sinn.

Daß der Garantie des Erbrechts neben der des Eigentums in Art. 14 GG eigenständige Bedeutung zukommt, ergibt sich bereits aus der vom Verfassungsgeber gewählten Systematik der Absätze 2 und 3. Der Eigentumsgarantie werden durch Sozialbindung (Abs. 2) und Enteignung (Abs. 3) Grenzen gesetzt. Hierbei handelt es sich um eine Schrankenbestimmung, die speziell auf die Verfügungsfreiheit ausgerichtet ist und daher nur das Eigentum betreffen kann. Der Umstand, daß auch die Erbrechtsgarantie in Art. 14 GG geregelt ist, läßt sich durch die enge Verbundenheit beider Garantien erklären. Die durch die Eigentumsgarantie betroffene Verfügungsfreiheit im vermögensrechtlichen Bereich erledigt sich mit dem Tod des Grundrechtsträgers. Es findet aber auch ein gewisser Wechsel durch das Erbrecht statt, da es infolge des Prinzips des Privaterbrechts zu einer Weiterleitung des Erblasservermögens kommen muß.

Die im Hinblick auf die Zusammenfassung von Gewährleistung und Schranke der Testierfreiheit innerhalb der Erbrechtsgarantie geäußerten Bedenken lassen sich ebenfalls mit dem Hinweis auf die durch Art. 14 GG selbst festgelegten Einschränkungen durch Art. 14 Abs. 1 S. 2, Abs. 2 und Abs. 3 GG beseitigen. Hier zeigt sich, daß Grundrechtsgarantie und -beschränkung durchaus innerhalb derselben Norm formuliert werden können.

Gegen eine Herleitung des Pflichtteilsrechts lediglich aus Art. 6 Abs. 1 GG spricht aber auch der Umstand, daß für Vermögensübertragungen unter Lebenden der Gedanke der Familiengebundenheit des Vermögens verfassungs-

---

[403] Erbrecht, Rn. 1

[404] Vgl. Staudinger/Otte, Einl. zu §§ 1922 ff. Rn. 63, 64, 69

rechtlich unerheblich ist. Ein Schutz für Ehe und Familie ergibt sich hier nur aus den Vorschriften über die Pflichtteilsergänzung (§§ 2325 ff. BGB), den Verfügungsbeschränkungen der §§ 1365, 1369 BGB, sowie aus der privilegierten Stellung von Unterhaltsansprüchen im Zwangsvollstreckungsrecht.[405] Insoweit ist *Otte*[406] darin beizupflichten, daß lebzeitige Verfügungen nicht allein deshalb als verfassungsrechtlich bedenklich gelten, weil sie die Belange von Ehe und Familie nicht ausreichend berücksichtigen. Darüberhinaus stellt der Wortlaut des Art. 6 Abs. 1 GG keinerlei Bezug zu den erbrechtlichen Vorschriften der §§ 1933 ff. BGB her. Eine Interpretation des Schutzbereichs, die auf den Ausgleich des Spannungsverhältnisses zwischen Testierfreiheit und Verwandtenerbrecht abzielt, ist Art. 6 Abs. 1 GG aber keinesfalls zu entnehmen. Der „Schutz" von Ehe und Kleinfamilie ließe daher auch gesetzgeberische Gestaltungen in vielfältiger Form zu, solange damit nur eine gewisse wirtschaftliche Mindestabsicherung erzielt würde.[407]

Betrachtet man die Funktion, die das Pflichtteilsrecht zu erfüllen hat, so ergeben sich zwei Aspekte. Zum einen geht es um eine erbrechtliche Mindestbeteiligung am Nachlaß des Verstorbenen. Zum anderen bezwecken die §§ 2303 ff. BGB die Sicherung und den Schutz ausgerechnet der Personen, die von Art. 6 Abs. 1 S. 1 GG erfaßt werden. Nach überwiegender Ansicht im Schrifttum sind dies die zur „Kleinfamilie" zählenden Personen, also Ehegatten und Kinder des Erblassers.[408] Vom Schutzbereich des Art. 6 Abs. 1 GG nicht erfaßt sind demnach die Eltern des Erblassers. Dies bedeutet hingegen nicht, daß das Pflichtteilsrecht der Eltern, das nur im Falle des Nichtvorhandenseins von Abkömmlingen besteht (§ 2309 BGB), verfassungswidrig ist. Denn auch außerhalb des von Art. 6 Abs. 1 GG geschützten Personenkreises sind familienrechtliche Beziehungen denkbar, die der Gesetzgeber zulasten der Testierfreiheit des Erblassers berücksichtigen darf, indem er von der Inhaltsbestimmung des Art. 14 Abs. 1 S. 2 GG Gebrauch macht.

Da nach richtiger Ansicht die Verwandtenerbfolge zu den Grundprinzipien der Erbrechtsgarantie zu zählen ist und der Gesetzgeber dementsprechend die gesetzliche (Familien)Erbfolge in den §§ 1922 ff. BGB festgelegt hat, ist der Schwerpunkt des Instituts des Pflichtteilsrechts im erbrechtlichen Erwerb von Vermögenspositionen zu sehen. Erst in zweiter Hinsicht ist darin die Ausformung des verfassungsrechtlichen Schutzes der Familie enthalten. Dies ergibt

---

405 Vgl. § 850c Abs. 1 S. 2, Abs. 2-4, § 850d, sowie § 811 ZPO, soweit die Unpfändbarkeit einen Bezug zur Wohnung bzw. Familie des Schuldners herstellt.

406 Vgl. Staudinger/Otte, Einl. zu §§ 1922 ff. Rn. 69

407 Vgl. i.E. auch Staudinger/Otte, Einl. zu §§ 1922 ff. Rn. 69

408 Lange/Kuchinke, S. 24 f.; Soergel/Stein, Einl. zum Erbrecht, Rn. 8; Staudinger/Ferid/Cieslar, Einl. zu §§ 2303 ff., Rn. 22; Brox, Erbrecht, Rn. 24; a.A. Staudinger/Boehmer, Einl. § 23 Rn. 13, der den verfassungsrechtlichen Schutz auch auf die Eltern des Erblassers ausdehnen will.

sich aus dem Wortlaut und der Auslegung des Schutzbereichs der Art. 6 Abs. 1 und 14 GG.

4. Ergebnis

Das Pflichtteilsrecht ist Bestandteil der Erbrechtsgarantie des Art. 14 Abs. 1 S. 1 GG. Im Rahmen der Konkretisierung der zu gewährenden Mindestbeteiligung am Nachlaß ist auf die in Art. 6 Abs. 1 GG enthaltenen Wertungen zurückzugreifen.

F. Die ratio des Pflichtteilsrechts

Da das Pflichtteilsrecht von der verfassungsmäßigen Garantie des Erbrechts umfaßt ist, verbietet sich demnach ein Gesetz, welches den von Art. 6 Abs. 1 GG näher bestimmten Personenkreis - also Ehegatten und Kinder des Erblassers - von der Pflichtteilsberechtigung ausschließen würde.

In welcher Art und in welchem Umfang eine Nachlaßbeteiligung von Eltern, Ehegatten und Abkömmlingen allerdings zu erfolgen hat, legt die Verfassung nicht fest. Insoweit obliegt es dem Ermessen des Gesetzgebers, die Ausgestaltung der Vorschriften über das Pflichtteilsrecht zu bestimmen.[409] Solange sich in wirtschaftlicher Hinsicht für die Berechtigten keine oder keine wesentlichen Auswirkungen ergeben, steht es dem Gesetzgeber frei, die rechtlichen Strukturen zu verändern. Denkbar sind neben variablen Pflichtteilsquoten zum Beispiel geringfügige Reduzierungen einzelner Pflichtteilsquoten zugunsten anderer Berechtigter oder auch zugunsten der Testierfreiheit, sowie die bedürfnisorientierte Ausgestaltung i.S.d. Unterhaltsrechts. Auch stünden der Umstellung des Geldpflichtteils auf ein materielles Noterbrecht keinerlei Bedenken entgegen.

Entscheidend für die Frage, ob Veränderungen des Pflichtteilsrechts noch im Bereich des verfassungsrechtlich Zulässigen liegen, ist die Bejahung einer angemessenen wirtschaftlichen Mindestbeteiligung der Berechtigten am Nachlaß. Hierauf können auch rechtspolitische Erwägungen nur insoweit Einfluß nehmen, als sie Ausgangspunkte für Überlegungen modifizierender Art liefern.[410] Zwar ist der im Rahmen der Grundrechtsabwägung zwischen Testierfreiheit und Familienbindung gefundene Kompromiß der Pflichtteilssicherung der Kleinfamilie nicht unbeeinflußt von rechtpolitischen Zielsetzungen. Doch können diese weder losgelöst von der verfassungsrechtlichen Beurteilung betrachtet werden, noch für den von Art. 6 Abs. 1 GG umfassten Personenkreis eine eigenständige Rechtfertigung liefern.[411]

Anderes hat im Hinblick auf die Eltern des Erblassers und entferntere Abkömmlinge zu gelten. Art. 6 Abs. 1 GG schützt neben der Ehe die Familie. Hiermit ist nicht die Generationen-Großfamilie, sondern nur die in der Hausgemeinschaft geeinte engere Familie, bestehend aus Eltern und Kindern, gemeint.[412] In den verfassungsrechtlichen Schutzbereich des Art. 6 Abs. 1 GG sind demnach weder das Pflichtteilsrecht der Eltern noch das der entfernteren Abkömmlinge einbezogen. Dies schließt jedoch nicht aus, daß es anerkennenswerte und typisierbare Familienbindungen gibt, die der Gesetzgeber im

---

[409] MK-Frank, § 2303 Rn. 1
[410] Vgl. auch Rauscher, a.a.O., S. 90
[411] Rauscher , a.a.O., S. 91
[412] BVerfGE 48, 327 (339)

Sinne einer Inhaltsbestimmung der Testierfreiheit nach Art. 14 Abs. 1 S. 2 GG berücksichtigen dürfte.[413]

Inwieweit Korrekturen der geltenden Regelungen überhaupt angebracht und angemessen wären, läßt sich - logisch vorrangig vor der Frage der verfassungsrechtlichen Zulässigkeit - nur im Rahmen einer Betrachtung der Funktionen des Erbrechts im allgemeinen, sowie einer Begutachtung der mit dem Institut des Pflichtteilsrechts angestrebten Ziele und Zwecke vor dem Hintergrund rechtspolitischer Überlegungen beantworten.

I. Der Zweck der Erbrechts

Das gesetzliche Erbrecht regelt die Vermögensnachfolge der Verwandten des Erblassers nach dessen Tod und begünstigt dabei nicht nur die Blutsverwandten, sondern auch den Ehegatten des Verstorbenen. Die im BGB vor gut 100 Jahren manifestierte Neuordnung der Vermögensverhältnisse nach dem Tod eines Menschen hat den gesellschaftlichen Wandlungen bislang fast vollständig[414] standgehalten. Der Gesetzgeber hat sich für ein Verwandtenerbrecht entschieden und dies durch die Berücksichtigung lediglich familiärer Aspekte bei der Schaffung der erbrechtlichen Vorschriften (einschließlich der im Rahmen des Erbfalls zu regelnden Rechtsfragen der Nachlaßverbindlichkeiten des Erblassers und der Nachlaßteilung im Rahmen einer Erbengemeinschaft) uneingeschränkt zum Ausdruck gebracht. So führt *Hattenhauer*[415] den Erbgang - als die „äußerste Form der Brutpflege" - auf das instinktive Verhalten der Menschen zurück, wonach das Erblasservermögen zur Versorgung von Nachkommen bestimmt sei.

Aber auch eine weitere wesentliche Funktion kommt dem Erbrecht zu, nämlich die Einräumung der Befugnis des Erblassers, durch Verfügung von Todes wegen den Kreis seiner Erben eigenständig festzulegen. Die Anerkennung der Testierfreiheit durch das BGB ermöglicht dem Erblasser neben den Bestimmungen zur gesetzlichen Erbfolge oder an deren Stelle die Errichtung eines Testaments oder eines Erbvertrages. Möglich ist beispielsweise auch die Einräumung einer Erbenstellung gegen lebzeitige Pflege oder ein Wohnrecht des Erblassers bis zum Tod. Obwohl die Vorschriften zur gesetzlichen Erbfolge den Regelungen zur Errichtung einer Verfügung von Todes wegen[416] gesetzestechnisch vorangestellt sind, hat dieser Umstand für die Intention des Gesetzge-

---

[413] Haas, ZEV 2000, 254; vgl. Rauscher, a.a.O., S. 91 u. 101

[414] Sieht man von den Neuerungen des Gleichberechtigungsgesetzes von 1957, des Nichtehelichengesetzes von 1969 und des Erbrechtsgleichstellungsgesetzes von 1997 ab.

[415] Jura 1983, S. 9 ff. (9)

[416] Unter den Oberbegriff der Verfügung von Todes wegen fallen sowohl die in § 1937 BGB geregelten testamentarischen Anordnungen (dies sind einseitige Rechtsgeschäfte, im übrigen auch als letztwillige Verfügungen bezeichnet), als auch die vertraglichen Verfügungen durch Erbvertrag (§ 1941 BGB)

bers keinerlei Aussagekraft.[417] Im Gegenteil hat die durch Verfügung von Todes wegen festgelegte Erbfolge Vorrang vor der gesetzlichen. Der Wille des Gesetzgebers, dem Erblasser als Ausdruck seiner Privatautonomie die Entscheidung über die Regelung seines Vermögens unter Zurückstellung der Vorschriften über die gesetzliche Erbfolge weitgehend zu überlassen, ergibt sich im übrigen auch aus den Motiven.[418] Die dem Erblasser auf diese Weise zugestandene Möglichkeit, seiner Willensmacht Ausdruck zu verleihen, beruht auf seinem aus Art. 2 Abs. 1 GG folgenden Recht auf freie Entfaltung der Persönlichkeit. Nur im Falle einer nicht erfolgten rechtsgeschäftlichen Anordnung des Erblassers greifen subsidiär die gesetzlichen Bestimmungen über die Erbfolge.

Hierbei kann wohl unterstellt werden, daß die fortwährende Akzeptanz des Verwandtenerbrechts auch in heutiger Zeit nicht nur mit dem Umstand zu tun hat, daß im Erbfalle eine gesetzlich geregelte Vermögensnachfolge, die an Verwandtschaftsverhältnisse anknüpft, vergleichsweise problemloser auszuführen ist, als dies bei einer Bezugnahme auf andere (persönliche) Beziehungen des Erblassers der Fall wäre. Vielmehr ist die Billigung der Vorschriften über die gesetzliche Erbfolge dahin zu verstehen, daß der Gesetzgeber Regelungen im Sinne des vermuteten Erblasserwillens getroffen hat, woraus *Dumoulin*[419] die Verpflichtung zu ständiger Rechtstatsachenforschung ableitet.

Kralik[420] ist hingegen der Auffassung, das gesetzliche Erbrecht könne schon allein deshalb nicht dem mutmaßlichen Erblasserwillen entsprechen, weil es im Falle eines geäußerten tatsächlichen Willens diesem den Vorrang einräumen müßte.[421] Aufgrund der Pflichtteilsregelungen als Teil des gesetzlichen Erbrechts sei dies jedoch nicht möglich. Meinungsumfragen zum Testierverhalten innerhalb der Bevölkerung seien daher hinfällig.[422]

Hiergegen ist jedoch einzuwenden, daß das gesetzliche Erbrecht nur insoweit hinter dem wahren Willen des Erblassers zurückstehen kann, als Grundrechte Dritter nicht entgegenstehen.[423] Im übrigen vermag der Gesetzgeber der Frage

---

[417] Erdmann, § 19 II c, sah 1908 in der gesetzessystematischen Anordnung der Vorschriften dagegen einen Hinweis des Gesetzgebers darauf, daß den Familienangehörigen die eigentliche Erbenstellung zukommt: "Die Familiengenossen sind die vor allen anderen berufenen echten Erben".

[418] Motive, Band V, S. 388 f.; vgl. oben B III.

[419] 19. Deutscher Notartag 1973, S. 84 ff. (86 f.). Dumoulin hält darüberhinaus neben demographischen Datenerhebungen auch Meinungsumfragen innerhalb der Bevölkerung zu Testiergewohnheiten und Erblasservorstellungen für notwendig; zustimmend Kanzleiter, a.a.O. S. 121 f. (121).

[420] 19. Deutscher Notartag 1973, S. 108

[421] So auch MK-Leipold, Einl. zum Erbrecht, Rn. 10, der für den Fall des Abstellens auf den hypothetischen Willen eine an § 138 BGB orientierte Prüfung der letztwilligen Verfügung gefährdet sieht.

[422] Kralik, a.a.O.

[423] Vgl. hierzu die Ausführungen zu E

des mutmaßlichen Erblasserwillens nie ganz gerecht zu werden, denn der mutmaßliche Wille des potentiellen Erblassers kann stets nur der häufigsten Konstellation entsprechen. Einzelfällen wird man durch generell-abstrakte Regelungen kaum gerecht werden können. Dies ist aber auch nicht der Zweck einer gesetzlichen Regelung, die lediglich subsidiär im Falle des Nichttestierens gilt.[424] Insoweit ist *Kralik* darin zuzustimmen, daß Umfrageergebnissen im Rahmen von erbrechtlichen Reformdiskussionen eine nur eingeschränkte Aussagekraft zukommt. *Dieckmann*[425] sieht im Rahmen von Meinungsumfragen zum mutmaßlichen Erblasserwillen hingegen eher das Problem der bewußten oder unbewußten Identifikation des Befragten mit dem potentiellen Erben.[426]

Dennoch bleibt festzuhalten, daß der ursprüngliche Zweck des Erbrechts neben der Nachkommenversorgung insbesondere darauf gerichtet war, dem Erblasser die Möglichkeit zur selbständigen Auswahl seiner Erben einzuräumen.

II. Der Zweck des Pflichtteilsrechts

Die Testierfreiheit umfaßt auch die Freiheit des Erblassers, seine gesetzlichen Erben vollständig von der Erbfolge auszuschließen. Obwohl es dem Erblasser unbenommen ist, von der gesetzlichen Erbfolge zum Nachteil seiner nächsten Verwandten abzuweichen, ist die völlige Übergehung von Angehörigen seit jeher als unbillig empfunden worden.[427] Um die Testierfreiheit des Erblassers mit der natürlichen Anschauung von der Familienerbfole in Einklang zu bringen, war man schon früh um Kompromißlösungen bemüht. Bereits zu Zeiten der römischen Republik wurde dem Gedanken des Pflichtteilsrechts Rechnung getragen, indem man den nächsten Verwandten des Erblassers ein Anfechtungsrecht hinsichtlich derjenigen testamentarischen Verfügungen einräumte, die diese nicht bedachten. Der Erblasser galt in solchen Fällen nach der Rechtsprechung der Centumviralgerichte als nicht ganz zurechnungsfähig.[428]

Eine der zulässigen Beschränkungen der Testierfreiheit als Ausformung des durch Art. 14 Abs. 1 S. 1 GG gewährleisteten Erbrechts stellt das Pflichtteilsrecht dar. Es sichert den nächsten Angehörigen eine Mindestbeteiligung am Wert des Nachlasses, welche allenfalls im Falle der Pflichtteilsunwürdigkeit nach §§ 2345 Abs. 2, 2339 BGB oder bei Vorliegen eines Pflichtteilsentziehungsgrundes gemäß §§ 2333 ff. BGB entfällt.

---

[424] Siehe auch Däubler, ZRP 1975, S. 136 ff. (138); Bosch, FamRZ 1983, S. 227 ff. (238 f.)
[425] Verhandlungen des 49. Deutschen Juristentages, Sitzungsberichte, S. K 8 ff. (K 31)
[426] So auch Stöcker, FamRZ 1971, S. 609 ff. (617).
[427] Vgl. die Ausführungen zum historischen und rechtsvergleichenden Teil (B und D).
[428] Kipp/Coing, § 8, S. 51 f. (siehe ausführlich oben B I).

1. Begründungen für den Berechtigtenkreis

Die Gründe, die den Gesetzgeber zur Anerkennung des Instituts des Pflichtteilsrechts bewegt haben, lassen sich leichter erschließen, wenn man zunächst die beim Kreis der Pflichtteilsberechtigten vorgenommene Auswahl betrachtet.

Die nahe Verwandtschaft zwischen dem Erblasser und den Pflichtteilsberechtigten stellt hierbei den Ausgangspunkt der Begründung dar.[429] Unterschiede ergeben sich bei genauerer Betrachtung der jeweiligen familienrechtlichen Beziehungen. So wurde in der Vergangenheit neben Unterhalts- und Ausstattungspflichten[430] insbesondere eine Verpflichtung des Erblassers angenommen, seinen Verwandten Liebe und Zuneigung entgegenzubringen, was die Berücksichtigung bei der Erbeinsetzung zur Folge haben sollte.[431] Auch wurde eine selbst gewollte Bindung des Erblassers durch Heirat und Familienplanung zur Begründung von Pflichtteilsrechten der Ehegatten und Kinder herangezogen.[432] Aus den Motiven wird hingegen die Intention des Gesetzgebers für die Einbeziehung des Ehegatten in den Kreis der Pflichtteilsberechtigten aus einem anderen Blickwinkel heraus ersichtlich: Er schrieb der ehelichen Lebensgemeinschaft eine besonders innige Verbundenheit zu[433] und erblickte im Ehegattenpflichtteil zudem einen Ausgleich für entgangene Unterhaltsansprüche.[434]

Zieht man die einzelnen Begründungsversuche alternativ hinsichtlich der nach § 2303 BGB Berechtigten heran, so ergibt sich kein geschlossenes Bild. Die Großeltern, die der Gesetzgeber vom Kreis der Berechtigten bewußt ausschloß[435], wären bei Zugrundelegung des Alimentationsgedankens nicht wegzudenken. Der Gedanke der Selbstbindung des Erblassers durch Eheschließung und Familiengründung vermag dagegen das bestehende Pflichtteilsrecht der Eltern nicht zu begründen. Die Einbeziehung der Eltern erfolgte in der Tat nur unter moralischen Gesichtspunkten und in Anlehnung an die geltenden Partikularrechte.[436]

Für die dem Kreis der Pflichtteilsberechtigten zuzurechnenden Personen läßt sich folglich eine einheitliche Begründung nicht finden. Vielmehr ließ sich der damalige Gesetzgeber von unterschiedlichen Aspekten leiten, die nur kumulativ betrachtet Rückschlüsse auf die Auswahlintention zulassen.

---

429 Mertens, S. 102 f.
430 Mertens, S. 88 f.
431 Schultzenstein, S. 196
432 Vgl. die Darstellung bei Mertens, S. 83 f.; Begründung des Entwurfes eines Rechtes der Erbfolge für das Deutsche Reich und des Entwurfes eines Einführungsgesetzes, S. 54
433 Motive, Band V, S. 384
434 Schultzenstein, S. 226
435 Vgl. Motive, Band V, S. 383 f.
436 Motive, a.a.O.

2. Begründungen für die Zuerkennung des Pflichtteilsrechts

Bei der Frage nach der Rechtfertigung einer Nachlaßbeteiligung naher Angehöriger auch gegen den Willen des Erblassers spielen die wirtschaftlichen, familienstrukturellen und sozialen Verhältnisse der jeweiligen Epoche eine wichtige Rolle. Insbesondere bilden soziologische Veränderungen innerhalb der Familie und Gesellschaft einen wertvollen Anknüpfungspunkt für diese Frage. Denn ein Zusammenhang zwischen Familien- und Erbrecht ergibt sich nicht nur aus der rein äußerlichen - insbesondere räumlichen[437] - Bezugnahme der Vorschriften aufeinander. Der Schutz familiärer Beziehungen durch erbrechtliche Regelungen hat vor allem historische Tradition[438] und wird auch in solchen Staaten gepflegt, die früher sozialistisch geprägt waren.[439] *Reichert-Facilides* führt dies auf den hohen Stellenwert der Familie als sozialer Einheit innerhalb dieser Staaten zurück.[440]

Sprichwörtliche Formulierungen wie: "Wer will wohl selig sterben, der lasse sein Gut den rechten Erben"[441] verfestigen zudem den Eindruck eines unverrückbaren Bildes. So sieht *Knapp*[442] in der Bedeutung der Familie den Grund für den umfassenden Schutz der Familienangehörigen durch erbrechtliche Vorschriften. Geht man von einer allgemein vorherrschenden Anschauung aus, wonach die nächsten Angehörigen natürlicherweise am Erblasservermögen - in welcher Form und in welchem Maße auch immer - zu beteiligen sind, so verwundert es nicht, daß eine uneingeschränkte Testierfreiheit stets als mißbrauchsanfällig[443] oder auch rechtsethisch unbefriedigend[444] empfunden wurde und wird.

Zweifellos spielte der Versorgungsgedanke zu Zeiten der Entstehung des BGB eine maßgebliche Rolle für die Schaffung der Pflichtteilsregelungen. Gleiches gilt für die damals sehr übliche enge Familienverbundenheit als Folge der der Familie vorrangig zukommenden Aufgaben[445] bezüglich der Sicherung des Überlebens des einzelnen in der Gruppe, der unmittelbaren Naturbewältigung,

---

437 Das Erbrecht ist im 5. Buch des BGB im Anschluß an das Familienrecht (4. Buch) geregelt.

438 Nach dem deutsch-germanischen Erbrecht waren allein die Blutsverwandten erbberechtigt („Das Gut rinnt wie das Blut"), vgl. Mitteis/Lieberich, Kap. 55, S. 169

439 Siehe oben D. III

440 Reichert-Facilides, Generalreferat, S. 95 ff. (96 f.)

441 Vom Prinzip der Familienerbfolge geprägt ist die Digeste Paulus Dig. 48, 20, 7 pr.: „Die natürliche Verwandtschaft erkennt, gleichsam als stillschweigendes Gesetz, den Kindern die Erbschaft ihrer Eltern zu.", Wacke, HRG, Art. Pflichtteilsrecht, Sp. 1737

442 Knapp, S. 15 ff. (25 f.),

443 Kipp/Coing, § 8, S. 51

444 Boehmer, AcP 144 (1938), S. 249 ff. (249)

445 Zu den Funktionen der Familie in der Gegenwart vgl. die folgenden Ausführungen zu 2 b)

sowie der familiären Produktion zum Zwecke der Existenzsicherung.[446] *Papantoniou*[447] kommt zu dem Ergebnis, daß die Vermögensweitergabe zwar eine wesentliche, nicht jedoch die einzige Aufgabe des Erbrechts sei. Vielmehr komme dem Erbrecht auch eine Unterstützungsfunktion im Hinblick auf die der Familie übertragenen sozialen Aufgaben der Kindererziehung und Unterstützung finanziell schwacher Angehöriger zu. Dagegen hält *Stöcker*[448] jedwede politische Zielsetzung, sei sie nun gesellschafts-, bevölkerungs- oder wirtschaftspolitischer Natur, als Bemessungsgrundlage für die Existenzberechtigung des Pflichtteilsrechts für untauglich. Dies führe letztlich zu der nicht wünschenswerten Zuhilfenahme des Privatrechts für fiskalische Bestrebungen.

Ob diese und andere Aspekte angesichts gesellschaftlicher und sozialer Wandlungen (noch) als tragende Gedanken des Pflichtteilsrechts betrachtet werden können, oder ob dessen Zweck über den des Erbrechts im allgemeinen - die Weiterleitung von Privatvermögen an Familienmitglieder - nicht hinausreicht, soll im folgenden ausführlich untersucht werden. Hierbei werden die offensichtlichen familienstrukturellen Veränderungen im besonderen Maße zu beachten sein, soweit sie für die Frage nach der Berechtigung des Pflichtteilsrechts von Bedeutung sind. Dies selbstverständlich, ohne eine Aussage über familiensoziologische Gegebenheiten treffen zu wollen. Hierzu wäre - abgesehen von einigen grundsätzlichen Auffälligkeiten, die auch Gegenstand der gegenwärtigen politischen Diskussion sind - zunächst eine gründliche Untersuchung der derzeitigen Familienstruktur erforderlich.

a) Pflichtteil zu Ausbildungs- und Versorgungszwecken

Zur Zeit der Entstehung des BGB deutete sich bereits ein Wandel der sozialen Aufgabe des Familienvermögens an. Die Industrialisierung hatte eingesetzt und dem gemeinsamen Wirtschaften der Familie stand plötzlich das Bestreben der jüngeren Generation nach einer eigenen zukunftsbegründenden Berufsausbildung gegenüber.[449] Trotz der Diskrepanz der Bedürfnisse der Generationen war die gegenseitige wirtschaftliche Absicherung noch von weit größerer Bedeutung als dies gegenwärtig der Fall ist.[450] Während heute zur Existenzgründung eine entsprechende Berufsausbildung nicht mehr wegzudenken ist, stand im ausklingenden neunzehnten Jahrhundert noch der interfamiliäre Versorgungsgedanke im Mittelpunkt.[451] Dies galt umso mehr, als der weibliche Anteil der Bevölkerung mangels ausgereifter Emanzipationsidee größtenteils nicht berufstätig war und eine Frau, die nicht heiratete, auf die Versorgung

[446] Hierzu ausführlich: Mitterauer, Funktionsverlust, S. 99 ff.
[447] AcP 173 (1973), S. 385 ff. (396 ff.)
[448] WM 1970, S. 774 ff. (782); ders. in FamRZ 1971, 609 ff. (617)
[449] Zur sozialen Funktion des Erbrechts vgl. Jung, FamRZ 1976, S. 134 ff. (134 f.)
[450] Zu den Veränderungen im Ausbildungswesen vgl. Thierschmann, Unterhaltsansprüche Volljähriger gegen ihre Eltern, S. 81 ff.; Schwab, Rn. 8
[451] Coing, S. A 11 ff. (A 12)

durch die Familie angewiesen war. Hinzu kam der Ausbau der sozialen Sicherungen für Hinterbliebene in der Ära Bismarck[452], die im Jahre 1911 mit durch die Reichsversicherungsordnung und das Angestelltenversicherungsgesetz eingeführten Hinterbliebenenrenten fortgeführt[453], insbesondere nach 1918 und 1945 ausgeweitet[454] und durch zahlreiche andere Versorgungsansprüche - wie etwa die beamtenrechtlichen Versorgungsansprüche und die Rentenansprüche aus der Sozialversicherung - bis heute ergänzt wurden. Dazu kommen die unterhaltsrechtlichen Absicherungen des Familienrechts sowie die durch das BAFöG erzielten Hilfen bei der Ausbildung. Zu denken ist in diesem Zusammenhang auch an Leistungen nach dem BSHG (SGB X), die unabhängig von eigenen Einzahlungen der späteren Empfänger gewährt werden.

Es läßt sich daher nur schwer behaupten, das Pflichtteilsrecht erfülle eine existenzielle Aufgabe bei den Hinterbliebenen. Lediglich *Kühne*[455] erklärt den Zweck des Pflichtteilsrechts allein mit dem Fürsorgegedanken. Auch *Sturm*[456] betrachtet die Unterhalts- und Versorgungsfunktion zumindest als vorrangig. Dagegen spricht *Schröder*[457] in diesem Zusammenhang von einer „gesellschaftlichen Irrelevanz" des Erbrechts. Die Versorgungsfunktion des Erbrechts sei bereits vor Beginn der Industrialisierung vom Sozialrecht und dem Versicherungsrecht abgelöst worden.[458]

Es sprechen jedoch einige Gründe dafür, daß sich die Funktion des Pflichtteilsrechts nicht lediglich auf die Aufrechterhaltung des gewohnten Lebensstandards nach dem Ableben des Erblassers beschränkt.[459]

Zum einen hatte der Gesetzgeber des Pflichtteilsrechts nicht lediglich die Sicherung eines Existenzminimums und die Schaffung einer soliden Ausbildungsgrundlage im Sinn. Vielmehr sollte dem Erbrecht darüberhinaus die Funktion einer personalen Entwicklungsstütze zukommen und damit zugleich einen Beitrag zur Entfaltung der Persönlichkeit des Bedachten liefern.[460] In der amtlichen Begründung zum Regierungsentwurf zu § 1934a BGB a.F. heißt es beispielsweise ausdrücklich, daß ein auf erbrechtlicher Grundlage erzielter Vermögenszuwachs nicht nur die Entwicklung eines jungen Menschen fördern, sondern auch nach Abschluß der eigentlichen Entwicklungszeit seine Stellung in der Gesellschaft und sein weiteres Fortkommen maßgebend beeinflussen

---

[452] Leipold, AcP 180 (1980), S. 160 ff. (187 f.); Gmür, Rn. 421 u. 547
[453] Peters, S. 80
[454] Gmür, Rn. 547
[455] JR 1972, S. 221 ff. (225)
[456] Sturm, S. 139 a.E.
[457] Schröder in: Mohnhaupt, S. 281 ff. (282 u. 294)
[458] Zum Funktionsverlust vgl. auch Däubler, ZRP 1975, 136 ff.; MK-Leipold, Einl. zum Erbrecht, Rn. 4
[459] So Hattenhauer, Jura 1983, S. 9 ff., 68 ff. (75); Gotthardt, FamRZ 1987, S. 757 ff. (761)
[460] Pentz, MDR 1997, 717 ff. (718); ders. ZEV 1998, 449 ff. (450)

könne.[461] Auch im Hinblick auf den überlebenden Ehegatten wurde eine Begünstigung des überlebenden Ehegatten im Rahmen der Beratungen der Ersten Kommission durch *Planck*[462] unter anderem damit begründet, die Ehe als „innige und vollständige Lebensgemeinschaft zweier Menschen" müsse „ihrem innersten Wesen nach den Tod eines Gatten überdauern", weshalb der zufällige Tod des einen Ehepartners die wirtschaftliche Existenz des anderen nicht zerstören dürfe.

Hinzu kommt, daß für bestimmte staatliche Leistungen grundsätzlich das Nachrangprinzip gilt (vgl. z.B. § 2 Abs. 1 BSHG[463]).[464] Dies hat zur Folge, daß die Existenzsicherung trotz staatlicher Vorsorge zunächst oder zumindest auch eine Familienangelegenheit bleibt. Stehen dem Bedürftigen Unterhaltsansprüche zu, hat er diese zu realisieren, ehe er Sozialhilfe beanspruchen kann, §§ 2, 11, 28 und 91 BSHG. Der Sozialhilfeträger wird erst tätig, wenn die Familie die Notlage eines ihrer Mitglieder nicht mehr auffangen kann. Hieran zeigt sich, daß auch das Sozialhilferecht bezüglich seiner Leistungsvoraussetzungen von der Familie als Soildargemeinschaft ausgeht.[465] *Haas*[466] zeigt anhand eines Beispiels zum internationalen Erbrecht die Primärverantwortlichkeit der Familie auf. Hiernach liegt im Falle der Anwendbarkeit ausländischen Erbrechts, das keinen Pflichtteilsanspruch kennt, nur dann ein Verstoß gegen den deutschen ordre public vor, wenn infolge des Ausschlusses des Pflichtteilsrechts der nahe Angehörige der deutschen Sozialhilfe zur Last fällt.[467]

Auch im Hinblick auf erbrachte Versicherungsleistungen ist die Versorgungsfunktion noch von Bedeutung. Es ist zwar richtig, daß der Erblasser sich einer Art Doppelbelastung ausgesetzt sieht, weil er zum einen durch regelmäßige lebzeitige Einzahlungen in die Versicherungskassen einen Beitrag zur Versorgung seiner Hinterbliebenen geleistet hat, andererseits die Beschränkung seiner Testierfreiheit durch das Pflichtteilsrecht erneut zu Versorgungszwecken geschieht. Gleiches gilt mittelbar auch für geleistete Steuerzahlungen des Erblassers[468], die unter anderem zur Finanzierung von Sozialleistungen eingesetzt werden.[469] In diesem Zusammenhang wäre ebenfalls zu beachten, daß

---

[461] Abgedruckt bei Jansen/Knöpfel, S. 410

[462] Vorlage 7 von 1877, zitiert nach Mertens, S. 66

[463] In § 2 Abs. 1 BSHG heißt es: "Sozialhilfe erhält nicht, wer sich selbst helfen kann oder wer die erforderliche Hilfe von anderen, besonders von Angehörigen oder von Trägern anderer Sozialleistungen, erhält."

[464] Siehe hierzu die Ausführungen zu G I 5 b)

[465] Vgl. die Ausführungen zu F II 2 b) bb)

[466] ZEV 2000, 249 ff. (251)

[467] Haas, a.a.O., S. 251

[468] Papantoniou, AcP 173 (1973), S. 385 ff. (400 f.)

[469] Etwas wenig differenziert stellt sich dagegen der von Lejman, S. 121, angeführte Gedanke dar, die seitens der Eltern zu zahlenden Steuergelder kämen bereits der Förderung der Jugend (durch Stipendien etc.) zugute, weshalb an der zusätzlichen Erbberechtigung der Kinder zu zweifeln sei.

die hinterlassene Vermögensmasse zusätzlich um die gezahlten Versicherungsbeiträge bzw. Steuern gemindert ist.

Der Umstand, daß infolge erhöhter Lebenserwartung die Abkömmlinge der Erblasser größtenteils selbst bereits Familien haben, läßt ebenfalls Zweifel an dem Versorgungscharakter des Pflichtteilsrechts aufkommen. Denn die an die Stelle des Unterhaltsanspruchs tretende Versorgungsfunktion des Pflichtteilsrechts[470] verliert dort an Bedeutung, wo die Abkömmlinge bereits selbst eine Existenz aufgebaut haben und womöglich schon die eigenen Kinder bei ihrer beruflichen Ausbildung unterstützen.[471]

Aber der durch den starken Geburtenrückgang und die immer größer werdende Lebenserwartung bedingte Anstieg des Lebensdurchschnittsalters ist auch aus einem anderen Blickwinkel zu betrachten. Zum einen erfordern die im Rahmen der Gesundheitsreform zu Lasten der Versicherten getroffenen Regelungen eine zumindest teilweise private Finanzierung von Gesundheitsleistungen. Andererseits beeinflußt die hohe Lebenserwartung die aktuelle Rentenpolitik und ist mitverantwortlich dafür, daß der Umfang staatlicher Altersvorsorge zum gegenwärtigen Zeitpunkt nicht absehbar ist. So ergab eine Umfrage zur Verwendung von Geldvermögenserbschaften aus dem Jahre 1999[472], daß immerhin 32 Prozent der Befragten ihre Altersvorsorge als Verwendungszweck angaben. Als Kapitalanlage für Notfälle wollten 17 Prozent das ererbte Vermögen verwerten.[473]

Ein weiterer Grund dafür, daß die soziale Versorgung nicht zwingend zur Abdeckung des notwendigen Lebensbedarfs der Hinterbliebenen genügen muß, liegt in der Unkalkulierbarkeit der Höhe von Beamtenversorgungs- und Rentenversicherungsansprüchen, die sich nach der Dauer der Einzahlung richten und im Falle des frühzeitigen Versterbens des Versicherten zu nur geringen Auszahlungsbeträgen führen. Dementsprechend negativ sind die Prognosen innerhalb der Bevölkerung bezüglich einer ausreichenden Alterssicherung durch die gesetzliche Rente.[474] Während im Jahre 1979 nur 36 Prozent der befragten Personen mit einem eingeschränkten Lebensstandard als Rentner rechneten, waren es 1996 bereits 46 Prozent.[475]

---

[470] Zum unterhaltsrechtlichen Charakter des Pflichtteilsrechts: Sturm, S. 124 f.; vgl. insoweit schon Endemann, S. 1204.

[471] Gotthardt, FamRZ 1987, S. 757 ff. (761)

[472] Quelle: Vossen, BBE-Branchenreport Erbschaften, S. 341

[473] Als weitere Verwendungszwecke wurden die Anschaffung von Konsumgütern (78 Prozent), die Gewährleistung des Lebensunterhalts (65 Prozent) und die Anschaffung von Wohneigentum (48 Prozent) angegeben (Mehrfachantworten waren möglich).

[474] Die Frage, ob die gesetzliche Rente einen ausreichenden Lebensstandard garantiere, bejahten lediglich 28 Prozent der im Jahre 1998 Befragten (Quelle: Vossen, BBE-Branchenreport Erbschaften, S. 101).

[475] Quelle: Vossen, BBE-Branchenreport Erbschaften, S. 101

Im Ergebnis ist daher festzuhalten, daß die Versorgung Hinterbliebener auch heute noch zumindest eine Teilaufgabe des Pflichtteilsrechts darstellt.

b) Pflichtteil als Ausfluß des Familienerbrechts

Zweifellos ist die Familienbindung einer der bedeutsamsten Begründungsversuche nicht nur des Pflichtteilsrechts[476], sondern des Erbrechts insgesamt. Denn er weist die stärksten historischen Bezüge zum germanischen Recht auf, wo sich der Gedanke vom Sippeneigentum sehr lange hielt und dem Erblasser nur äußerst zögerlich Verfügungsfreiheiten hinsichtlich seines Vermögens eingeräumt wurden.[477]

Angesichts der seit Inkrafttreten des BGB gewandelten sozialen Struktur haben sich auch unter dem Gesichtspunkt der Familiensoziologie Veränderungen ergeben.[478] Gemeint ist nicht etwa ein Wandel von der Großfamilie[479] zur Klein- bzw. Kernfamilie, der lediglich die Eheleute sowie deren Abkömmlinge zuzurechnen sind.[480] Zwar ist es im Anschluß an die Industrialisierung und andere Modernisierungsprozesse auch zu gewissen Veränderungen der Familiengröße gekommen. Dies beruhte aber im wesentlichen auf der personellen Zusammensetzung der Hausgemeinschaften.[481] Die weit verbreitete Annahme, das Zusammenleben von Angehörigen habe sich in der vorindustriellen Zeit im west- und mitteleuropäischen Raum auf mindestens drei Generationen erstreckt, trifft hingegen nicht zu.[482] Die älteren Hausgemeinschaften waren durch das Zusammenleben mit Gesinde oder anderen nichtverwandten Mitbewohnern[483] bestimmt. Zudem war es im 17. und 18. Jahrhundert üblich, daß die Kinder das Elternhaus bereits mit elf oder zwölf Jahren verließen, um den Dienst als Mägde und Knechte anzutreten. Im Zeitpunkt der Geburt der jüngeren Geschwister waren die älteren Kinder unter Umständen also schon gar nicht mehr im Haus.[484] Hinzu kommt, daß sich gegenwärtig ein Trend zur Vier- und zunehmend zur Fünf-Generationenfamilie abzeichnet, wobei die einzelnen

---

[476] Coing, S. A 11 ff. (A 23 f.); Merz, S. K 103 ff. (K 104); v. Lübtow, Erbrecht, S. 556; so zuletzt auch Strätz, FamRZ 1998, S. 1553 ff. (1556), der im Rahmen der gesetzlichen Erbfolge die Anknüpfung an Blutsbande für praktikabel hält.

[477] Vgl. die Ausführungen zu B. II.

[478] Pentz, MDR 1997, 717 ff. (718)

[479] Vgl. hierzu Segalen, S. 34 ff., die drei Typen der bäuerlichen Großfamilie vorstellt, nämlich die „stillschweigende" Gemeinschaft, die jugoslawische Zadruge und die Stammfamilie.

[480] So aber Steffen, DRiZ 1972, S. 263 ff (263); Zawar, DNotZ 1989, Sonderheft, S. 116 ff. (118)

[481] Segalen, S. 34; Mitterauer, Entwicklungstrende, S. 180; ders., Der Mythos, S. 57

[482] Siebel, S. 270; Segalen, S. 41; Mitterauer, Entwicklungstrends, S. 179 f.; ders., Der Mythos, S. 57

[483] Wie etwa städtische Kost- oder Bettgeher, vgl. hierzu Mitterauer, Entwicklungstrends, S. 183

[484] Mitterauer, Der Mythos, S. 60 f.; ders., Entwicklungstrends, S. 184

familialen Generationen allerdings nicht zusammenwohnen und daher in der Soziologie als „multilokale Mehr-Generationen-Familie" bezeichnet werden.[485]

Im übrigen ist die Kleinfamilie nicht die Familienkonstellation der Gegenwart schlechthin. Zu denken ist auch an die Formen der „unvollständigen" Familie, wie unverheiratete oder verwitwete Personen, sowie die nichtehelichen und gleichgeschlechtlichen Partnerschaften.[486]

Infolge der beschriebenen Wandlungsprozesse ist es zu Funktionsentlastungen und -verschiebungen der Familie gekommen. So beschränkt sich die Funktion des heute überwiegend vorhandenen Familienbildes auf individuelle Vermögensbildung, sowie die Erziehung und finanzielle Unterhaltung der Kinder bis zu deren Berufseinstieg.[487] Die generationsübergreifende personenbezogene wie finanzielle *gegenseitige* Fürsorge, in der die Familienangehörigen zum gemeinsamen Wachstum des Familienvermögens beitragen, ist nur noch selten anzutreffen. In diesem Zusammenhang ist auch zu beachten, daß die Bedeutung der der herkömmlichen Familienfunktion zugeschriebenen sozialen Verpflichtung des einzelnen gegenüber den anderen Familienangehörigen infolge des gut ausgebauten Systems sozialer Sicherungen eine Einschränkung erfahren hat, wenngleich die Rolle der Großeltern bei der Kindererziehung aufgrund zunehmender Berufstätigkeit der Mütter nicht unerheblich ist. Im Gegenteil findet ein Entwicklungsprozeß hin zur Vier- oder auch Fünf-Generationenfamilie statt, wobei die Großeltern-Generation die am stärksten beanspruchte darstellt. Insbesondere die Großmütter sind gefordert, weil sie nicht nur ihre betagten Eltern betreuen, sondern auch bei der Beaufsichtigung der Enkel einspingen, den eigenen Haushalt versorgen und nebenbei überwiegend selbst erwerbstätig sind.[488]

aa) Funktionsverlust der Familie?

Gleichwohl bedeutet dieser Wandel nicht den Funktionsverlust der Familie.[489] Zunächst impliziert ein „Wandel der Verhältnisse" nicht ohne weiteres die Zugrundelegung ausschließlich neuer Erkenntnisse und Forschungsergebnisse. Die historische Familienforschung bedingt vielmehr die Zugrundelegung von Entwicklungsphasen sowie der maßgeblichen Faktoren des Wandels der Fa-

---

[485] Nave-Herz, FF Sonderheft 2000, 25 ff., die von einem völlig neuen sozialen Phänomen spricht.

[486] Mitterauer, Der Mythos, S. 58 u. 62

[487] Mitterauer, Der Mythos, S. 57 f. ; ders., Funktionsverlust, S. 103 ff.

[488] Nave-Herz, FF Sonderheft 2000, 25 (25)

[489] So auch Strätz, FamRZ 1998, 1553 (1555); Steffen, DRiZ 1972, 263 (267); Papantoniou, AcP 173 (1973), S. 385 ff. (396), der die Familie als soziale Einheit betrachtet. A.A. wohl Petri, ZRP 1993, 205 (206)

milie.[490] Denn die Vergangenheit ist als Fundament der Gegenwart zu betrachten und in der Rechtsgeschichte die Quelle aller wissenschaftlichen Erkenntnisse des geltenden Rechts zu sehen.[491]

Die Familie repräsentiert auch heute noch die Zugehörigkeit und Zusammengehörigkeit einzelner Familienmitglieder[492], unabhängig davon, ob sie im selben Haushalt leben und ungeachtet dessen, ob jeder für sich genommen sein Einkommen als Familienvermögen oder Individualvermögen betrachtet.[493] Diese äußeren Erscheinungsformen sind nur das Ergebnis einer gesellschaftlichen Entwicklung, die aufgrund rasch fortschreitender Technisierung und Industrialisierung zum Ende des 19. Jahrhunderts zwar einen erheblichen Sprung getan hat, die aber in jeder Epoche jedes Zeitalters - mal mehr, mal weniger einschneidend - auftritt.[494] Man kann sogar sagen, daß eine Veränderung der Sozialstruktur innerhalb der Familie angesichts einer industrialisierten Gesellschaft unumgänglich war. Der arbeitenden Bevölkerung blieb nichts anderes übrig, als sich vom Land in die Städte zu verlagern, um einen Arbeitsplatz zu erhalten. Dies führte zwangsläufig zur räumlichen Trennung der Familien und zur immer weiter fortschreitenden Selbständigkeit der jüngeren Generation, die fern von der Familie auf sich gestellt war.[495] Mit der Industrialisierung ging aber nicht nur zur Bürokratisierung und Urbanisierung einher. Dieser Prozeß führte insbesondere auch zu einem stark reduzierten Haushalt und damit zu einer Funktionsentlastung der Familie.[496] Hinzu kamen die in der postindustriellen Gesellschaft veränderten Ansichten über die Stellung der Frau innerhalb der Familie und die rechtliche Stellung des außerhalb der Ehe geborenen Kindes.[497] Der Emanzipationsgedanke führte nicht nur zur Möglichkeit wirtschaftlicher Unabhängigkeit der Ehefrauen und heranwachsenden Kinder infolge eigener Erwerbstätigkeit. Die Lohnarbeit außerhalb des Familienbetriebes hatte auch zur Folge, daß der Hausvater seine Stellung als Leiter der Arbeitsorganisation und damit die wichtigste Stütze seiner Autoritätsposition verlor.[498] Die

[490] Nave-Herz, Familienforschung, S. 14 f.; Mitterauer, Entwicklungstrends, S. 179; Dauner-Lieb, FF Sonderheft 2000, 16 (24)
[491] Klippel, S. 267 ff. (279 f.)
[492] Staudinger/Ferid/Cieslar, Einl. zu §§ 2303 ff. Rn. 46; Coing, S. A 11 ff. (A 22 f.)
[493] Coing, a.a.O., der zwischen der Familie als Wirtschaftsgemeinschaft und der Familie als Solidaritätsgemeinschaft differenziert; Buchholz, FamRZ 1985, S. 872 ff. (880), billigt dem Solidaritätsgedanken hingegen keine Aussagekraft hinsichtlich der Familienstruktur zu.
[494] Mitterauer, Funktionsverlust, S. 110 f. ; vgl. auch Nave-Herz, Bedeutungswandel, S. 220
[495] Mitterauer, Funktionsverlust, S. 103 f.
[496] Mitterauer, Funktionsverlust, S. 104; ders., Der Mythos, S. 57 f.
[497] Vgl. insoweit das Gesetz über die rechtliche Stellung der nichtehelichen Kinder vom 19.8.1969 und das Gesetz zur erbrechtlichen Gleichstellung nichtehelicher Kinder vom 16.12.1997, sowie die Aufnahme der Förderungspflicht des Staates hinsichtlich der Durchsetzung der Gleichberechtigung von Männern und Frauen im Grundgesetz (Art. 3 Abs. 2 S. 2 GG)
[498] Mitterauer, Funktionsverlust, S. 113

Abgabe von Produktionsfunktionen der Familie bedeutete also zugleich eine Abschwächung des Patriarchalismus.[499]

Während es in vorindustrieller Zeit vorrangige Aufgabe der Familie war, ihre Mitglieder vor Bedrohungen der Umwelt zu schützen und im Wege der Arbeitsteilung die wirtschaftliche Existenz der Hausgemeinschaft zu sichern, haben sich die Funktionen heute verlagert.[500] Der Funktionsentlastung[501] der Familie in der Vergangenheit tritt gleichsam eine Funktionsanreicherung neben- und übergeordneter Sozialgebilde gegenüber. So stehen heute kulturelle Aktivitäten innerhalb der Familie im Vordergrund. Die früher vergleichsweise gewichtige Sozialisierungs- und Fortpflanzungsfunktion der Familie[502] wird zumindest teilweise durch Freizeitinteressen abgelöst, die insbesondere die Bereiche der Spiel-, Wohn- und Eßkultur betreffen.[503] Auch wenn diese „Kulturfunktion" nicht der Existenzsicherung der einzelnen Familienmitglieder dient, sondern vielmehr als persönliche Bereicherung des einzelnen einzuordnen ist, kann von einem Funktionsverlust der Familie nicht die Rede sein.[504] Vielmehr muß die Sozialform Familie stets im Zusammenhang gesamtgesellschaftlicher Veränderungen gesehen werden, auch wenn eine Rückkehr zum Funktionsreichtum der vorindustriellen Familie angesichts des heutigen gesellschaftlichen Entwicklungsstands nicht denkbar ist.[505]

Kick[506] ist der Ansicht, aufgrund tiefgreifender gesellschaftlicher Veränderungen und insbesondere des gelockerten Familienzusammenhalts sei ein Funktionswandel des Pflichtteilsrechts zu bejahen. Soweit ein echter Kontakt zwischen Eltern und Kindern zu Lebzeiten nicht mehr bestanden habe, müsse dieser mit dem Erbfall auch nicht simuliert werden.[507]

Dem ist nicht zuzustimmen. Abgesehen davon, daß ein rückläufiger Familienzusammmenhalt von der Verfasserin verneint wird, vermag der beschriebene Funktions- bzw. Strukturwandel über den Zusammenhalt und ein möglicherweise vorhandenes Gemeinschaftsgefühl der Familienmitglieder schon deshalb nichts auszusagen[508], weil weder das Bürgerliche Gesetzbuch, noch die Motive zu seinem Entwurf einen Hinweis darauf geben, der Gesetzgeber habe

---

[499] Mitterauer, Entwicklungstrends, S, 189; ders. Funktionsverlust, S. 113 u. 115
[500] Segalen, S. 61; Mitterauer, Funktionsverlust, S. 92 ff.; ders., Der Mythos, S. 62
[501] Zum Begriff vgl. Mitterauer, Funktionsverlust, S. 93
[502] Mitterauer, Entwicklungstrends, S. 184
[503] Mitterauer, Funktionsverlust, S. 107 ff.
[504] Mitterauer, Funktionsverlust, S. 110 f.; ders., Der Mythos, S. 62; vgl. auch Nave-Herz, Bedeutungswandel, S. 213 u. 220, die ebenfalls von einem Bedeutungswandel statt eines Bedeutungsverlusts der Familie ausgeht.
[505] Mitterauer, Funktionsverlust, S. 110 f.
[506] S. 173 f.; vgl. auch Petri ZRP 1993, 205 (205 f.)
[507] Kick, S. 174
[508] Coing, A 23 f.; Strätz, FamRZ 1998, S. 1553 ff. (1555)

ein bestimmtes Familienbild im Sinn gehabt.[509] Vielmehr wurde im Rahmen der Entstehungsgeschichte des BGB bei der Verwendung der Begriffspaare „Einheit des Blutes" und „Band der Familie" nicht unterschieden.[510] Auch „Verwandtschaft" und „Familienverband" wurden synonym gebraucht, obwohl die Motive an anderer Stelle[511] das Verhältnis der Eltern und ihrer minderjährigen unverheirateten Kinder als „engere Familiengemeinschaft" bezeichnen. Die mangelnde Festlegung eines übergreifenden Familienbildes ist aber nicht dahin zu deuten, der Gesetzgeber sei zu keiner Zeit - also nicht einmal im Zeitalter der vorindustriellen Familie - von der Existenz einer Familienbindung ausgegangen.

Im Gegenteil zeigen die jüngsten Entscheidungen des Gesetzgebers im Kindschaftsrecht eine ganz andere Richtung auf. Der neu eingeführte § 1685 Abs. 1 BGB etwa gibt den Großeltern und Geschwistern des Kindes ein Recht auf Umgang mit diesem, soweit dies dem Wohle des Kindes dient. Der Gesetzgeber hat hiermit die Konsequenz aus bestehender Familienverbundenheit gezogen und eine Regelung geschaffen, die dem Schutz des Kindes dienen soll.[512] Die Aufnahme dieser Vorschrift in das 4. Buch des BGB zeigt eindeutig eine Entwicklung zurück zum früheren Funktionsreichtum der Familie auf.[513]

Eine Förderung von Familienzusammenhalt stellt auch die neu geschaffene Regelung des § 1626a BGB dar, die nur als Reaktion auf die nach wie vor vorhandene Familienverbundenheit gewertet werden kann. Während die elterliche Sorge für ein nicht-eheliches Kind gemäß § 1705 BGB a.F.[514] der Mutter oblag, regelt § 1626a BGB das Sorgerecht sowohl der Mutter als auch des Vaters bei Vorliegen entsprechender Sorgeerklärungen bzw. im Falle nachträglicher Eheschließung der Kindeseltern.

Würde man den Familienbegriff - unter Außerachtlassung der vom Gesetzgeber auf diese Weise getroffenen Wertungen - anhand äußerer Umstände wie der heute üblichen räumlichen Trennung zwischen Eltern und Kindern festmachen, ließe sich die Familie im herkömmlichen Sinne auch trotz innigster Verbundenheit der Betroffenen nicht mehr herstellen.[515] Soziale Anerkennung läßt sich nicht allein mit dem Bestand von Vermögen gewinnen, vielmehr bestim-

---

[509] Schwab, FamRZ 1971, S. 1 ff. (2); insoweit mißverständlich äußert sich Reuter, der von einem „heute weitgehend überholten Familienbild" ausgeht, JuS 1971, 289 ff. (293)
[510] Motive, Band IV, S. 677
[511] Motive, a.a.O., S. 686
[512] Schlegel, ZfJ 1999, S. 383 ff. (386)
[513] Die Wiederentdeckung der Großfamilie wird in Frankreich als „printemps des grandsparents" bezeichnet, vgl. Schulze, FuR 1996, 275 ff.
[514] Diese Vorschrift wurde aufgehoben durch das Kindschaftsrechtsreformgesetz vom 16.12.1997
[515] Auch *Richter* spricht sich gegen eine Überbewertung neuer Familienmodelle und -verständnisse aus, AK-Richter, Art. 6, Rn. 41a.

men Berufsausbildung und Arbeitsplatz die gesellschaftliche Stellung entscheidend mit.

Ist man im Ergebnis also zu der Feststellung gelangt, daß den veränderten familiären Strukturen über den Zusammenhalt und die Verbundenheit einer Familie keine Aussage über eine möglicherweise vorhandene Entfremdung der Familienmitglieder entnommen werden kann, so stellt der Fall, in dem tatsächlich ein zerrüttetes Familienverhältnis vorliegt, die Ausnahme dar. Ein zahlenmäßiger Anstieg zerstrittener Familien würde schließlich zu einer gesteigerten Testierfreudigkeit führen, um wenigstens die gesetzliche Erbfolge zu umgehen. Der Umstand, daß der Großteil der Bevölkerung nicht testiert, zeigt, daß die vom Gesetzgeber vorgeschlagene Lösung gemeinhin akzeptiert wird, sei es auch aus Bequemlichkeit. Eine gelegentlich vorkommende Ausnahme rechtfertigt hingegen nicht die ernsthafte Infragestellung der das Pflichtteilsrecht tragenden Begründungen, zumal sich zur Begründung des Pflichtteilsrechts mehrere Zwecke kumulativ anführen lassen. Soweit die familiäre Verbundenheit im Verhältnis der Ehegatten zueinander nicht mehr gegeben sein sollte, kann einer Pflichtteilsberechtigung des Ehepartners durch Ehescheidung vorgebeugt werden.[516] Ist ein Eltern-Kind-Verhältnis betroffen, können neben der Familiengebundenheit des Vermögens andere Begründungsversuche zu einer Lösung führen.[517]

In diesem Zusammenhang ist darauf hinzuweisen, daß die früher angezweifelte Übertragbarkeit des Gedankens der Familienbindung auf die nichteheliche Kindschaft mit der durch das Kindschaftsrechtsreformgesetz vom 16.12.1997 eingeführten umfassenden rechtlichen Gleichstellung des außerhalb einer Ehe geborenen mit dem ehelichen Kind sein Bewenden gefunden hat. Die Annahme einer unveränderten Familienfremdheit des nichtehelichen Kindes gegenüber seinem Vater liefe dem Zweck des Erbrechtsgleichstellungsgesetzes vom 16.12.1997 zuwider. Die daraus herzuleitende Wertung des Gesetzgebers stützt zudem die These einer nach wie vor bestehenden Familienbindung. Denn in der Gleichstellung des nichtehelichen Kindes innerhalb der Familie wenigstens in Form einer Pflichtteilsberechtigung ist der Versuch zu sehen, einen Ausgleich für die zum Elternteil bestehende äußere und innere Distanz zu erzielen, die das Kind nicht zu vertreten hat. Gleiches gilt im übrigen auch für Kinder aus geschiedenen Ehen.

Zweifellos hat eine Funktionsveränderung in der Familie stattgefunden; von einem Funktionsverlust kann hingegen keine Rede sein. Die gegenwärtige politische Diskussion zur Modernisierung des Familienbildes im Hinblick auf nichteheliche Lebensgemeinschaften und das nunmehr für gleichgeschlechtli-

---

[516] Kluge, ZRP 1976, S. 285 ff. (286) fordert für den seiner Ansicht nach immer häufiger auftretenden Fall der Entfremdung zwischen Eltern und Kindern ein einseitiges Pflichtteilsentziehungsrecht der Eltern (vgl. hierzu unten G I 4).

[517] Vgl. hierzu die folgenden Ausführungen zu c)

che Partnerschaften geschaffene Rechtsinstitut der eingetragenen Lebenspartnerschaft zeigen nicht zuletzt, daß das Verständnis der „Familiengemeinschaft" nicht losgelöst von sonstigen gesellschaftlichen Entwicklungen gesehen werden kann.

Die Begründung des Pflichtteilsrechts (auch) mit dem Gedanken der Familienbindung des Vermögens scheitert daher nicht am heutigen Familienverständnis.

bb) Solidargemeinschaft naher Angehöriger

Läßt sich also ein familiärer Zusammenhalt unter den nächsten Familienmitgliedern nach wie vor bejahen, so kann ein Bezug der Angehörigen zum Erblasservermögen als Kehrseite des familiären Solidargedankens durchaus angenommen werden.

Nach der Ansicht von *Coing*[518] kommt der Familie Untersuchungen in Amerika und Kanada zufolge die Funktion einer Solidaritätsgruppe zu. Der gegenseitige Beistand und die Sorge um einander führe zur Rechtfertigung des Verwandtenerbrechts. Auch *Papantoniou*[519] folgert aus den Funktionen der Fürsorge, Hilfe und Unterstützung die Verpflichtung zur Weitergabe des Erblasservermögens an die Familienangehörigen. Die Familie stelle, wenn sie auch keine wirtschaftliche und produktive Einheit mehr ausmache, doch eine soziale Einheit dar, der die Gesellschaft konkrete Pflichten anvertraue.

Geht man von der vorwiegend anzutreffenden intakten Familie aus, läßt sich der familienrechtliche Bezug der Angehörigen zum Nachlaß in der Tat bejahen, weil in diesem Fall zu vermuten ist, daß Beistand und Solidarität zu Lebzeiten des Erblassers auch auf Gegenseitigkeit beruhten. Daß dieser Sicht der Dinge der Charakter einer Entlohnung zukommt, ist unschädlich. Schließlich sehen die Vorschriften des Pflichtteilsrechts selbst ausdrücklich eine Vergütung in Form einer Ausgleichungspflicht gegenüber dem Abkömmling bei besonderer Mitarbeit oder Pflegetätigkeit vor (§ 2316 i.V.m. § 2057a BGB).[520] Auch kommen bereicherungsrechtliche Ansprüche gemäß § 812 Abs. 1 S. 2 2. Alt. BGB für denjenigen in Betracht, der in Erwartung einer letztwilligen Verfügung Pflegeleistungen für den Erblasser erbracht hat, soweit eine entsprechende Zweckbestimmung getroffen wurde.[521]

Aus dem Subsidaritätsprinzip der Sozialhilfe ergibt sich ebenfalls, daß die soziale Sicherung nächster Angehöriger primär Aufgabe der Familie ist. Dieser

---

[518] Coing, S. A 11 ff. (A 22 f.)
[519] AcP 173 (1973), S. 385 ff. (396 f.)
[520] Haas, ZEV 2000, 249 (252)
[521] zu den Erfordernissen der Einigung vgl. Palandt/Thomas, § 812 Rn. 86

Aufgabe wird sie aber nur entsprechen können und wollen, wenn sie als Solidargemeinschaft auftritt.[522]

cc) Reziprozität

Hinzu tritt das vielfach vertretene Argument der Reziprozität. Hiernach stellt das Pflichtteilsrecht schon deswegen keine einseitige Begünstigung des Pflichtteilsberechtigten zulasten der Testierfreiheit des Erblassers dar, weil der Erblasser im Falle des Vorversterbens eines Berechtigten ebenfalls pflichtteilsberechtigt wäre.

Gegen diese Möglichkeit der gegenseitigen - wenn auch ungewollten - Vorteilsgewährung greift das Argument, es spreche mehr für das Vorversterben der älteren Person, hingegen nicht. Der Tod ist nicht kalkulierbar und entkräftet daher auch jede Spekulation über die Wahrscheinlichkeit oder Unwahrscheinlichkeit des Zeitpunktes des Ablebens.

Auch die hiergegen gelegentlich vorgebrachten Einwände, eine reziproke Pflichtteilsgewährung scheitere an dem Umstand, daß entfernteren Aszendenten (etwa die Großeltern) gegenüber entfernteren Abkömmlingen (in diesem Fall den Enkeln) anders als im umgekehrten Fall kein Pflichtteilsrecht zustehe, überzeugen nur auf den ersten Blick. Bei genauerer Betrachtung stellt sich heraus, daß hierdurch nur das im Erbrecht geltende Repräsentationsprinzip widergespiegelt wird.[523] Während der Enkel gegenüber den Großeltern nur deshalb pflichtteilsberechtigt ist, weil er seine verstorbenen Eltern repräsentiert (vgl. §§ 2309, 1930 BGB), findet im umgekehrten Fall aufgrund der Rangfolge bei der gesetzlichen Erbfolge (vgl. §§ 1924 ff. BGB) eine solche Repräsentation nicht statt.

Ohnehin ist der Gegenseitigkeitsgedanke im Erbrecht nur mit Vorsicht anzuwenden. Da infolge des Erbfalles kein eigentliches Gegenseitigkeitsverhältnis mehr vorliegen kann, ist auch das Prinzip des Gebens und Nehmens hinfällig. Die Vorschriften des gesetzlichen Erbrechts und des Pflichtteilsrechts existieren schließlich gerade im Hinblick auf den Umstand, daß das hinterlassene Vermögen verteilt bzw. zugeordnet werden muß. Aber statt Zweifel daran zuzulassen, ob eine (vermeintlich) einseitige Vorteilsnahme des Pflichtteilsberechtigten mit dem Prinzip der Familiengebundenheit des Vermögens erklärt werden kann, sollte auch dem Umstand Rechnung getragen werden, daß in den meisten Fällen zumindest ein Teil der Erbmasse auf der Vermögensbildung der Vorfahren des Erblassers basiert. Da sich jeder Pflichtteilsberechtigte seinerseits einer Einschränkung seiner Testierfreiheit durch das Pflichtteilsrecht ausgesetzt sieht und es ohnehin nur in den seltensten Fällen um eine

---

[522] Vgl. die Ausführungen zu F II 2 a

[523] Staudinger/Ferid/Cieslar, Einl. zu §§ 2303 ff., Rn. 47

Weiterleitung ausschließlich selbständig erarbeiteter Vermögensmassen geht, erscheint ein Begründungsversuch anhand der Familienverbundenheit vertretbar, wenn nicht gar rechtsethisch geboten.[524] Denn letztlich gibt der Erblasser an seine Abkömmlinge weiter, was er selbst von seinen Eltern erhalten hat.

dd) Der Begriff des Familienvermögens

Aus dem Einwand von *Stöcker*[525], der Begriff des Familienvermögens sei im BGB nicht zu finden, vielmehr deute die Regelung des § 1363 Abs. 2 BGB auf eine getrennte Behandlung der Vermögensmassen von Mann und Frau hin, läßt sich ein Argument gegen die Familiengebundenheit des Vermögens nicht entnehmen.

Rechtstechnisch betrachtet trifft es zwar zu, daß die Schaffung von „Familienvermögen" weder im gesetzlichen Güterstand der Zugewinngemeinschaft noch im Falle des vertraglichen Güterstandes der Gütergemeinschaft möglich ist. Selbst § 1416 BGB geht nur von gemeinschafltichem Vermögen der Ehegatten und nicht auch der Kinder aus. Andererseits zeigen die Verfügungsbeschränkungen der §§ 1365 und 1369 BGB, daß einem Ehegatten an dem Vermögen bzw. den Haushaltsgegenständen des anderen durchaus schützenswerte Belange zustehen. So soll § 1365 BGB den jeweils anderen Ehegatten nicht nur vor der Gefährdung seines Ausgleichsanspruchs bewahren, sondern vielmehr als Schutzbestimmung im Interesse der Familiengemeinschaft der Erhaltung der wirtschaftlichen Grundlage der Familie dienen.[526] Entsprechend bezweckt § 1369 BGB in erster Linie den Schutz der stofflichen Substanz des Familienzusammenlebens, und erst nachrangig den Zugewinnausgleichsanspruch.[527]

Hinzu kommt, daß sich die Regelung des § 1363 Abs. 2 BGB vor dem Hintergrund des zu errechnenden oder auch pauschalierten Zugewinns erklärt. Hiermit wird lediglich klargestellt, welche Vermögenspositionen Gegenstand der Zugewinnberechnung sein werden und welche nicht. Eine Aussage über die Berechtigung des Pflichtteilsrechts hat der Gesetzgeber mit dieser Vorschrift nicht treffen wollen. Dies ergibt sich insbesondere aus der systematischen Stellung des § 1363 BGB, der im Vierten Buch des BGB zu finden ist und den Vorschriften über die Berechnung des Zugewinns unmittelbar vorausgeht.[528]

Letztlich kann es jedoch dahinstehen, wie der Gesetzgeber die Eigentumsverhältnisse im einzelnen geregelt hat, da sich hieraus jedenfalls keine abschließende Aussage über die Familiengebundenheit des Vermögens ergibt. Neben

---

524 So auch Otte, ZEV 1994, S. 193 ff. (197); v. Lübtow, S. 556
525 WM 1970, S. 774 ff. (774)
526 Palandt/Diederichsen, § 1365 Rn. 1
527 Palandt/Diederichsen, § 1369 Rn. 1
528 Dagegen finden sich die Vorschriften zum Erbrecht im Fünften Buch des BGB

der dem BGB zu entnehmenden rechtstechnischen Einordnung von Vermögensmassen innerhalb einer Familie spielen für die zu untersuchende Problematik andere Aspekte eine ohnehin übergeordnete Rolle.[529]

ee) Familienbindung durch staatliche Subventionierung

Ein weiteres Argument für die Familiengebundenheit des Erblasservermögens erblickt *Otte*[530] in dem Umstand, daß der Staat durch die finanzielle Förderung von Familien eine Familienpolitik betreibe, die auf die Erhaltung des Vermögens innerhalb der Familie abziele. Gemeint sind diejenigen Leistungen, die Vermögensbildung bezwecken oder zumindest fördern, also beispielsweise Wohnungsbaufördermaßnahmen nach dem Wohnungsbaugesetz, sonstige kinderbezogene Leistungen wie Ortszuschläge nach §§ 39 f. BBesG, Kinderfreibeträge und Ausbildungsfreibeträge.[531] Entsprechende Subventionierungen liefen leer, wollte man die Weitergabe gebildeter Vermögensmassen ausschließlich an Dritte zulassen.[532] Insbesondere spreche die steuerrechtliche Begünstigung naher Angehöriger für die Familiengebundenheit des Vermögens. Zwar habe sich die steuerrechtliche Problematik vom Privatrecht in das öffentliche Recht verlagert.[533] Die im Erbschaftssteuerrecht vorgesehenen niedrigen Steuerklassen für pflichtteilsberechtigte Personen fänden ihre Berechtigung dennoch im Familienbezug des Vermögens, welcher durch die erbrechtlichen Regelungen des BGB zum Ausdruck komme. Aus diesem Zusammenhang folgert *Otte*[534] eine Koppelung der Abschaffung pflichtteilsrechtlicher Vorschriften an die Abschaffung jeglicher finanzieller Familienförderung.

Hiergegen läßt sich anführen, daß aufgrund der verfassungsrechtlich gewährleisteten Testierfreiheit eine Pflicht des Erblassers zur familieninternen Vererbung nicht besteht. Ebensowenig ist eine ersatzlose Streichung familienfördernder staatlicher Leistungen denkbar. Wie *Otte*[535] selbst einräumt, ergäben sich hieraus im Hinblick auf den durch Art. 6 Abs 1 GG garantierten besonderen Schutz der Familie erhebliche verfassungsrechtliche Bedenken.

Zulässig ist allerdings eine zweckorientierte Gesamtbetrachtung der Entscheidungen des Gesetzgebers für bestehende finanzielle Förderungen bzw. steuerliche Begünstigungen von Familien. Im Rahmen der einfachgesetzlichen

---

[529] Vgl. insoweit die übrigen Ausführungen zu b)
[530] Vgl. ZEV 1999, S. 193 ff. (195 f.)
[531] Die zur Lebensbedarfsdeckung dienenden Leistungen fließen dagegen nicht in die Betrachtung ein, vgl. Otte, a.a.O., S. 196.
[532] Staudinger/Otte, Einl. zu §§ 1922 ff., Rn. 134
[533] Zum Einfluß der Sozialpolitik des 19. und 20. Jahrhunderts auf das Erbrecht und die Entstehung des Sozialversicherungsrechts vgl. auch Hattenhauer, Jura 1983, S. 9 ff., 68 ff (74 f.)
[534] Otte, ZEV 1999, S. 193 ff. (196)
[535] Otte, a.a.O., S. 196, Fn. 36

Ausgestaltung von Fördermaßnahmen und Erleichterungen für Familien nehmen gesellschaftspolitische Aspekte einen wichtigen Rang ein. Bei der Beurteilung dessen, was von der Gesellschaft an finanziellen staatlichen Leistungen erwartet wird und dessen, was insbesondere unter Berücksichtigung des Art. 6 GG aber auch des allgemeinen Gleichheitsgrundsatzes (Art. 3 Abs. 1 GG) verfassungsrechtlich zulässig ist, ist der Gesetzgeber gezwungen, neben dem Umfang der für eine Subventionierung zur Verfügung stehenden Haushaltsmittel auch allgemeine familien- und gesellschaftspolitische Wertungsmaßstäbe anderer Regelungsbereiche zu beachten. Insoweit ist der von *Otte* hervorgehobenen Beziehung zwischen dem Pflichtteilsrecht einerseits und dem Zweck staatlicher Familienförderung andererseits nichts entgegenzuhalten. Auch *Papantoniou*[536] stellt eine Verknüpfung von Erb- und Steuerrecht her. Er hält den Anteil des Fiskus an jeder Erbschaft nicht für den einzigen Zweck der Steuergesetzgebung und erblickt in der gestaffelten Besteuerung von Erbschaften insbesondere die Intention des Gesetzgebers, den Erblasser zur bevorzugten Erbeinsetzung seiner Verwandten zu bewegen.

Diese Betrachtung des Zusammenhangs unterschiedlicher gesetzlicher Regelungsbereiche ist hilfreich, wenn es darum geht, eine Verknüpfung von Familie und Familienvermögen auch außerhalb des Erb- und Pflichtteilsrechts zu verdeutlichen.[537] Insoweit kommt ihr jedenfalls indizielle Bedeutung zu.

ff) Zwischenergebnis

Ein überindividuell gebundenes Familienvermögen gibt es noch, wenn auch in abgeschwächter Form. Soweit der Gesetzgeber bei Schaffung des Pflichtteilsrechts eine Familiensoziolgie zugrunde legte, die dem Einfluß wirtschaftsstruktureller Veränderungen unterworfen ist, führt dies nicht zum Verlust der Familiengebundenheit des Erblasservermögens.

c) Pflichtteil zur Vermögensverteilung

In der Zeit vor der französischen Revolution war das Erbrecht eines der Instrumente, mit denen das Vermögen der Familie zusammengehaltem werden konnte.[538] Der Familienbesitz sollte im Erbgang nicht geteilt werden, sondern möglichst an einen Erben fallen, wozu zunächst die Sonderregeln über die Erbfolge in bestimmte gebundene Güter, wie Lehen und Majorate dienten.[539] Dagegen wurde die Gesetzgebung des 19. Jahrhunderts nicht unerheblich von

---

[536] AcP 173 (1973), S. 385 ff. (399 f.)

[537] Für die Notwendigkeit einer Gesamtbetrachtung der zivilrechtlichen *und* erbschaftssteuerrechtlichen Gesetzgebung bei der Frage nach der Funktion des Erbrechts spricht sich auch Papantoniou aus, a.a.O. 400.

[538] Coing II, § 122, S. 594

[539] Diesem Gedanken folgte in erste Linie der grundbesitzende Adel, Coing II, § 122, S. 594

aufklärerisch-liberalen Tendenzen geprägt, was letztlich dazu führte, daß man in der Gesamtgestaltung des Erbrechts eher zum römischen Recht zurückgekehrt war.[540]

Die Verteilung des Erblasservermögens auf nahe Familienangehörige zum Zwecke der Vermögensdekonzentration war einer der Gedanken, der zur Begründung des Pflichtteilsrechts zu Zeiten der Entstehung des BGB häufig angeführt wurde.[541] Hierdurch sollte einerseits die Ansammlung von Großvermögen bei einer Einzelperson vermieden werden.[542] Neben diesem sozial- und wirtschaftspolitischen Anliegen war jedoch auch ein gesellschaftspolitischer Aspekt[543] nicht irrelevant: Die Gefahr der Verfestigung privater Machtbildung von Generation zu Generation im Falle uneingeschränkter Testierfreiheit.[544]

Die Kommission räumte zwar ein, daß das Pflichtteilsrecht im Einzelfall zur Zerschlagung mittelständischer Unternehmen infolge nicht ausreichend vorhandener Gewinne zur Befriedigung von Pflichtteilsansprüchen führen könne.[545] Jedoch wurde der Nutzen einer erbrechtlichen Regelung, die in jedem Fall eine Vermögensteilung vorsah, höher als alle Bedenken dagegen eingestuft. Eine Wertung, die angesichts der Gewährleistung der Eigentumsfreiheit im übrigen nicht unbedenklich ist.[546]

Daß der Gedanke des Familienvermögens bei der Schaffung der erbrechtlichen Regelungen nicht allein ausschlaggebend gewesen ist, zeigt die Aufnahme des Teilungsprinzips in das BGB. Nach § 2042 BGB kann jeder Erbe die Auseinandersetzung des Nachlasses verlangen. Nicht der Zusammenhalt des Erblasservermögens, sondern die Verteilung unter den Erben stand also im Vordergrund. Dieses Ergebnis wird zudem gestützt von der Entscheidung des Gesetzgebers, den Pflichtteilsanspruch schuldrechtlich auszugestalten, anstatt dem Berechtigten ein materielles Noterbrecht einzuräumen, welches ihm im Falle der erfolgreichen Anfechtung des Testaments eine Erbenstellung statt

[540] Coing II, § 122, S. 594 f.; vgl. auch die Ausführungen zur sozialen Funktion des Erbrechts, B IV

[541] Vgl. hierzu die Argumentation Gottfried von Schmitts, Begründung des Entwurfes eines Rechtes der Erbfolge für das Deutsche Reich und des Entwurfes eines Einführungsgesetzes, S. 710 ff., der das soziale Ungleichgewicht Englands als schlechtes Beispiel einer Folge der Beseitigung des Pflichtteilsrechts nennt

[542] Vgl. die ausführliche Darstellung bei Mertens, S. 84 ff.; von einer Verteilungsfunktion geht auch Coing S. A 35 ff. (A 55); a.A. Däubler, ZRP 1975, S. 136 ff. (138)

[543] Coing II, § 122, S. 594 f.

[544] Als Mittel gegen Machtkonzentration wurde das Pflichtteilsrecht auch später noch von Rohrbeck, S. K 106 ff. (K 108) gesehen; vgl. Kipp/Coing, § 8, S. 54; Reuter, JuS 1971, S. 289 ff. (294)

[545] Vgl. Motive, Band V, S. 387

[546] Bengel, ZEV-Jahrestagung 2000/2001, S. 1 (4)

eines bloßen Geldanspruchs verschafft hätte.[547] Allein die Anerkennung eines Erbrechts des Ehegatten zeigt nach Ansicht *von Schmitts*[548], daß der Zusammenhalt des Nachlasses innerhalb der Familie für den Gesetzgeber nicht entscheidend war.

Als abschreckendes Beispiel gegen eine Abschaffung des Pflichtteilsrechts stand das aristokratische Erbrecht Englands zur Diskussion, dem man die Hauptverantwortung für das krasse soziale Ungleichgewicht innerhalb der britischen Bevölkerung zuschrieb.[549] Betrachtet man die heute noch bestehende große Anzahl von Unternehmen, die seit mehreren Generationen innerhalb der Familie weitergegeben werden, so kommen in der Tat Zweifel an der Schädlichkeit der Pflichtteilsregelungen für Erbhöfe und Handelsbetriebe auf.[550] Allerdings kann der Begründungsversuch der Gleichteilung des Vermögens heute nicht mehr in gleichem Maße überzeugen wie vor rund hundert Jahren. Lediglich *Reuter*[551] erblickt die ursprüngliche Begründung des Pflichtteilsrechts in der Familie als geschlossener Wirtschaftseinheit und sieht diese Legitimation nunmehr vollständig durch die Vermögensverteilungsfunktion ersetzt. Das Pflichtteilsrecht sei neben der Erbschaftssteuer das bedeutendste Mittel zur Verhinderung von Vermögenskonzentration und damit zur Vermeidung privater Machtbildung.[552]

Abgesehen davon, daß für die rechtspolitische Begründung des Pflichtteilsrechts nach der hier vertretenen Auffassung verschiedene Legitimationsgrundlagen nebeneinander von Bedeutung sind, kann das Pflichtteilsrecht zur Dekonzentration von Vermögensmassen keinen wesentlichen Beitrag leisten. Denn während bei großen Vermögensmassen eine gewisse Konzentration des Vermögens ohnehin nicht vermieden werden kann[553] und die Pflichtteilsregelungen bei nur geringer Erbmasse im Grunde keinerlei Teilungszweck erfüllen müßten, ist der einzig interessierende mittelständische Nachlaß unter veränderten Bedingungen zu betrachten: Eine der gravierendsten gesellschaftlichen Veränderungen ist die Funktionsverlagerung der der Familie. Dieser Wandel betrifft nicht nur die Entscheidung über das räumliche Zusammenleben, sondern setzt bereits bei der heute überwiegend anzutreffenden Familienstruktur an. Während die Eltern zum Zeitpunkt des Erbfalls aufgrund der gestiegenen Lebenserwartung meist noch vorhanden sind, ist die Geburtenrate weit zurück-

---

[547] Vgl. die Ausführungen von Schmitts, Begründung des Entwurfes eines Rechtes der Erbfolge für das Deutsche Reich und des Entwurfes eines Einführungsgesetzes, S. 653 ff.

[548] a.a.O., S. 612 ff.

[549] Begründung des Entwurfes eines Rechtes der Erbfolge für das Deutsche Reich und des Entwurfes eines Einführungsgesetzes, S. 56 f.; Mertens, S. 84 f.

[550] Kritisch hierzu Leipold, Rn. 61

[551] JuS 1971, S. 289 ff. (294)

[552] Reuter, a.a.O.; vgl. hierzu auch Kipp/Coing, § 8, S. 54

[553] Vgl. insoweit auch Dieckmann, S. K 141 ff. (K 145)

gegangen. Im Vergleich zur vorindustriellen Zeit ist die Zeugung von Nachwuchs heute auf eine relativ kurze Phase des Familienzyklus beschränkt.[554] Oft wird lediglich ein einziger Deszendent vorhanden sein, der demnach lediglich mit dem überlebenden Ehegatten des Erblassers hinsichtlich des Pflichtteils konkurriert. Letztendlich wird das Pflichtteilsrecht die Entstehung wirtschaftlicher Oligarchien demnach nicht verhindern können.

Ein Verlust des Gleichteilungszwecks ist auch in dem Umstand zu sehen, daß Großunternehmen fast ausnahmslos als juristische Personen verfaßt sind.[555] Der Übergang wirtschaftlicher Macht von natürlichen auf juristische Personen zwingt zu einem Perspektivenwechsel. Den Erbfall einer Kapitalgesellschaft kann es nicht geben, ein Generationenwechsel findet nicht statt. So mißt *Schröder*[556] dem Erbrecht des ausklingenden 19. Jahrhunderts bereits keine gesellschaftspolitische Bedeutung mehr zu. Auch *Stöcker*[557] stellt in diesem Zusammenhang die gesellschaftspolitische Relevanz der Pflichtteilsregelungen in Frage.

Zwar drängt sich dem Betrachter das Bild der zunehmenden Machtkonzentration bei einer stetig an Größe und Bedeutung gewinnenden Kapitalgesellschaft auf. Das Bedürfnis, dieser Gefahr mit Hilfe des Pflichtteilsrechts begegnen zu wollen, ist daher verständlich. Allerdings gibt in diesem Zusammenhang der Begriff der „Kapitalgesellschaft“ schon einen Hinweis darauf, daß es mehr um eine beherrschende Marktstellung als um Vermögenskonzentration geht. Für die Kontrolle und Regulierung solcher Monopolstellungen ist jedoch das Wettbewerbsrecht, und nicht das Erbrecht verantwortlich.[558]

Es ist daher im Ergebnis festzuhalten, daß der ursprüngliche Vermögensverteilungszweck des Pflichtteilsrechts durch die Tendenz zur Gründung von „Kleinst“familien und den Übergang wirtschaftlicher Macht von natürlichen auf juristische Personen deutlich gemindert ist.

d) Pflichtteil als Ausgleich für Vermögensbildung

Vereinzelt ist zur Begründung des Pflichtteilsrechts der Gedanke der Entlohnung des Berechtigten anzutreffen, die dieser aufgrund seiner Beteiligung an

---

[554] Mitterauer, Entwicklungstrends, S. 184; ders., Funktionsverlust, S. 107

[555] Rauscher, Band I, S. 173, Band II, 2. Teilband, S. 89; Otte, ZEV 1994, S. 193 ff. (197, Fn. 37 a.E.)

[556] Schröder in: Mohnhaupt, S. 281 ff (293 f.)

[557] FamRZ 1971, S. 609 ff. (617)

[558] Rauscher, Band I, S. 174; Leipold, AcP 180 (1980), S. 160 ff. (205); zu den eingeschränkten Möglichkeiten der Begrenzung wirtschaftlicher Macht durch das Pflichtteilsrecht vgl. auch Gotthardt, FamRZ 1987, S. 757 ff. (761, Fn. 66); krit. Dieckmann, S. K 141 ff. (K 145)

der Vermögensbildung erhalten soll.[559] Nicht selten wird ein Vermögenszuwachs durch aktive Beteiligung oder Konsumeinschränkungen des Ehegatten des Erblassers bejaht werden können. Ähnliches gilt für die Eltern des Erblassers, die möglicherweise einen nicht unwesentlichen Beitrag zum Vermögen des Erblassers geleistet haben, sei es durch die Zuwendung von Barvermögen, die Schenkung eines Grundstücks oder die häufig gewährte Finanzierung der beruflichen Aus- und Fortbildung. Vor diesem Hintergrund erscheint ihre eigene Pflichtteilsberechtigung im Falle des Vorversterbens des Abkömmlings sogar rechtsethisch geboten[560], wenngleich diese Konstellation trotz der Unberechenbarkeit des menschlichen Schicksals eher die Ausnahme darstellen wird.

Gleichwohl kommt der Bedeutung des Pflichtteilsrechts in diesem Zusammenhang nur eingeschränkte Bedeutung zu. Hinsichtlich der Beteiligung des Ehegatten an der Vermögensbildung sorgen die Vorschriften des Familienrechts - insbesondere der Zugewinnausgleich beim gesetzlichen Güterstand der Zugewinngemeinschaft - bereits für einen gewissen Ausgleich. Denn der Zugewinnanspruch soll den berechtigten Ehegatten gerade in die Lage versetzen, seinen Anteil an dem während der Ehe erwirtschafteten Vermögen zu erhalten.[561]

Dagegen wird sich der Beitrag der Abkömmlinge an der Vermögensvergrößerung in der Regel gering halten. Die Zeiten, in denen sämtliche Familienangehörige ihren Beitrag zum Lebensunterhalt durch gemeinsame Arbeit im Familienbetrieb erbrachten, sind vorüber.[562] Die Fälle der Übernahme landwirtschaftlicher Betriebe durch die eigenen Kinder stellen eine verschwindende Ausnahme dar. Im Gegenteil ist der heute übliche Weg die berufliche Förderung der Abkömmlinge durch die Eltern.[563] Soweit also eher eine Minderung denn eine Anhäufung des Erblasservermögens stattfindet, ist dieser Umstand im Gesamtgefüge einer Gesellschaft zu sehen, die sich vorrangig über berufliche Erfolge definiert.

Folglich eignet sich der Gedanke der Beteiligung von Familienangehörigen an der Vermögensbildung nur noch eingeschränkt zur Begründung des Pflichtteilsrechts.

---

559 Soergel/Stein, Einl. zum Erbrecht, Rn. 83; Staudinger/Ferid/Cieslar, Einl. zu §§ 2303 ff. Rn. 43; Rauscher, Band II, 2. Teilband, S. 101

560 Gegen eine Verpflichtung der Abkömmlinge, den Eltern im Dienste des „Generationsvertrages" etwas zu hinterlassen: Dauner-Lieb, FF Sonderheft 2000, 16 (21)

561 Vgl. BVerfGE 91, 346 ff. (365)

562 Däubler, ZRP 1975, S. 136 ff. (137 f.); Soergel/Stein Einl. zum Erbrecht, Rn 7; Staudinger/Ferid/Cieslar, Einl. zu §§ 2303 ff. Rn. 43

563 Wobei diese Aufgabe heute teilweise durch staatliche Förderung abgelöst ist, die im Falle nicht ausreichender Einkommensverhältnisse der Eltern die Möglichkeit der Berufsausbildung durch die Gewährung von Leistungen nach dem BaföG garantiert.

e) Pflichtteil zum Schutz des Erblassers

Auch verdient das Argument des Schutzes des Erblassers vor Verfügungen, welche seine engsten Familienangehörigen außer Acht lassen, Beachtung. Gemeint sind die Fälle, in denen der Erblasser von einem Familienangehörigen oder einem Dritten in einer Weise beeinflußt wird, die geeignet ist, die vom Erblasser ursprünglich gewollte Erbfolgeregelung vollständig aus dessen Bewußtsein zu drängen.[564] Problematisch sind hierbei nur diejenigen Beeinflussungshandlungen, die Anlaß zu der Vermutung geben, es liege kein Testierwille im ursprünglichen Sinne des Wortes vor, sondern es werde vielmehr den Vorstellungen der beeinflussenden Person Rechnung getragen. Abgesehen von den Fällen, in denen Familienstreitigkeiten als Auslöser für die Erstellung bzw. Änderung einer letztwilligen Verfügung dienen, sind diejenigen Erblasser als besonders schutzbedürftig einzustufen, die aufgrund persönlicher Abhängigkeiten leicht zu beeinflussen sind.[565] Dies gilt vor allem für kranke und pflegebedürftige, aber auch für einsame Personen, die nach dem Tode ihres Partners für jede Art der Zuwendung dankbar und vor allem offen sind.[566]

Nun mag man sich fragen, wovor der Erblasser noch geschützt werden solle. Im Zeitpunkt der Verteilung seines Vermögens weilt er schließlich nicht mehr unter den Lebenden. Angesichts der Versuchung, der sich manche Angehörige ausgesetzt sehen, gegen andere Familienmitglieder zu intrigieren und auf den Erblasser einzuwirken, stellt sich das Schutzbedürfnis aber gerade noch zu Lebzeiten des zukünftigen Erblassers ein. Als einziger der erwähnten Begründungsversuche verlagert dieser Gesichtspunkt folglich den Ansatzpunkt einer Argumentation zeitlich vor den Erbfall. Deshalb ist dieser Rechtfertigungsversuch aber nicht weniger gewichtig als die übrigen. Im Gegenteil können die Pflichtteilsregelungen den Familienfrieden in seinem Kern aufrechterhalten und den Erblasser davor bewahren, das Opfer diverser Beeinflussungsversuche und falschen Fürsorgegebarens zu werden.[567] Aktuellen Untersuchungen zufolge nehmen die Streitigkeiten unter den Erbnehmern ständig zu.[568] So hat eine Befragung ergeben, daß bereits in jedem fünften Erbfall Streit entsteht, unabhängig davon, ob es um ein Millionenvermögen oder eine nur geringe Erbmasse geht. Einer der häufigsten Streitpunkte sei hierbei die Frage der gerechten Aufteilung des gesamten Erbes.[569]

Einschränkend ist allerdings festzuhalten, daß eine Beeinflussung des Erblassers trotz der pflichtteilsrechtlichen Vorschriften durchaus noch lohnend sein

---

564 Dauner-Lieb, FF Sonderheft 2000, 16 (21)

565 A.A. Kokott, S. K 88 ff. (K 89 f.), die von der Eigenverantwortlichkeit des beeinflußten Erblassers ausgeht.

566 Coing, S. A 11 ff. (A 47)

567 Otte, ZEV 1994, S. 193 ff. (197); Coing, S. A 11 ff. (A 47); Merz, S. K 103 ff. (K 104)

568 Quelle: Vossen, BBE-Branchenreport Erbschaften, S. 260

569 a.a.O.

kann. Das Schutzbedürfnis des Erblassers ergibt sich jedoch noch unter einem anderen Gesichtspunkt. Insbesondere die mangelnde Kenntnis der wesentlichen erbrechtlichen Vorschriften kann zu vom Erblasser eigentlich nicht gewollten Ergebnissen führen. Nach einer Umfrage zur Einschätzung der allgemeinen Aufgeklärtheit über das geltende Erbrecht[570] befanden nur 20 Prozent der Befragten die Aufklärung als hinreichend; 69 Prozent verneinten dies.[571] Zwei Drittel der 60- bis 69-jährigen Befragten waren darüberhinaus der Ansicht, eine umfassende Beratung zum Thema „Erben und Vererben" sei besonders wichtig. Dieses Umfrageergebnis zeigt sehr deutlich, welch große Angriffsfläche sich angesichts der bestehenden Unsicherheit älterer Menschen für Erbschleicherei bietet.

Das Pflichtteilsrecht ist also in gewissem Umfang geeignet, den Erblasser vor Beeinflussung oder auch den Folgen mangelnder Kenntnisse des geltenden Erbrechts zu schützen.

f) Pflichtteil wegen Selbstbindung des Erblassers

Eine Begründung des Pflichtteilsrechts aus dem Willen des Erblassers vertrat bereits der Redaktor des 5. Buches des BGB, *Gottlieb von Schmitt*[572]. Durch Heirat und Kinderzeugung entstehe eine Art Selbstbindung des Erblassers, die zur teilweisen Einschränkung seiner Dispositionsbefugnis hinsichtlich seines Vermögens führe. Eine Rechtfertigung des Pflichtteilsrechts durch den Gedanken der Selbstbindung des Erblassers wird auch heute noch, insbesondere von *Stöcker*[573], vertreten.[574] Danach habe der Erblasser eine Einschränkung seiner Testierfreiheit zugunsten derjenigen Personen hinzunehmen, für deren Zugehörigkeit zur Erblasserfamilie er ursächlich war.[575] Hiervon werden also lediglich die Handlungen der Eheschließung und der Zeugung bzw. Geburt von Kindern erfaßt, womit eine Begründung des Eltern-Pflichtteils mit dem Verantwortungsgedanken bereits ausscheidet.

In der Tat stellt die Entscheidung eines Menschen, eine Familie zu gründen und sich damit der moralischen wie finanziellen Verantwortung auszusetzen, für diese zu sorgen, nach wie vor eine besondere Art der Bindung dar. Anders als bei der Frage der Versorgungsfunktion des Pflichtteilsrechts kann im Rah-

---

[570] Quelle: Vossen, BBE-Branchenreport Erbschaften, S. 240
[571] 11 Prozent äußerten keine Meinung
[572] Begründung des Entwurfes eines Rechtes der Erbfolge für das Deutsche Reich und des Entwurfes eines Einführungsgesetzes, S. 54; zur Relevanz des mutmaßlichen Erblasserwillens für die gesetzliche Erbfolge vgl. auch die Darstellung bei Mertens, S. 30 ff.
[573] FamRZ 1971, S. 609 ff. (617)
[574] Firsching, JZ 1972, S. 449 ff. (454); Dumoulin, DNotZ 1973, Sonderheft, S. 84 ff. (87); Lange/Kuchinke, S. 180
[575] So auch Mertens, S. 84

men der aus der Familiengründung erwachsenden Selbstbindung nicht das Argument des gut ausgebauten sozialen Netzes angeführt werden. Denn wie die Vorschriften des Unterhaltsrechts zeigen, trifft die primäre Pflicht zur Bereitstellung von Mitteln für den Lebensunterhalt und die Berufsausbildung die Ehegatten bzw. die Eltern. Finanzielle Hilfen des Staates werden nach dem Subsidiaritätsprinzip erst im Falle der Leistungsunfähigkeit aktuell.

Diesem Gesichtspunkt kommt auch nicht deshalb eine nur eingeschränkte Bedeutung zu, weil er den Wandlungen sozialer, gesellschaftlicher oder politischer Gegebenheiten unterworfen ist. Der Verantwortungsgedanke ist vielmehr als kumulative zeitlose Begründung des Pflichtteilsrechts geeignet.

Zweifelhaft erscheint jedoch die von *Stöcker* in diesem Zusammenhang vertretene Auffassung, das Pflichtteilsrecht sei die erbrechtliche Ausprägung des allgemeinen Satzes von der Unzulässigkeit rechtsgegensätzlichen Verhaltens und dürfe daher durch den Erblasser nicht umgangen werden.[576] Denn läßt man - im übertragenen Sinn - den Gedanken des *venire contra factum proprium* zu, dann müßten innerhalb der Familie eventuell entstehende Spannungen auch zum Wegfall der Geschäftsgrundlage führen können und eine Aussetzung der Pflichtteilsregelungen zur Folge haben.[577] Dies ist aber gerade nicht der Fall. Zum einen hat der Gesetzgeber die besonderen Gründe, die eine ausnahmsweise Entziehung des Pflichtteils gestatten, in den §§ 2333 ff. BGB ausdrücklich abschließend geregelt, so daß nicht auf allgemeine zivilrechtliche Grundsätze zurückgegriffen werden muß und darf. *Sturm*[578] führt insoweit aus, man müsse dem testamentarisch ausdrücklich erklärten Erblasserwillen konsequenterweise Vorrang vor dem länger zurückliegenden, konkludent durch Heirat und Kinderzeugung geäußerten Willen einräumen, wenn man das Pflichtteilsrecht überhaupt auf diese Weise (mit)begründen wolle.

Dieser Ansicht ist insoweit zuzustimmen, als nicht der typisierte mutmaßliche Erblasserwille Grundlage der gesetzlichen Erbfolge ist, sondern die tatsächlichen familiären Gegebenheiten die Grundlage des mutmaßlichen Erblasserwillens darstellen.[579] Andererseits kann sich z.B. der unterhaltspflichtige Elternteil nicht nur deshalb an seine Unterhaltsverpflichtungen nicht mehr gebunden sehen, weil er zwischen sich und seinem Kind eine Entfremdung beobachtet. Zwar ist im Pflichtteilsrecht nicht die Fortsetzung des verlorengegangenen Unterhaltsanspruchs zu sehen, denn sonst würde die Höhe des Pflichtteils vom Bedarf des Berechtigten abhängig gemacht. In gewisser Weise tritt es jedoch an die Stelle der bis zum Tode des Erblassers erfolgten Zuwendungen,

---

576 FamRZ 1971, S. 609 ff. (617)

577 Vgl. Staudinger/Ferid/Cieslar, Einl. zu §§ 2303 ff. Rn. 44, der im Falle der Entfremdung die Unwirksamkeit der ursprünglichen Selbstbindung annimmt.

578 S. 123

579 Palandt/Edenhofer, Einl. zu §§ 1922 Rn. 3; MK-Leipold, Einl. zu §§ 1922 Rn. 10; ders. AcP 180 (1980), 160 (196)

die er nicht notwendig nur in Erfüllung seiner Unterhaltspflichten geleistet haben muß. Zu denken ist neben der klassischen finanziellen Unterstützung in Form von Bargeld auch an sonstige Zuwendungen und Vergünstigungen durch die Einräumung von Wohn-, Besitz- und Nutzungsrechten, die der Erblasser aufgrund verschiedener Motive seinen nächsten Angehörigen gegenüber erbracht haben mag, sei es einer moralischen Verpflichtung folgend oder aus religiösen Gründen.

Aber noch ein anderer Grund spricht gegen die Annahme, unter gewissen Voraussetzungen könne von der Unwirksamkeit der Selbstbindung auszugehen sein. Selbst wenn man von einer beidseitig - also auf Seiten des Erblassers und auf Seiten seines Kindes - empfundenen Entfremdung ausgeht und weder die eine noch die andere Partei zur Aufrechterhaltung der persönlichen Beziehung den Kontakt pflegt, so darf doch nicht übersehen werden, daß diese Haltung auch als - bewußtes oder unbewußtes - Folgeverhalten bezüglich der im BGB vorgesehenen erbrechtlichen Regelungen gewertet werden kann. Der Umstand, daß pflichtteilsrechtliche Vorschriften nicht existieren und man auf die Testiergunst des anderen angewiesen ist, soweit man nicht leer ausgehen will, können also zu Bemühungen hinsichtlich der Ausräumung oder Schlichtung von Streitigkeiten führen, die nur ein materielles Interesse verfolgen. Ein unter dem Druck des „Nichterbens“ provozierter Konsens stellt aber ebensowenig eine moralisch wünschenswerte Lösung dar, wie die endgültige Abkehr voneinander als Folge eines fehlgegangenen Versuchs, den anderen gegen das Versprechen der Erbeinsetzung zu bestimmten Verhaltensweisen zu bewegen. Diese Überlegungen lassen den Schluß darauf zu, daß die Annahme eines Wegfalls der Selbstbindung des Erblassers aufgrund zerrütteter Familienverhältnisse eher zu einer weiteren Verhärtung der Fronten führen würde, zumal dieser Umstand vorwiegend zu Lasten der Abkömmlinge ginge, die sich noch dem erzieherischen Einfluß ihrer Eltern ausgesetzt sehen.[580]

Grundsätzlich ist also der Gedanke der Selbstbindung des Erblassers für die Begründung des Pflichtteilsrechts mittragend. Im Falle der Entfremdung zwischen Erblasser uns Abkömmling tritt hingegen keine „Unwirksamkeit“ der ursprünglich begründeten Bindung ein.

g) Ergebnis

Insgesamt ist festzuhalten, daß keiner der aufgeführten Gründe für das Pflichtteilsrecht durch die sozialen Wandlungen seine Bedeutung verloren hat. Während die Familienbindung des Erblasservermögens nach wie vor uneingeschränkt bejaht wird - wenn auch mit einer an die heutigen gesellschaftlichen Verhältnisse angepaßten Begründung -, kommt der Funktion des Pflichtteils

[580] Vgl. hierzu die Ausführungen zu G I 4 b)

etwa im Hinblick auf den Schutz und die Selbstbindung des Erblassers nur geringe Aussagekraft zu.

Entscheidend ist die Feststellung, daß der soziale Wandel zwar zu einer weitgehenden Entlastung von Ehe und Familie geführt hat, diesen aber weiterhin Aufgaben im ursprünglichen familiären Sinn zukommen. Dies gilt sowohl für die gegenseitige Unterstützung im persönlichen Bereich (Solidarität, Hilfe, Beistand), als auch die wirtschaftliche Fürsorge in Form von Versorgungs-, Ausbildungs- und Ausgleichsleistungen.

Das bisherige Untersuchungsergebnis hat demnach noch keine Ansatzpunkte für Reformbestrebungen aufgezeigt. Jedenfalls liefern die bisherigen Begründungsversuche für das Pflichtteilsrecht insoweit keine Angriffsfläche. Ob und inwieweit sich aus den gefundenen Ergebnissen das Bedürfnis für eine Reform ergibt, kann erst im Anschluß an die Diskussion entsprechender Reformvorschläge abschließend beurteilt werden.

G. Reformdiskussion[581]

I. Bisherige Reformvorschläge

1. Abschaffung des Pflichtteilsrechts

a) Lösungsansätze

Die verfassungsrechtliche Verankerung des Pflichtteilsrechts findet allgemeine Zustimmung.[582] Dagegen wird seine Abschaffung nur vereinzelt befürwortet. Während *Petri*[583] von der Verfassungswidrigkeit des Pflichtteilsrechts ausgeht, sieht *Lejmann*[584] die soziale Verpflichtung der Eltern gegenüber ihren Abkömmlingen bereits zu Lebzeiten durch Steuerzahlungen erfüllt.

Der im Rahmen der Diskussion um die Beibehaltung oder Neuregelung des Erb- und Pflichtteilsrechts anläßlich des 49. Deutschen Juristentages von *Kokott*[585] gestellte Antrag auf Abschaffung des Pflichtteilsrechts wurde mit 28 Gegenstimmen (gegenüber 4 Enthaltungen und nur einer Befürwortung) abgelehnt.[586] Dieses Abstimmungsergebnis spricht für sich.

Kritisch äußert sich auch *Dauner-Lieb*[587], die im Hinblick auf problematische „punktuelle Korrekturansätze"[588] vorzugsweise die Abschaffung des Pflichtteilsrechts insgesamt erwägt. Aus der vom Bundesverfassungsgericht festgestellten Verfassungsmäßigkeit des Pflichtteilsrechts folge noch nicht, daß es verfassungsrechtlichen Schutz genießen müsse.[589] Zweifelhaft sei zum einen, ob das geltende Pflichtteilsrecht tatsächlich zugunsten von Ehe und Familie wirke.[590] Zudem sei zu berücksichtigen, daß der derzeitige Akzeptanzverlust des Pflichtteilsrechts gerade nicht gegen Ehe und Familie gerichtet sei. Für die Fallgruppe der zerrütteten Familienverhältnisse sei kennzeichnend, daß der

---

[581] Zum fehlenden Reformbedarf vgl. Leipold, AcP 180 (1980), S. 160 ff. (210 f.); Schröder in: Mohnhaupt, S. 281 ff. (294)
[582] Vgl. hierzu den Meinungsstand zu Punkt E II 2
[583] ZRP 1993, 205 f. (206)
[584] Lejmann, S. 121
[585] Kokott, S. K 88 ff. (K 89 f.) erblickt in den gutachterlichen Ausführungen Coings zum Thema: „Empfiehlt es sich, das gesetzliche Erb- und Pflichtteilsrecht neu zu regeln?" (Verhandlungen des 49. Deutschen Juristentages, Gutachten, S. A 11 ff.) einen Widerspruch zwischen der Feststellung, Reformüberlegungen müßten soziologische Untersuchungen vorausgehen (A 23) und der Einschätzung, die allgemeine Anschauung habe sich im Hinblick auf die Familienverbundenheit des Vermögens nicht geändert (A 24).
[586] Vgl. insoweit die Beschlußfassung, Verhandlungen des 49. Deutschen Juristentages, Sitzungsberichte, S. K 148 ff. (K 152 u. K 160)
[587] FF Sonderheft 2000, 16 ff.
[588] Dauner-Lieb, FF Sonderheft 2000, 16 (23)
[589] Dauner-Lieb, FF Sonderheft 2000, 16 (23)
[590] Dauner-Lieb, a.a.O.

Erblasser von seiner Testierfreiheit negativen Gebrauch mache. Ihm ginge es nicht um die Begünstigung bestimmter - möglicherweise familienfremder - Personen, sondern um die Übergehung des Pflichtteilsberechtigten, weil er die an ihn gerichteten Erwartungen enttäuscht habe.[591]

b) Stellungsnahme

Wie bereits ausgeführt[592], verbietet sich eine Abschaffung der Pflichtteilsregelungen aufgrund des vom verfassungsrechtlichen Erbrecht umfaßten gesetzlichen Angehörigenerbrechts.[593] Nach richtiger Ansicht ist das Pflichtteilsrecht Bestandteil der Erbrechtsgarantie des Art. 14 Abs. 1 S. 1 GG.[594]

Zu dem von *Dauner-Lieb* vorgebrachten Argument zur Zielrichtung der Vorbehalte potentieller Erblasser gegen das Pflichtteilsrecht[595] sei angemerkt, daß sich an der Tatsache der Umgehung Pflichtteilsberechtigter mit der Folge faktischer Begünstigung Dritter auch dann nichts ändern dürfte, wenn die Einstellung des Erblassers an sich nicht familienfeindlich ausgerichtet ist und weniger auf Ablehnung von Ehe und Familie als vielmehr auf enttäuschten Erwartungen gegenüber dem Berechtigten beruht.

Noch ein weiterer, von *Otte*[596] ausführlich dargestellter Aspekt soll erwähnt werden. Ungeachtet der verfassungsrechtlich nicht zulässigen Abschaffung des Pflichtteilsrechts, würde eine unbeschränkte Testierfreiheit des Erblassers ohnehin nicht erreicht werden können. Denn jede die bedürftigen Angehörigen ausschließende testamentarische Verfügung müßte sich an § 138 Abs. 1 BGB messen lassen. Der Umstand, daß die Übergehung bedürftiger Angehöriger nur in seltenen Fällen unter dem Gesichtspunkt der Sittenwidrigkeit geprüft wird, ist auf die bestehenden Vorschriften des Pflichtteilsrechts zurückzuführen. Neben pflichtteilsrechtlichen Erwägungen verbleibt jedoch stets die Möglichkeit, testamentarische Erb-einsetzungen wegen Verstoßes gegen die guten Sitten gemäß § 138 Abs. 1 BGB für nichtig zu erklären.[597] Hierbei ist jedoch zu beachten, daß § 138 BGB den Richter lediglich dazu ermächtigt, den Erblasserwillen zugunsten der Gleichbehandlung von Erben außer Kraft zu setzen, soweit die letztwillige Verfügung des Erblassers die Schwelle der Sittenwidrigkeit unterschreitet.[598] Eine richterliche Testamentskontrolle im Sinne einer Kor-

---

[591] Dauner-Lieb, a.a.O., S. 18 f.
[592] Vgl. die Darstellung oben E II
[593] Vgl. statt aller Robbers in: v. Mangoldt/Klein/Starck, Art. 6 Abs. 1, Rn. 136
[594] Hierzu ausführlich Abschnitt E
[595] Dauner-Lieb, FF Sonderheft 2000, 16 (18 f.)
[596] ZEV 1994, 193 ff. (194 f. u. 197)
[597] Staudinger/Otte, Vorb. zu § 2064, Rn. 149 ff.
[598] Rauscher, Band I, S. 107

rektur gesellschaftlich unerwünschter Verfügungen wäre im Hinblick auf Art. 14 Abs. 1 GG dagegen verfassungswidrig.[599]

2. Veränderung des Kreises der Pflichtteilsberechtigten

a) Die Bevorzugung des Ehegatten

aa) Lösungsansätze

In Anlehnung an das ZGB der ehemaligen DDR, das einen uneingeschränkten Pflichtteilsanspruch nur dem überlebenden Ehegatten zugestand (§ 396 Abs. 1 Ziff. 1 ZGB), wollen *Berger/Marko/Orth*[600] den Ehegatten des Erblassers gegenüber allen anderen Familienmitgliedern privilegieren. Das Argument der Familiengebundenheit und Abstammung entspringe nicht nur den Zeiten der traditionellen Großfamilie. Zu berücksichtigen sei auch der Umstand, daß der Erblasser mit der Eheschließung eine eigene Familie gründe und damit der sich ihm stellenden sozialen Aufgabe gerecht werde.[601]

Auch *Bosch*[602] erwägt einen unbedingten Pflichtteilsanspruch lediglich des Ehegatten und einen an die Unterhaltsberechtigung anknüpfenden Anspruch der Eltern, Abkömmlinge und Enkelkinder, während sich *J. Jung*[603] für ein Alleinerbrecht des Ehegatten bei nur wertmäßiger Beteiligung der Abkömmlinge am Nachlaß ausspricht.

Freytag[604] schlägt die Erhöhung des gesetzlichen Erbteils des Ehegatten auf ½ neben Abkömmlingen und auf ¾ neben Verwandten der zweiten Ordnung und Großeltern bei gleichzeitigem Wegfall des erbrechtlichen Zugewinnausgleichs vor.

In letzter Zeit häufen sich insbesondere die Bestrebungen nach einer verbesserten Position des Ehegatten des Erblassers gegenüber Abkömmlingen. So nimmt *Knur*[605] an, der Gesetzgeber sei von der damals häufigen 3-Kinder-Ehe ausgegangen und habe dem Ehegatten demgemäß einen Pflichtteilsanspruch in Höhe eines Kindsteils (= 1/4) zugebilligt.

---

599 Rauscher, a.a.O., S. 108
600 NJ 1990, 384
601 Im Rahmen der Diskussion gehen die Verfasser allerdings nicht auf den Begriff der Familie im verfassungsrechlichen Sinne ein. Obwohl streitig ist, ob die kinderlose Ehe als Familie zu betrachten ist, dürfte die in Art. 6 Abs. 1 GG vorgenommene Differenzierung zwischen „Ehe" und „Familie" dagegen sprechen, vgl. Robbers in: v. Mangoldt/Klein/Starck, Art. 6 Abs. 1, Rn. 78
602 FamRZ 1992, 993 ff. (999)
603 Rpfleger 1984, 165 ff. (174 f.)
604 ZRP 1991, 106 ff. (108 f.); 25. Deutscher Rechtspflegertag 1983, S. 787
605 19. Deutscher Notartag, S. 108 f. (109)

Diejenigen Autoren, die im strukturellen Wandel der Familie - anders als hier vertreten - eine Abkehr von Familienzusammenhalt und -bindung erblicken, wollen eine pflichtteilsrechtliche Beachtung der Erblasser-Abkömmlinge im herkömmlichen Umfang nicht mehr gerechtfertigt sehen. Zur Begründung dieser Vorschläge wird überwiegend ein seit Schaffung des BGB verändertes Familienverständnis, die Abkehr von der Groß- zur Kleinfamilie oder gar die Entfremdung der Generationen angeführt.[606]

Im Hinblick auf die gesetzliche Erbfolge schlägt *Firsching*[607] vor, der Ehegatte solle neben Abkömmlingen alleiniger Vorerbe, die Abkömmlinge Nacherben werden. Dies entspreche nicht nur dem Willen der Bevölkerung, sondern sei in Anbetracht der vergleichsweise schnelleren wirtschaftlichen Unabhängigkeit der Abkömmlinge und deren Bestreben, die Alterspflege ihrer Eltern Fremden zu überlassen, angemessen.

Argumentiert wird zumeist mit dem Hinweis darauf, daß die eheliche Lebensgemeinschaft durch Ehescheidung beendet werden könne, die Verbindung zwischen Eltern und Kind auch bei gegenseitiger Entfremdung jedoch unverändert bleibe. Als Konsequenz fordert *Kluge*[608], den Eltern im Falle der gescheiterten Eltern-Kind-Beziehung ein Pflichtteilsentziehungsrecht wegen „Entfremdung" einzuräumen.[609]

Auch spreche die häufig anzutreffende gemeinsame Vermögensbildung beider Ehegatten für eine pflichtteilsrechtliche Besserstellung des überlebenden Ehegatten.[610]

Der von *Stöcker*[611] aufgestellten These, der Ehegatte sei erbrechtspolitisch auf dem Vormarsch, widerspricht *Dumoulin*[612] insoweit, als die Einsetzung des Ehegatten zum Alleinerben unter Ausschluß der Kinder zumeist nicht den Zweck verfolge, die Abkömmlinge auf Dauer von der Teilhabe am elterlichen Vermögen auszuschließen.[613] Vielmehr sei dieses Verhalten als Vertrauen in den überlebenden Ehegatten zu deuten, dieser werde das Erbe nicht nur in seinem Interesse verwenden, sondern gleichzeitig den Bedürfnissen der gemeinsamen Kinder Rechnung tragen.

---

[606] Vgl. statt aller Gerken, Rpfleger 1989, 45 ff (49); Reuter, JuS 1971, S. 289 ff. (294), lehnt hingegen jegliche Einschränkungen bestehender Pflichtteilsansprüche ab.

[607] JZ 1972, S. 449 ff. (455)

[608] ZRP 1976, S. 285 ff. (287)

[609] Vgl. hierzu die unter G I 4 folgenden Ausführungen

[610] Jung, Rpfleger 1984, S. 165 ff. (172)

[611] FamRZ 1970, S. 444 ff. (444)

[612] 19. Deutscher Notartag, S. 84 ff. (91 ff.)

[613] Gegen eine Benachteiligungsabsicht des Erblassers zulasten der Kinder vgl. auch Schmidt, 19. Deutscher Notartag, S. 121

Leipold[614] erblickt in der Abkehr von dem Prinzip der Rollenverteilung innerhalb der Ehe hingegen einen Hinweis auf das gesellschaftliche Bedürfnis, den Ehegattenerbteil flexibler auszugestalten.

Bosch[615] hält das Pflichtteilsrecht der Abkömmlinge jedenfalls dann nicht für gerechtfertigt, wenn ihnen eine lange oder kostenintensive Berufsausbildung durch die Eltern finanziert wurde und sie infolgedessen wirtschaftlich stark abgesichert sind. Mit Rücksicht auf den überlebenden Ehegatten sei die Geltendmachung des Pflichtteils in einem solchen Fall nicht billigenswert. Aus diesem Grunde wird vereinzelt gefordert, der Abkömmling solle seinen Pflichtteilsanspruch erst nach dem Ableben des längerlebenden Ehegatten geltend machen können.[616] Solche Bestimmungen finden sich dementsprechend auch in vielen Erbverträgen und Testamenten.

Buchholz[617] will im Falle der Einsetzung der Abkömmlinge als Schlußerben im Rahmen eines Berliner Testaments (§ 2269 BGB) ein Pflichtteilsrecht der Abkömmlinge am Nachlaß des erstversterbenden Elternteils gesetzlich ausgeschlossen wissen. Insoweit fordern *Steffen*[618] und *Bosch*[619] einen Ausgleich für entgangene Pflichtteilsansprüche nach dem Tod des längerlebenden Ehegatten.

Eine vollständige Versagung nicht nur des Pflichtteilsrechts, sondern auch des gesetzlichen Erbrechts befürwortet *Orth*[620] für diejenigen Abkömmlinge des Erblassers, die bereits wirtschaftlich selbständig sind. Dagegen spricht sich *E. Jung*[621] für eine Bevorzugung des Abkömmlings gegenüber dem Ehegatten aus und begründet dies mit der ausreichenden Sicherung des Ehegatten durch die Miet- und Sozialgesetzgebung und den Anspruch auf den Voraus.[622]

---

[614] AcP 180 (1980), S. 160 ff. (178 f.)
[615] FamRZ 1992, 993 ff. (999)
[616] Gerken, Rpfleger 1989, S. 45 ff. (49 u. 52); Schmidt, 19. Deutscher Notartag, S. 121; Schippel, S. 52 ff. (58 f.); Zawar, DNotZ 1989, Sonderheft, S. 116 ff. (129)
[617] FamRZ 1985, S. 872 ff. (882)
[618] DRiZ 1972, S. 263 ff. (267)
[619] FamRZ 1992, S. 993 ff. (1000)
[620] NJ 1975, S. 238 f. (239); a.A. Bergmann, NJ 1975, S. 237 f. (238), der in der Versagung des Pflichtteilsanspruchs nicht mehr unterhaltsbedürftiger Abkömmlinge einen Anreiz für deren Übergehung erblickt.
[621] FamRZ 1976, S. 134 ff. (136)
[622] Der Voraus ist nach überwiegender Ansicht ein gesetzliches Vorausvermächtnis und regelt den Anspruch des überlebenden Ehegatten auf Herausgabe der Hochzeitsgeschenke und derjenigen Haushaltsgegenstände des Erblassers, die kein Zubehör des Grundstücks i.S.d. §§ 97, 98 BGB sind.

bb) Stellungnahme

Eine Veränderung der Pflichtteilsberechtigung zugunsten des Ehegatten und zulasten der Abkömmlinge kommt nicht in Betracht.

Der Einwand, die räumliche und wirtschaftliche Selbständigkeit pflichtteilsberechtigter Abkömmlinge müsse eine Beschränkung ihres Pflichtteilsrechtes nach sich ziehen, vermag nicht zu überzeugen. Zwar trifft es zu, daß die erhöhte Lebenserwartung das Alter der Erben ebenfalls in die Höhe treibt. Aber selbst wenn der Abkömmling zum Zeitpunkt des Erbfalles wirtschaftlich abgesichert sein sollte, so wird er in der Regel bereits eigene, unterhaltsbedürftige Kinder haben. Das Versorgungsinteresse und -bedürfnis ist im Vergleich zum Erblasser-Ehegatten jedenfalls nicht gemindert, das Vermögensinteresse des Ehegatten hingegen zumindest teilweise bereits durch das Ehegüterrecht abgedeckt.[623]

Auch kann eine Eindämmung des Pflichtteilsrechts der Kinder nicht mit der wachsenden Bedeutung der ehelichen Beziehung begründet werden. Während nach 25-jähriger Ehedauer 1997 35 Prozent der deutschen Ehen geschieden wurden, waren es im Jahre 1990 erst 27,4 Prozent. Bemerkenswert ist auch die in Westdeutschland im Jahre 1997 eingetretene Scheidungsziffer nach 40-jähriger Ehedauer: von 100 Ehen wurden 40,3 geschieden.[624] Legt man ein durchschnittliches Heiratsalter von 20 bis 25 Jahren im Jahre 1957 zugrunde, ergibt sich ein Scheidungsalter dieser Ehen von ca. 60-65 Jahren. Interessant stellen sich in diesem Zusammenhang Berechnungen zum Erblasseralter dar. So erreichen derzeit 85 Prozent der Erblasser ein Alter von mindestens 60 Jahren, in zehn Jahren werden es sogar etwa 90 Prozent sein.[625] Befindet sich demnach das Scheidungsalter in einem Bereich, in dem ein Erbfall nicht mehr ganz fernliegend ist, so läßt sich dieser Gegenüberstellung durchaus eine Aussage über die Instabilität der heutigen Ehe entnehmen. Dieser Überlegung steht auch nicht entgegen, daß mit Scheidung der instabilen Ehe Pflichtteilsrechte des (geschiedenen) überlebenden Ehegatten ohnehin nicht mehr bestünden. Denn Auswirkungen auf die Kinder einer gescheiterten Ehe sind durchaus denkbar, inbesondere im Fall der Wiederheirat eines Elternteils. Nicht selten wird der Elternteil den Partner der zweiten - noch glücklichen - Ehe und die daraus hervorgegangenen Kinder testamentarisch bedenken.[626] Das „Stiefkind" wird sich in der Mehrzahl der Fälle also ohnehin in der zweiten Reihe wiederfinden.

---

[623] Vgl. auch Rauscher, Band I, S. 242 ff; ders. Band II, 2. Teilband, S. 98, 114, der eine Trennung von Ehegattenerbrecht und Ehegüterrecht befürwortet und die Aufhebung des § 1371 Abs. 2 2. Hs. BGB vorschlägt.

[624] Quelle: Vossen, BBE-Branchenreport Erbschaften, S. 18

[625] Quelle: Vossen, BBE-Branchenreport Erbschaften, S. 183

[626] Davon geht auch Steffen aus, DRiZ 1972, 263 ff. (267)

Folglich sprechen keine Gründe für eine Einschränkung des Pflichtteils der Abkömmlinge zugunsten des Ehegatten. Die steigende Zahl geschiedener Ehen entkräftet nicht zuletzt die Einschätzung, die Ehe nehme heute eine gegenüber Abkömmlingen bevorrechtigte Stellung ein. Soweit überhaupt von einer Entfremdung oder einem im Vergleich zu früheren Zeiten veränderten Familienverständnis gesprochen werden kann, ist dies allenfalls im Rahmen der Beziehung von Ehegatten, nicht aber bezüglich des Eltern-Kind-Verhältnisses angebracht.

Nach der hier vertretenen Auffassung verbietet sich daher eine Veränderung des Kreises der Pflichtteilsberechtigten zu Gunsten des Ehegatten.

b) Die Abschaffung des Eltern-Pflichtteils

aa) Lösungsansätze

Reformbestrebungen in Bezug auf die Pflichtteilsberechtigung der Eltern reichen von der lediglich unterhaltsrechtlichen Ausgestaltung des Anspruchs[627] bis hin zur vollständigen Abschaffung.[628] Als Folge der schwindenden Bedeutung der Großfamilie sieht *Gerken*[629] in der ehelichen Verbindung das eigentliche familiäre Element und will den Elternpflichtteil trotz genereller Berechtigung beim Zusammentreffen mit dem längerlebenden Ehegatten einer kinderlosen Ehe nicht mehr gelten lassen.

Dagegen führt *Dumoulin*[630] an, die Ehe des Erblassers habe erfahrungsgemäß noch nicht sehr lange bestanden, wenn im Todeszeitpunkt noch Eltern vorhanden sind. Einer daher vermutlich noch vorhandenen emotionalen Nähe zum Elternhaus stehe die sich - insbesondere infolge der kinderlos gebliebenen Ehe - abschwächende Beziehung zwischen Schwiegerkind und Schwiegereltern gegenüber. Nicht zuletzt spreche die häufig gewährte finanzielle Unterstützung einer jungen Ehe durch die Eltern für eine Beibehaltung des Elternpflichtteils.[631] Es liege auf der Hand, daß im Fall der kurzen Ehe der seitens der Eltern geleistete Beitrag zur Vermögensbildung meist größer sein werde, als der des Ehegatten.[632] Jedenfalls in Bezug auf einen verheirateten Erblasser

---

[627] Johannsen, Verhandlungen des 49. Deutschen Juristentages, Sitzungsberichte, S. K 41 ff. (K 45 f.)

[628] Stöcker, FamRZ 1971, 609 ff. (617 f.); a.A. Freytag, ZRP 1991, S. 304 ff. (306); ders. ZRP 1991, S. 106 ff. (108), der im Falle der Abschaffung bestehender Pflichtteilsrechte einen Anstieg der Einflußnahmeversuche auf den Erblasser befürchtet.

[629] Rpfleger 1989, S. 45 ff. (49)

[630] 19. Deutscher Notartag, S. 84 ff. (94)

[631] Dumoulin, a.a.O., S. 94 f.; gegen eine Veränderung des bestehenden Elternpflichtteils sprechen sich auch Dieckmann, S. K 8 ff. (K 29) und Coing, S. A 11 ff. (A 48) aus.

[632] Vgl. auch Rauscher, Band II, 2. Teilband, S. 101

mit Kind spricht sich *Däubler*[633] für die Beibehaltung des Elternpflichtteils aus, da die Beaufsichtigung minderjähriger Kinder durch deren Großeltern eine der häufigsten Hilfestellungen sei, die Eltern ihren berufstätigen Kindern gewährten.

bb) Stellungnahme

Nach der hier vertretenen Auffassung[634] werden die Eltern des Erblassers vom Schutzbereich des Art. 6 Abs. 1 GG nicht erfaßt.[635] Dies schließt jedoch nicht aus, daß auch die Einbeziehung dritter, nicht in den Schutzbereich des Art. 6 Abs. 1 GG fallender Personen möglich ist. Für die Entscheidung des Gesetzgebers, inwieweit eine Pflichtteilsberechtigung in Betracht kommt, sind nicht zuletzt rechtspolitische Erwägungen von Belang. Soweit sich aus ihnen anerkennenswerte familienrechtliche Bezüge ergeben, können diese für die Einbeziehung in den Kreis der Pflichtteilsberechtigten von Bedeutung sein.[636] Insoweit gestattet die Inhaltsbestimmung des Art. 14 Abs. 1 S. 2 GG, im Rahmen der Garantie des Privaterbrechts und auf der Grundlage einer weitreichenden Gestaltungsbefugnis einen angemessenen Ausgleich zwischen Individual- und Gemeinschaftsinteressen herzustellen.[637] Eine Erstreckung der Pflichtteilsberechtigung auf Personen außerhalb des Schutzbereichs des Art. 6 Abs. 1 GG ist jedoch nur insoweit zulässig, als die aus Art. 14 Abs. 1 S. 1 GG folgende Testierfreiheit nicht in verfassungswidriger Weise eingeschränkt wird. Denn neben der Ausgestaltung als Privaterbrecht und als Familienerbrecht gehört die Testierfreiheit zum Kernbereich des Erbrechts.[638] Die Grenzen der gesetzgeberischen Ausgestaltung des Erbrechts ergeben sich aus der Institutsgarantie und dem Übermaßverbot.[639] Es ist also stets eine Abwägung vorzunehmen zwischen einer voraussichtlichen Grundrechtsbeeinträchtigung und deren Intensität sowie der sich infolge anderer anerkennenswerter - unter Umständen rechtspolitischer - Gesichtspunkte aufdrängenden Einbeziehung der nicht zur Kleinfamilie zählenden Angehörigen.

Auch sind bei der Entscheidung über eine Existenzberechtigung des Eltern-Pflichtteilsrechts die vom Bundesverfassungsgericht im Hinblick auf das Eltern-Kind-Verhältnis getroffenen Wertungen mitzuberücksichtigen. So hat das BVerfG die Auffassung vertreten, daß die verfassungsrechtlich geschützte Beziehung zwischen Eltern und Kindern eine lebenslange Verpflichtung beinhalte,

---

[633] ZRP 1975, S. 136 ff. (139)
[634] Vgl. die Ausführungen zu E
[635] Lange/Kuchinke, S. 24 f.; Soergel/Stein, Einl. zum Erbrecht, Rn. 8; Staudinger/Ferid/Cieslar, Einl. zu §§ 2303 ff., Rn. 22; Brox, Rn. 24; a.A. Staudinger/Boehmer, Einl. § 23 Rn. 13
[636] Rauscher, Band II, 2. Teilband, S. 91; Haas, ZEV 2000, 249 ff. (254)
[637] Depenheuer, in: v. Mangoldt/Klein/Starck, Art. 14, Rn. 529
[638] Leipold, Rn. 54
[639] Depenheuer, a.a.O., Rn. 530; Steffen, DRiZ 1972, 263 ff. (264)

einander Beistand zu leisten.[640] Die Formulierung des BVerfG[641], wenn Art. 14 Abs. 1 GG auch das Familienerbrecht schütze, so garantiere diese Norm auch das Pflichtteilsrecht „naher Familienangehöriger“, kann ebenfalls im Sinne einer umfassenden, über den Schutzbereich des Art. 6 Abs. 1 GG hinausgehenden Pflichtteilsberechtigung verstanden werden[642] oder zumindest als Auslegungshilfe bei der billigerweise vorzunehmenden Inhalts- und Schrankenbestimmung nach Art. 14 Abs. 1 S. 2 GG dienen.

Darüberhinaus ist in diesem Zusammenhang § 1618a BGB von Bedeutung. Diese durch das Gesetz zur Neuregelung des Rechts der elterlichen Sorge[643] in Anlehnung an Art. 272 des schweizer ZGB eingeführte Vorschrift[644] begründet ihrer Natur nach eine echte Rechtspflicht, gerichtet auf gegenseitige Beistands- und Rücksichtnahmepflichten zwischen Eltern und Kindern in allen Lebenslagen.[645] Rücksicht bedeutet hierbei unter anderem die Pflicht, eigene Bedürfnisse und Wünsche mit gleichgewichtigen Belangen der Familie in Einklang zu bringen, gegenüber überwiegenden Belangen zurückzustellen, sowie darüber hinaus, schonend miteinander umzugehen und ein loyales, familienfreundliches, verständigungsbereites Verhalten zu üben.[646] Hingegen verlangt die Beistandspflicht ein positives Tun, insbesondere gerichtet auf Hilfe bei Not, Krankheit, Schwangerschaft, Sucht, Entlassung aus der Strafhaft und seelischer Bedrängnis.[647]

Die Stellung der Vorschrift innerhalb des BGB zeigt, daß sich ihr Geltungsbereich weder auf die Beziehung von Eltern und minderjährigen Kindern beschränkt[648], noch voraussetzt, daß die Kinder in der Hausgemeinschaft der Eltern wohnen.[649]

Im Rahmen der Erörterung rechtspolitischer Begründungsversuche für das Pflichtteilsrecht ist bereits festgestellt worden, daß Anhaltspunkte für eine zunehmende Entfremdung zwischen Eltern und Kindern nicht vorliegen. Im Ge-

---

640 BVerfGE 57, 170 ff. (176)
641 BVerfGE 67, 329 (341)
642 Rauscher, Band I, S. 93
643 SorgeRG v. 18.07.1979
644 Eine ähnliche Regelung wurde auch in Österreich eingeführt (§ 137 Abs. 2 ABGB), vgl. Ermann/Michalski, § 1618a Rn. 1; Knöpfel FamRZ 1985, 554
645 Palandt/Diederichsen, § 1618a Rn. 1 ff.
646 Hierzu ausführlich: Knöpfel, FamRZ 1985, 554 (564)
647 Knöpfel, FamRZ 1985, 554 (563)
648 Anderenfalls hätte es nahegelegen, die Vorschrift unter dem 5. Titel des 2. Abschnitts des Vierten Buches zu plazieren (Elterliche Sorge für eheliche Kinder, §§ 1626-1698b BGB), vgl. Palandt/Diederichsen, § 1618a Rn. 1.
649 Dies ergibt sich bereits aus der dem § 1618a nachfolgenden Vorschrift des § 1619, der die Dienstleistungspflichten des noch im Hausstand der Eltern lebenden Kindes umgrenzt und den § 1618a insoweit unberührt läßt, vgl. Palandt/Diederichsen, § 1618a, Rn. 1.

genteil spielen neben der persönlichen Verbundenheit der Generationen auch versorgungsrechtliche Aspekte für die Einordnung der Eltern-Kind-Beziehung noch immer eine wichtige Rolle. Häufig übernehmen Eltern im Anschluß an die gewährte Hilfe zur Schaffung einer finanziellen Basis ihrer Kinder auch noch die Betreuung ihrer Enkelkinder. Insbesondere im Hinblick auf die stetig steigende Scheidungsrate[650] ist nicht ersichtlich, woraus sich eine Intensivierung der Beziehung zwischen Erblasser und Ehegatten im Vergleich zu den Erblasser-Eltern ergeben soll. Das Ergebnis der Rechtsvergleichung zeigt darüberhinaus, daß die Einbeziehung der Eltern in den Kreis der Pflichtteilsberechtigten weit verbreitet ist.[651]

Dem Pflichtteilsrecht der Eltern steht auch keine unverhältnismäßige Beschränkung der Testierfreiheit des Erblassers gegenüber. Aufgrund der gestiegenen Lebenserwartung wird der die Pflichtteilsansprüche der Eltern auslösende Erbfall nur selten eintreten. Und selbst dann schließen etwa vorhandene Abkömmlinge des Erblassers die Eltern von der Pflichtteilsberechtigung aus (§ 2309 BGB).[652]

Der Elternpflichtteil stellt folglich eine zulässige Inhaltsbestimmung i.S.d. Art. 14 Abs. 1 S. 2 GG dar und ist beizubehalten.

c) Die Einbeziehung entfernter Abkömmlinge

aa) Lösungsansätze

Hinsichtlich entfernter Deszendenz wird teilweise ebenfalls eine Pflichtteilsberechtigung in Frage gestellt. *Gerken*[653] führt auch in diesem Zusammenhang aus, daß die Ehe das eigentliche familiäre Element sei und das Pflichtteilsrecht höchstens auf die Enkel zu erstrecken sei. Bereits im Rahmen der Verhandlungen zum 49. Deutschen Juristentag setzte sich *Merz*[654] für eine Beschränkung auf die engste Familie ein.

bb) Stellungnahme

Soweit die Gegner eines Pflichtteilsrechts der entfernteren Abkömmlinge die überwiegende Intensität der ehelichen Beziehung als Argument heranziehen, läßt sich nicht leugnen, daß die persönliche Verbundenheit zwischen Erblasser und Enkel nicht den Grad erreicht, der in der Eltern-Kind-Beziehung üblich ist.

---

[650] Vgl. die Ausführungen zu 1. b)
[651] Vgl. die Ausführungen zu D.
[652] Haas, ZEV 2000, 249 ff. (254)
[653] Rpfleger 1989, S. 45 ff. (52)
[654] Merz, K 103 ff. (K 104)

Allerdings kommt den Großeltern bei der Kindererziehung im Falle der Berufstätigkeit der Eltern nicht selten eine wichtige Rolle zu.

Zudem führt das in der gesetzlichen Erbfolge verankerte Repräsentationsprinzip zu einem Rechtfertigungsgrund. Hiernach werden die Kinder des Erblassers durch ihre Stämme repräsentiert. Der hinter diesem Prinzip stehende Gedanke der Erbrechtsgleichheit führt im Ergebnis dazu, daß an die Stelle des verstorbenen Erblasser-Kindes der Enkel des Erblassers tritt und den Stamm vertritt (§§ 2309, 1924 Abs. 3 BGB).[655] Durch Art. 14 Abs. 1 GG wird neben der Erbrechtsfreiheit auch die Erbrechtsgleichheit geschützt.[656] Der Gesetzgeber setzt diese Erbrechtsgleichheit durch die nach Stämmen normierte Erbfolge um.[657] Damit hat er einen natürlichen Vermögensfluß vorgegeben, der sich vom Erblasser auf die Deszendenten verlagert.

d) Die Einbeziehung nichtehelicher Lebensgemeinschaften

aa) Lösungsansätze

Zunächst ist bei der nichtehelichen Lebensgemeinschaft danach zu unterscheiden, ob es sich um eine gleichgeschlechtliche Partnerschaft oder eine eheähnliche Gemeinschaft handelt. Nach der Definition des Bundesverfassungsgerichts[658] ist eine eheähnliche Gemeinschaft „eine Lebensgemeinschaft zwischen einem Mann und einer Frau, die auf Dauer angelegt ist, daneben keine weitere Lebensgemeinschaft gleicher Art zuläßt und sich durch innere Bindungen auszeichnet, die ein gegenseitiges Einstehen der Lebenspartner füreinander begründen, also über die Beziehungen in einer reinen Haushalts- und Wirtschaftsgemeinschaft hinausgehen".

Die Diskussion um die erbrechtliche Berücksichtigung der eheähnlichen Gemeinschaft nimmt angesichts veränderter sittlicher Wertvorstellungen ständig zu.[659] Die Annahme der generellen Nichtigkeit des sog. Mätressentestaments[660] und die darin enthaltene Verurteilung außerehelicher Geschlechtsbe-

---

[655] Rauscher, Band II, 2. Teilband, S. 100; Haas, a.a.O., S. 254; Steffen, DRiZ 1972, 263 ff. (266)

[656] Rauscher, Band I, S. 91

[657] Rauscher, a.a.O., S. 94

[658] BVerGE 87, S. 234 ff. (264)

[659] Für die Einbeziehung der eheähnlichen Gemeinschaft sprechen sich Soergel/Stein, § 1931, Rn. 16 ; Goetz, FamRZ 1985, S. 987 ff. (990) und Leipold, AcP 180 (1980), S. 160 ff. (180 f.) aus; abwägend Stöcker, FamRZ 1971, 609 ff. (617); Berger/Marko/Orth, NJ 1990, S. 384 ff. (387)

[660] Vgl. die Darstellungen von Müller-Freienfels, JZ 1968, S. 441 ff.; Ramm, JZ 1970, S. 129 ff.; Battes, JZ 1988, 908 ff. (915); ders. Nichteheliches Zusammenleben im Zivilrecht, S. 150 ff., Rn. 129 ff.

ziehungen fand erst mit der gewandelten Rechtsprechung[661] zu den Maßstäben dessen, was als sittenwidrig zu bezeichnen ist, ein Ende. Während nach früherer Rechtsprechung[662] die Erbeinsetzung der Lebensgefährtin durch den verheirateten Mann ohne Betrachtung der jeweils herrschenden Lebensumstände als nichtig gemäß § 138 BGB betrachtet wurde, vertrat der BGH seit der Entscheidung vom 31.03.1970[663] einen differenzierteren Standpunkt.[664] Danach stand für die Beurteilung der Sittenwidrigkeit der letztwilligen Verfügung nicht mehr die Bestrafung der außerehelichen Beziehung im Vordergrund. Vielmehr zog der BGH zur Entscheidung das Schutzbedürfnis der nicht bedachten gesetzlichen Erben heran, welches sich unter anderem aus der Intensität der Beziehung zum Erblasser, der wirtschaftlichen Situation, der Erwartungshaltung im Hinblick auf eine Erbeinsetzung, sowie der Herkunft des zu vererbenden Vermögens ergab.[665] Die veränderte Rechtsprechung schlug sich auch in der Beweislastverteilung nieder. Während nach der Entscheidung des BGH vom 26.02.1968[666] noch durch den Empfänger zu beweisen war, daß die Zuwendung als Ausgleich von Leistungen diente, die gegenüber dem Erblasser zu dessen Lebzeiten erbracht worden waren, ist seit dem Beschluß des BGH aus dem Jahre 1970 derjenige für die die Sittenwidrigkeit begründenden Umstände beweispflichtig, der sich darauf beruft.

Für die erbrechtliche Absicherung des ledigen Partners ist § 138 BGB heute also nicht mehr ohne weiteres einschlägig.[667] Die Sittenwidrigkeit der Verfügung kann aber dann anzunehmen sein, wenn weitere Gesichtspunkte hinzutreten, die eine familienfeindliche Gesinnung des Erblassers begründen.[668]

Als Reaktion auf die veränderten Anschauungen und die daraus resultierende Häufigkeit der eheähnlichen Gemeinschaft mit oder ohne Kind[669] wird vereinzelt die Einbeziehung nichtehelicher Partner in den Kreis der Erb- bzw.

---

[661] BGHZ 53, 369 = BGH NJW 1970, 1273 ff. (1275) = FamRZ 1970, 368 ff. (372); BGH FamRZ 1983, 53 ff. (55) = NJW 1983, 674

[662] Vgl. etwa BGH FamRZ 1968, 241, wonach die Entscheidung für ein sittenwidriges Verhalten auf dem Umstand beruhte, daß der Geschlechtsverkehr zwischen unverheirateten Personen bereits an sich gegen die guten Sitten verstieß.

[663] BGHZ 53, 369

[664] Ausführlich: Battes, S. 150 ff., Rn. 129 ff.

[665] Zu unterscheiden ist zwischen vollständig ererbtem und selbst - etwa zusammen mit dem Ehegatten - erwirtschaftetem Vermögen.

[666] BGH NJW 1968, 932 (936); zur Beweislast vgl. auch Battes, a.a.O., S. 151, Rn. 131

[667] Zur (teilweisen) Sittenwidrigkeit der Verfügung vgl. BGH NJW 1984, 2150.

[668] BGH FamRZ 1983, 53 ff. (55); Battes, JZ 1988, 908 ff. (915)

[669] Allerdings belief sich in der Statistik auftretender Lebensformen der Gesamtanteil nichtehelicher Gemeinschaften im Jahre 1993 auf nur 4,8 Prozent (der Anteil verheirateter Partner betrug dagegen 61 Prozent), während die gleichgeschlechtliche Partnerschaft innerhalb der Statistik überhaupt keine Erwähnung fand; lediglich in der Rubrik „sonstige Lebensformen" wurde ein Anteil i.H.v. 2,1 Prozent verzeichnet, Quelle: Vossen, BBE-Branchenreport Erbschaften, S. 11

Pflichtteilsberechtigten gefordert.[670] Während *Götz*[671] ein Legalvermächtnis als verfassungsrechtlich unbedenklich einstuft, hält *Leipold*[672] gar ein gesetzliches Erbrecht der Partner einer eheähnlichen Gemeinschaft für erwägenswert.[673] *Berger/Marko/Orth*[674] diskutieren dagegen ein gesetzliches Erbrecht der Partner nichtehelicher Lebensgemeinschaften, soweit sie in den letzten zehn Jahren vor dem Erbfall einen gemeinsamen Haushalt geführt haben.

Für den Fall der gesetzlichen Regelung im BGB sieht *Eyrich*[675] die Gefahr eines mißverständlichen politischen Signals, das nichtehelichen Partnern zwar einige Vorteile einbringen würde, letztlich aber den Entschluß gegen eine Eheschließung stärken könnte.

bb) Stellungnahme

Hinsichtlich der Einbeziehung formloser eheähnlicher Lebensgemeinschaften in den Kreis der Pflichtteilsberechtigten bestehen in erster Linie verfassungsrechtliche Bedenken.[676] Denn Art. 6 Abs. 1 GG gewährt nicht nur das Recht auf Eheschließung; vielmehr ist auch die Entscheidung gegen eine Eheschließung geschützt.[677] Das BVerfG[678] leitet aus der durch Art. 2 Abs. 1 i.V.m. Art. 1 Abs. 1 GG gewährten allgemeinen Handlungsfreiheit das Recht ab, eine nichteheliche Lebensgemeinschaft zu begründen und auch aufrechtzuerhalten. Ein Gesetz, das an den Gebrauch dieser Freiheit erhebliche Nachteile knüpfe, sei deshalb stets an dem Grundsatz der Verhältnismäßigkeit zu messen.[679] Daher können nicht einzelne einfachgesetzliche Vorschriften, die die Rechtsbeziehungen verheirateter Personen regeln, bedenkenlos auf eheähnliche Lebensgemeinschaften übertragen werden.[680] Hierfür genügt die theoretische Möglichkeit der Schaffung von Nachteilen, die sich für die Partner aus der Gleich-

---

[670] Dafür: Götz, FamRZ 1985, S. 987 ff.; MK-Leipold, Einl. zum Erbrecht, Rn. 19; Berger/Marko/Orth, NJ 1990, S. 384 ff.; ablehnend: Bosch, FamRZ 1983, 227 ff (237 ff.); ders. FamRZ 1992, 993 ff. (998); Battes, S. 155, Rn. 137a; Lieb, S. A 7 ff. (A 93 u. A 113); für die Einräumung eines Voraus vgl. AK-Däubler, Einl. zum Erbrecht, Rn. 84; Schwenzer, JZ 1988, S. 781 ff. (786 f.)

[671] FamRZ 1985, S. 987 ff. (990 f.)

[672] MK-Leipold, Einl. zum Erbrecht, Rn. 19

[673] Wobei er dies in AcP 180 (1980), S. 160 ff. (180 f.) noch ausschloß und stattdessen eine Nachlaßbeteiligung kraft richterlichen Ermessens erwog (vgl. auch AK-Däubler, Einl. zum Erbrecht, Rn. 84; ders. ZRP 1975, S. 136 ff (142); Stöcker, FamRZ 1971, S. 609 ff. (616 ff.); 25. Deutscher Rechtspflegertag 1983, FamRZ 1983, 787)

[674] NJ 1990, S. 384 ff. (386 f.)

[675] ZRP 1990, S. 139 ff. (141 u. 143)

[676] MK-Leipold, § 1931 Rn. 6

[677] So auch Bruns, der hierin jedoch kein Argument für die bestehende umfassende Privilegierung der Ehe gegenüber anderen Lebensformen erblickt, vgl. ZRP 1996, S. 6 ff. (7 f.)

[678] BVerfGE 9, 20 (34 f.); 82, 6 (15 f.); 84, 168 (184)

[679] Vgl. BVerfGE 17, 306 (314); 80, 103 (106 f.); 80, 137 (153); 87, 234 (267)

[680] Auch Schwab, FamRZ 1981, S. 1151 ff. (1156), rät zu zurückhaltenden Analogieversuchen.

behandlung mit Ehegatten ergeben können. Der durch Art. 6 Abs. 1 GG gewährleistete besondere Schutz der Ehe verbietet allerdings auch umgekehrt, Partnern einer eheähnlichen Lebensgemeinschaft ohne Einschränkung die mit einer Eheschließung verbundenen Vorteile zu gewähren.[681] Dies ist die logische Konsequenz der gewählten „freien" Form des Zusammenlebens.[682]

Aber auch unter rechtspolitischen Gesichtspunkten ergäbe sich schon deshalb kein Handlungsbedarf, weil die wesentlichen Zwecke des Pflichtteilsrechts weder auf formlose gleichgeschlechtliche Partnerschaften noch auf eheähnliche Gemeinschaften übertragbar sind. Während die ganz wesentlichen Begründungen - der Versorgungsgedanke und der Gedanke der Familienbindung - eben an der fehlenden Familienzugehörigkeit des fraglichen Berechtigten scheitern, kommt dem allenfalls anzuführenden Zweck der Vermögensverteilung wie erwähnt heute keine wesentliche Bedeutung mehr zu.

Der Aspekt der Selbstbindung des Erblassers macht hingegen die Schwierigkeit einer Erweiterung des Berechtigtenkreises für die Fälle der Einbeziehung eheähnlicher Partner erst deutlich. Während die formlose eheähnliche Lebensgemeinschaft sich eben dadurch auszeichnet, daß eine Eheschließung und die damit verbundenen unterhalts- und erbrechtlichen Konsequenzen (bewußt) vermieden werden[683], können gleichgeschlechtliche Partner eine Selbstbindung demnächst durch die Begründung einer eingetragenen Lebenspartnerschaft herbeiführen.

Die auf die Initiative der Regierungskoalition in das Gesetzgebungsverfahren eingebrachten Gesetzentwürfe wurden am 10.11.2000 durch den Bundestag verabschiedet.[684] Sie erfaßten unter anderem die Bereiche des Familien-, Erb-, Miet-, Sozial-, Straf- und Steuerrechts. Beide Entwürfe hatten zunächst einen einheitlichen Gesetzentwurf gebildet, der im Hinblick auf den zustimmungspflichtigen Teil, zu dem insbesondere die steuerrechtlichen und beamtenrechtlichen Vorschriften gehören, kurz vor der Abstimmung aufgeteilt wurde. Der

---

[681] Zum Verstoß gegen das Bevorzugungsgebot vgl. auch Lieb, Verhandlungen des 57. Deutschen Juristentages, S. A 7 ff. (A 26 f.)

[682] Von Eyrich als „rechtsfreier Raum" bezeichnet, ZRP 1990, S. 139 ff. (143)

[683] A.A. AK-Däubler, Einl. zum Erbrecht, Rn. 85

[684] Auch die FDP-Fraktion hatte im Juni 1999 einen Gesetzentwurf zur Regelung der Rechtsverhältnisse eingetragener Lebenspartnerschaften erarbeitet (Entwurf eines Gesetzes zur Regelung der Rechtsverhältnisse eingetragener Lebenspartnerschaften, BT-Drucksache 14/1259 v. 23.06.1999). Der Gesetzentwurf läßt allerdings detaillierte erbrechtliche Ausführungen vermissen. So sieht der Entwurf zwar ein gesetzlichen Erbrecht und einen Anspruch auf den Voraus für „den überlebenden Ehegatten oder eingetragenen Lebenspartner" vor; an die Auswirkungen der gesetzlichen Erbberechtigung auf die Pflichtteilsregelungen haben die Verfasser des Entwurfes aber offensichtlich nicht gedacht. Es sind lediglich Ergänzungen der §§ 1931, 1932 BGB vorgesehen (BT-Drucksache 14/1259 v. 23.6.1999, S. 5 u. S. 12 (Begründungen)). Zu diesem Vorhaben vgl. auch Beck, ZRP 1999, S. 85 ff. (86), mit rechtsvergleichenden Hinweisen.

nicht zustimmungspflichtige Gesetzentwurf, für den sich im Bundesrat keine Mehrheit für die Anrufung des Vermittlungsausschusses fand, stellt das nunmehr am 16.02.2001 beschlossene „Gesetz zur Beendigung der Diskriminierung gleichgeschlechtlicher Gemeinschaften: Lebenspartnerschaften" dar und tritt am 01.08.2001 in Kraft.[685] Es enthält eine erbrechtliche Regelung in § 10 LPartG.[686] Hiernach soll der überlebende Lebens-partner des Erblassers neben Verwandten der ersten Ordnung zu einem Viertel, neben Verwandten der zweiten Ordnung oder neben Großeltern zur Hälfte der Erbschaft gesetzlicher Erbe sein (Abs. 1 S. 1). Sind weder Verwandte der ersten noch der zweiten Ordnung noch Großeltern vorhanden, soll er Alleinerbe sein (Abs. 2). § 10 Abs. 6 sieht den Pflichtteil des überlebenden Lebenspartners in Höhe der Hälfte des Wertes des gesetzlichen Erbteils vor und erklärt die Vorschriften des BGB über den Pflichtteil für entsprechend anwendbar.[687] Die Frage, ob die Regelungen des LPartG einer verfassungsrechtlichen Prüfung standhalten werden, ist derzeit sowohl juristisch als auch politisch äußerst umstritten.[688]

Von der neuen Regelung unberührt bleibt indes die Frage der rechtlichen Einordnung formloser Lebensgemeinschaften. Hier gestaltet sich die Begründung, warum eine Berechtigung im Hinblick auf den Pflichtteil bestehen soll, nicht nur schwierig, sie ist vielmehr kaum möglich.[689] Denn zwangsläufig liefe dies darauf hinaus, ein Bestehen oder Fehlen der Berechtigung an der Intensität der jeweiligen zwischenmenschlichen Beziehung festzumachen, wodurch eine nicht unerhebliche Rechtsunsicherheit erzeugt würde. Solange der Gesetzgeber - ob nun einfachgesetzlich oder im Rahmen einer Grundgesetzänderung - hinsichtlich der Einordnung formloser im Vergleich zu ehelichen Lebensgemeinschaften weder Kriterien festlegt, noch bezüglich der reinen Begrifflichkeiten Regelungen erläßt, läuft daher jede Diskussion um eine Einbeziehung in den Berechtigtenkreis leer. Zwar mag auch bei formlosen Lebensgemeinschaften ein gewisser Bedarf an Schutz für den schwächeren Partner bestehen. Doch ist hier für ein gesetzliches Erb- oder Pflichtteilsrecht schon deshalb kein Raum, weil es - anders als bei der eingetragenen Lebenspartnerschaft - an einem für erbrechtliche Folgen erforderlichen, zweifelsfrei beweisbaren Tatbestand fehlt.

Als erwägenswert wäre die Schaffung auch erbrechtlicher Vorschriften für formlose Lebensgemeinschaften allerdings im Falle der Normierung gegenseitiger Unterhaltspflichten einzustufen. Denn wie bereits erwähnt, sind dem Pflichtteilsrecht unterhaltsrechtliche Aspekte nicht völlig fremd. Dies ergibt sich bereits aus dem Zusammenspiel der §§ 1586b Abs. 1 S. 1 und 1933 S. 3 BGB. Während § 1586b Abs. 1 S. 1 BGB den Übergang der Unterhaltspflicht des

[685] Bundesgesetzblatt I, 2001, S. 266 ff.
[686] Hierzu ausführlich: Mayer, ZEV 2001, 169 ff.
[687] Bundesgesetzblatt I, 2001, S. 267 = BT-Drucksache 14/3751 v. 04.07.2000, S. 4
[688] Mayer, ZEV 2001, 169 ff.
[689] Zutreffend: Battes, S. 155, Rn. 137a

verstorbenen geschiedenen Ehegatten auf die Erben regelt, bestimmt § 1933 S. 3 BGB im Falle des Ausschlusses des Ehegattenerbrechts die Anwendbarkeit der unterhaltrechtlichen Vorschriften. Bestünden für formlose nichteheliche Lebensgemeinschaften gesetzliche Unterhaltspflichten, wäre die Übertragung des Zusammenhangs zwischen erb- und unterhaltsrechtlichen Regelungen durchaus in Betracht zu ziehen. *Rauscher*[690] schlägt in diesem Zusammenhang für trennungsfolgerechtliche Unterhaltsansprüche des überlebenden nichtehelichen Partners keine pflichtteilsrechtliche Ausgestaltung, sondern einen Unterhaltsanspruch gegen den Nachlaß vor.

Nach der derzeitigen gesetzlichen Regelung kann eine Absicherung nichtehelicher Partner außerhalb des LPartG jedoch nur durch Zuwendungen unter Lebenden oder von Todes wegen erfolgen.[691] Die Errichtung eines gemeinschaftlichen Testaments gemäß § 2265 BGB ist den Ehegatten vorbehalten. Insoweit kommt allenfalls eine Umdeutung der von Nichtehegatten in dieser Form getroffenen Verfügungen in Einzeltestamente in Betracht (§ 140 BGB).[692] Der Umstand, daß im Fall des unvorhergesehenen Todes eines Partners weder Testament noch Erbvertrag vorliegen und demgemäß die den hinterbliebenen Partner nicht einschließende gesetzliche Erbfolge eintritt, zwingt ebenfalls nicht zu einer abweichenden Beurteilung. Der Gefahr, eine nahestehende Person unerwartet zu verlieren, sieht sich jedermann ausgesetzt, so daß es grundsätzlich - also auch bei ehelichen Lebensgemeinschaften - gilt, Zuwendungen unter Lebenden oder Verfügungen von Todes wegen rechtzeitig zu veranlassen. Wer im Bewußtsein einer nicht eintretenden gesetzlichen Erbfolge keine Regelung trifft, dem fehlte offensichtlich der Wille dazu.[693] Eine diese Entscheidung ignorierende erbrechtliche Vorschrift, die gleichwohl Partner einer formlosen Lebensgemeinschaft zum Kreis der Pflichtteilsberechtigten zählt, würde daher jeder Grundlage entbehren, während die geltenden Pflichtteilsregelungen ihre Stütze in der Vorschriften zur gesetzlichen Erbfolge finden.

3. Veränderung der Pflichtteilsquoten

a) Lösungsansätze

Hinsichtlich der Höhe des als Bruchteil des gesetzlichen Erbrechts festgelegten Pflichtteils sowie der Starrheit der Pflichtteilsquoten gab es bereits im Zuge der Beratungen der Ersten und Zweiten Kommission zur Ausarbeitung des BGB vereinzelt kritische Stimmen.[694] Auch heute wird insbesondere eine flexi-

---

690 Band II, 1. Teilband, S. 292
691 Vgl. hierzu auch Battes, JZ 1988, 908 ff. (915)
692 BGH NJW 1970, 1273 ff. (1275); BGH FamRZ 1983, 53 ff. (55)
693 So auch Rauscher, II, 1. Teilband, S. 291 f.
694 Vgl. insoweit die Ausführungen zu B. III.

blere Ausgestaltung der Quoten vorgeschlagen, die je nach dem Zusammentreffen verschiedener Berechtigter variabel sein sollen.

Eine weitgehende Einschränkung der Testierfreiheit enthält der Vorschlag von *Johannsen*[695], der lediglich den Ehegatten und die Abkömmlinge in den Kreis der Berechtigten einbeziehen will. Eine Bevorzugung des Ehegatten soll seiner Ansicht nach durch einen Pflichtteilsanspruch in Höhe der Hälfte des Nachlaßwertes erreicht werden, während der Pflichtteil der Abkömmlinge in Höhe der Hälfte des gesetzlichen Erbteils unverändert bleibt.[696] Ein den Eltern anstelle des Pflichtteilsanspruchs zustehender Unterhaltsanspruch soll nur insoweit gegenüber dem Ehegatten geltend gemacht werden können, als dessen Pflichtteilsanspruch davon nicht berührt wird.

Bosch[697] gibt in Anlehnung an § 396 Abs. 2 S. 2 des ZGB der früheren DDR eine generelle Erhöhung der Pflichtteilsquoten von ½ auf 2/3 zu bedenken. Auch *Steffen*[698] schlägt vor, den Pflichtteil der Abkömmlinge auf 2/3 zu erhöhen und führt zur Begründung aus, daß das durch die Verweisung auf den Pflichtteil benachteiligte Stiefkind im Falle der Wiederheirat eines Elternteils einen Ausgleich erlangen müsse.

Leipold[699] erwägt eine Absenkung der Quoten zumindest für diejenigen Erbfälle, in denen es um die Zuordnung hoher Nachlaßwerte geht.

Rauscher[700] will für den Fall, daß der Erblasser keinen Ehegatten hinterläßt, die Pflichtteilsquote der Eltern auf ¼ beschränken. Der im Falle des Nichtvorhandenseins eines Ehepartners auf die Eltern entfallende Pflichtteilsanspruch in Höhe der Hälfte des Nachlasses widerspreche der Wertung des Ehegatten als stärkstem Interessenträger und müsse daher im Wege der Ausweitung der Testierfreiheit begrenzt werden. Der Wegfall des Ehegatten dürfe sich nicht zugunsten der Eltern auswirken, da die gesetzliche Erbquote im Falle der Konkurrenz mit diesem ebenfalls nur ¼ betrage.[701]

---

[695] Johannsen, S. K 41 ff. (K 45)
[696] Johannsen, K 46
[697] FamRZ 1992, S. 993 ff. (999)
[698] DRiZ 1972, 263 ff. (267)
[699] Leipold, Rn. 61; ders. AcP 180 (1980), 160 ff. (197)
[700] Rauscher, Band II, 2. Teilband, S. 115 u. 124
[701] Gemäß § 2309 BGB entfällt die Pflichtteilsberechtigung der Eltern (und entfernteren Abkömmlinge) nämlich nur beim Zusammentreffen mit einem pflichtteilsberechtigten Abkömmling, der sie im Falle der gesetzlichen Erbfolge ausschließen würde.

b) Stellungnahme

Im Hinblick auf die verfassungsrechtlich gebotene Erhaltung der Testierfreiheit in ihrem Kernbereich verbietet sich eine Ausweitung des Pflichtteilsrechts auf 2/3 des gesetzliche Erbteils. Eine Beeinträchtigung des Kernbestandes der Testierfreiheit ist dann anzunehmen, wenn der dem Erben nach Abzug der Pflichtteile verbleibende Anteil am Nachlaß zu dessen ursprünglichen Wert in keinem angemessenen Verhältnis mehr steht.[702] Die aus § 2303 BGB folgende Einschränkung der Testierfreiheit zugunsten eines Pflichtteilsberechtigten in Höhe von 50% ist nicht so wesentlich, daß eine Verfügungsbefugnis des Erblassers praktisch nicht mehr gewährleistet ist.[703] Vielmehr ist hierin das Ergebnis eines Abwägungsvorgangs zu sehen, der die Interessen sowohl des Erblassers als auch seiner nächsten Angehörigen angemessen würdigt. Eine Pflichtteilsberechtigung von 2/3 käme hingegen dem gesetzlichen Erbteil zu nahe und wäre mit dem Grundgesetz unvereinbar. Dies gilt erst recht für eine Pflichtteilsquote von 100% des Nachlasses, da dem Erblasser jedwede autonome Entscheidung hinsichtlich der Verteilung seines Vermögens abgenommen würde.[704]

Soweit *Rauscher*[705] den Elternpflichtteil auf ¼ begrenzen will, ist nicht nachvollziehbar, warum im Vergleich zu den Abkömmlingen geminderte Vermögens- und Versorgungsinteressen der Eltern dies rechtfertigen sollten. *Rauscher* selbst führt als Argument gegen die Abschaffung des Elternpflichtteils an anderer Stelle aus, daß neben anerkennenswerten Familienbindungen der vermögensrechtliche Aspekt eines potentiellen Beitrages zur Schaffung einer Vermögensbasis der Abkömmlinge zu beachten sei.[706] Den Gedanken eines bedarfsorientierten Pflichtteilsrechts der Eltern verwirft er mit dem Argument, daß die familiäre Bindung der Eltern unter anderem aus - wenn auch im Vergleich zur Kleinfamilie weniger intensiven - Unterhalts- und Vermögensinteressen bestehe.[707]

Es ist auch nicht ersichtlich, warum angesichts der festgestellten familiären Bindungen bei der Frage der Pflichtteilsberechtigung der Eltern stets eine fiktive Mitberechtigung des Ehegatten unterstellt wird, im Verhältnis zum Abkömmling eine entsprechende Ehegatten-Fiktion dann aber unterbleiben soll, weil der Pflichtteilsanspruch eines Abkömmlings beim Zusammentreffen mit dem Ehegatten von weniger als der Hälfte seines gesetzlichen Erbteils als an-

---

[702] BVerfGE 63, 312 ff. (327)
[703] So auch Pentz, der der Auffassung ist, der Pflichtteil sei „mehr als eine nur geringe Beteiligung" und müsse „wesentlich sein". Dies sei nur bei einer Quote von 50% der Fall, ZEV 1998, 449 ff. (450)
[704] Haas, ZEV 2000, 249 ff. (255); Rauscher, Band II, 2. Teilband, S. 112 f.
[705] Rauscher, a.a.O., S. 114
[706] Rauscher, a.a.O., S. 101
[707] Rauscher, a.a.O., S. 102

stößig betrachtet wird.[708] Wie bereits im Rahmen der Diskussion zur Abschaffung des Eltern-Pflichtteils erörtert, ist die Ehe nicht als Zentrum der eigentlichen familiären Verbindung zu sehen. Im Gegenteil ist angesichts der Scheidungsraten eine rückläufige Entwicklung zu beobachten. Zudem spricht der Umstand, daß der Erblasser seinen Ehegatten nicht testamentarisch bedacht hat, gerade nicht für die Vermutung, das persönliche Näheverhältnis zwischen den Eheleuten sei durch andere Berechtigte nicht zu übertreffen.[709]

Die Einstufung des Ehegatten im Vergleich zu allen übrigen in Betracht kommenden Berechtigten als stärkstem Interessenträger ist ebenfalls zweifelhaft. Dies würde bedeuten, daß die Kleinfamilie als Zuordnungsfaktor letztlich doch den erbrechtlichen Gesichtspunkt der Abstammung verdrängt. Unberücksichtigt bliebe, daß beim jüngeren Erblasser häufig noch eine starke Bindung an das Elternhaus bestehen wird und der Nachlaß des älteren Erblassers womöglich bereits den Nachlaß eines Elternteils enthält. Im übrigen spricht gegen die Einschätzung, bei den Eltern seien weniger intensive Unterhalts- und Vermögensinteressen vorhanden, bereits der Umstand, daß es Vermögensinteressen des Ehegatten am Nachlaß nicht gibt, da diese durch das Ehegüterrecht zu befriedigen sind.[710] Auch darf die Funktion der Erblassereltern als zumindest „potentielle Großeltern" nicht unberücksichtigt bleiben. Zwar wären die Eltern im Falle des Vorhandenseins von Deszendenten nicht pflichtteilsberechtigt. So darf aber schon deshalb nicht argumentiert werden, weil es zunächst darum geht, schützenswerte Belange der Eltern abstrakt festzustellen. Ob später tatsächlich Enkelkinder vorhanden sind und ob diesbezügliche Betreuungsaufgaben von den Erblassereltern auch wirklich wahrgenommen werden, betrifft letztlich nur die Frage der Umsetzung.

Eine Begrenzung der Pflichtteilsquote auf ¼ des gesetzlichen Erbteils für Eltern ist daher abzulehnen.

4. Das erweiterte Pflichtteilsentziehungsrecht

a) Lösungsansätze

Vereinzelt wird auch eine Erweiterung des Kataloges der Pflichtteilsentziehungsgründe gefordert. Im Ergebnis soll hierdurch eine Ausdehnung der Testierfreiheit als Folge rückläufiger Familienbindung und Versorgungsfunktion des Pflichtteilsrechts bewirkt werden.[711]

---

[708] Rauscher, a.a.O., S. 113

[709] Vgl. Rauscher, a.a.O., S. 114

[710] Vgl. Rauscher, a.a.O., S. 102 u. 114

[711] Gotthardt, FamRZ 1985, 757 ff.; Kluge, ZRP 1976, S. 285 ff.; MK-Frank, § 2303 Rn. 3; Dieckmann, S. K 8 ff. (K 30), Staudinger/Ferid/Cieslar, Einl. zu §§ 2303 ff. Rn. 30, die eine die Entziehung erleichternde Fassung der Generalklausel des § 2333 Nr. 5 BGB für billigenswert erachten, allerdings an anderer Stelle die hierdurch bewirkte leichtere Um-

So will *Kluge*[712] den Eltern gegenüber ihren Abkömmlingen ein einseitiges Pflichtteilsentziehungsrecht einräumen. Entziehungsgrund soll die Zerrüttung des familiären Verhältnisses zwischen Erblasser und Abkömmling sein, unabhängig davon, wer die Zerrüttung zu vertreten hat.[713] Der zunehmend anzutreffende Fall der Entfremdung zwischen Eltern und Kind lege eine generalklauselartige Erweiterung des geltenden § 2333 BGB nahe, die den Eltern die Möglichkeit geben soll, im Falle nicht vorhandener Bindung zu ihrem Kind diesem den Pflichtteil zu entziehen. *Kluge* begründet diese Ansicht mit der im Falle der gescheiterten Ehe gemäß § 1565 Abs. 1 BGB möglichen Ehescheidung und fordert entsprechende Konsequenzen im Rahmen des Eltern-Kind-Verhältnisses, das nicht nur unter dem Gesichtspunkt der Abstammung, sondern insbesondere im Kontext einer zwischenmenschlichen Beziehung zu betrachten sei.[714]

Nach der Ansicht von *Leisner*[715] sind die §§ 2333 ff. BGB „in Verfassungswidrigkeit hineingewachsen". Die bestehenden Pflichtteilsentziehungsgründe seien veraltet und insbesondere die Beschränkung auf die körperliche Mißhandlung völlig überholt. Auch gefährde der kaum entziehbare Pflichtteilsanspruch zunehmend Familienbetriebe, weshalb der Gesetzgeber im Falle eines Betriebsübergangs die Rücksichtnahme des Berechtigten normativ erzwingen solle. Da sich der Begriff von Ehe und Familie seit 1949 grundlegend gewandelt habe, bestehe zudem ein verfassungsrechtlicher Korrekturbedarf. Zwar seien sowohl das Erb- als auch das Pflichtteilsrecht verfassungsgemäß. Zweifel bestünden jedoch im Hinblick auf die nur in engen Grenzen zulässige Entziehung des Pflichtteils.

b) Stellungnahme

Eine Erweiterung des Pflichtteilsentziehungsgrundes in § 2333 Nr. 5 BGB ist ebenso abzulehnen, wie eine ausdehnende Auslegung der Vorschrift.

Gegen eine Erweiterung spricht zunächst der Umstand, daß die Frage der Veränderung soziologischer Strukturen wohl eher die Berechtigung des Pflichtteilsrechts an sich betrifft und deshalb eine Korrektur über die Ausgestaltung der Pflichtteilsentziehungsgründe nicht geboten ist.[716] Ein einseitiges Pflichtteilsentziehungsrecht im Falle der Zerrüttung der familiären Verhältnisse

---

gehung des Pflichtteilsrechts und den Vorteil fest umrissener Einzeltatbestände einräumen, § 2333 Rn. 12.

712 ZRP 1976, S. 285 ff. (287)

713 Kluge, a.a.O., S. 286

714 Kluge, a.a.O., S. 287

715 NJW 2001, 126 (127), mit gleichzeitiger Stellungnahme zur Nichtannahmeentscheidung des BVerfG (Beschluß vom 30.08.2000, NJW 2001, 141)

716 So auch Kanzleiter, DNotZ 1984, 22 (25)

würde die Gefahr einer Aushöhlung des durch Art. 14 Abs. 1 S. 1 GG geschützten Pflichtteilsrechts mit sich bringen.

Denn selbst wenn man mit *Kluge* von einer zunehmenden Entfremdung zwischen Eltern und Kind ausginge - was hier nicht vertreten wird -, wäre eine entsprechende Tatbestandsprüfung problematisch. Fraglich wäre zunächst, ob eine „Zerrüttung" nur aus Sicht der Eltern vorliegen oder die nicht mehr vorhandene Bindung zwischen Eltern und Kind anhand objektiver Kriterien bestimmt werden müßte. Während die erste Variante die Umgehung der Pflichtteilsregelungen erleichtern würde[717], dürfte die objektive Beurteilung, ob eine Eltern-Kind-Beziehung zerstört ist, nur schwer möglich sein. Im Rahmen richterlicher Inhaltskontrolle würde diese Prüfung letztlich auf eine Schuldfrage hinauslaufen.[718] Anders als im Falle der zerrütteten Ehe käme dem Bestehen oder Fehlen einer Hausgemeinschaft keine Indizwirkung zu.[719] Die Teilnahme am elterlichen Haushalt kann auch sorgerechtliche oder wirtschaftliche Gründe haben. Zudem können die Umgangsformen zwischen Eltern und Kind je nach betroffener Familie bereits stark unterschiedlich sein, so daß die Einstufung einer bestimmten Familiensituation als „unnormal", „entfremdet" oder „zerrüttet" für den unbeteiligten Dritten eigentlich nur dann vorgenommen werden könnte, wenn er mit den jeweiligen Umgangsformen vertraut wäre, den die Betroffenen normalerweise einander zukommen lassen.

Nach herrschender Ansicht im Schrifttum ist für die Bewertung des Verhaltens des Berechtigten ein objektiver Wertmaßstab entscheidend.[720] Ließe man die individuellen Anschauungen des Erblassers zum Maß der Sittlichkeit genügen, gäbe man ihm ein Druckmittel an die Hand, das grundsätzlich geeignet ist, Erziehungserfolge zu erzwingen. Allerdings sind die Wertvorstellungen des jeweils individuell betroffenen Erblassers bei der Entscheidung dessen, was objektiv[721] als ehrlos und unsittlich empfunden wird, zu berücksichtigen.[722]

Aufgrund der stetig sich verschiebenden Sittlichkeitsgrenze[723] und divergierender Moralvorstellungen in der Gesellschaft ist die Festlegung allgemein akzep-

---

[717] So auch Dauner-Lieb, FF Sonderheft 2000, 16 (22), die allerdings die Anknüpfung an enttäuschte Erwartungen des Erblassers für einen Entzug des Pflichtteils grundsätzlich befürwortet, vgl. S. 18 u. 20

[718] Vgl. Dauner-Lieb, a.a.O.

[719] Vgl. §§ 1565, 1566 BGB

[720] Rauscher, Band II, 2. Teilband, S. 128; Leipold, Rn. 590; Kanzleiter, DNotZ 1984, 22 (24); RGRK- Johannsen, § 2333 Rn. 14; Staudinger/Ferid/Cieslar, § 2333 Rn. 8; Palandt/Edenhofer, § 2333 Rn. 7; MK-Frank, § 2333 Rn. 14

[721] Staudinger/Ferid/Cieslar, § 2333 Rn. 8; Palandt/ Edenhofer, § 2333 Rn. 7; MK-Frank, § 2333 Rn. 14

[722] Nach RGRK- Johannsen sind die Wertmaßstäbe des Erblassers auch dann zu beachten, wenn sie strenger als allgemein üblich ausfallen. § 2333 Rn. 13.

[723] Vgl. hierzu nur den Wandel der Rechtsprechung des BGH zum sog. Mätressentestament, G I 2 d)

tierter sittlicher Maßstäbe kaum möglich. Die unterschiedliche Bewertung des fortgesetzten Ehebruchs durch den Abkömmling[724] oder dessen Homosexualität[725] verdeutlicht, daß sich solche Verhaltensweisen nicht abstrakt eignen, die Familienehre des Erblassers als Schutzgut des § 2333 Nr. 5 BGB[726] zu verletzen.[727] Für das Tatbestandsmerkmal der fehlenden Bindung zwischen Erblasser und Abkömmling würde nichts anderes gelten.

Rauscher[728] schlägt daher vor, die Pflichtteilsentziehung auf schwere und eindeutige Verstöße gegen die Rechts- und Sittenordnung zu begrenzen und solches Verhalten auszuklammern, das sich in „jener Grauzone gesellschaftlicher Toleranz - oder Ignorierung - bewegt". Gegen eine solche Präzisierung des § 2333 Nr. 5 BGB spricht im Grunde nichts, zumal der Gesetzgeber klar gefaßte Einzeltatbestände im Interesse der Rechtssicherheit und Rechtsklarheit gegenüber einer Generalklausel von Anfang an vorgezogen hat.[729] Allerdings kann den veränderten Sittlichkeitsvorstellungen auch im Rahmen der Rechtsprechung durch Anpassung an die jeweils geltenden Anschauungen Rechnung getragen werden. In einem Urteil des RG vom 11.4.1901[730] heißt es hierzu: „Den Maßstab für den Begriff der guten Sitten hat der Richter aus dem herrschenden Volksbewußtsein zu entnehmen, dem Anstandsgefühl aller billig und gerecht Denkenden". Diese und ähnliche Formulierungen werden auch heute noch zur Entscheidungsfindung herangezogen.[731] Insoweit hat die Rechtsprechung im Falle einer Erbeinsetzung des nichtehelichen Partners zulasten des Ehegatten den für § 138 BGB anzusetzenden Maßstab auch nach den gewandelten Wertvorstellungen ausgerichtet.[732] Einer Änderung des § 2333 Nr. 5 BGB bedarf es daher nicht zwingend.

Auch sollte das ohnehin schon einseitig zugunsten der Eltern ausgestaltete Pflichtteilsentziehungsrecht nicht noch eine weitere Ausprägung gegenüber dem Pflichtteilsentziehungsrecht der Abkömmlinge erfahren. Die Entziehungsgründe der körperlichen Mißhandlung des Erblassers sowie des unsittlichen Lebenswandels gelten nicht ohne Grund lediglich für die Aszendenz (vgl. §§ 2333, 2334 BGB). Der Gesetzgeber verfolgte mit dieser unterschiedlichen Behandlung das Ziel, die Erziehungsrechte der Eltern zu sichern. Allerdings rechtfertigt diese Begründung heute eine solche Differenzierung nicht mehr oh-

[724] Für eine Einbeziehung in § 2333 Nr. 5: OLG Hamm, NJW 1983, 1067; dagegen: Kanzleiter, DNotZ 1984, 22 (27)
[725] Gegen eine Einbeziehung: OLG Hamburg, NJW 1988, 977; hiergegen: Soergel/Dieckmann, § 2333 Rn. 14 f.
[726] Rauscher, Band II, 2. Teilband, S. 126
[727] Hierzu ausführlich: Rauscher, a.a.O., S. 125 ff.
[728] Band II, 2. Teilband, S. 136 f.
[729] Zur Entstehungsgeschichte: Rauscher, a.a.O., S. 125 ff.; Kluge, ZRP 1976, 285 ff; Gotthardt, FamRZ 1987, 757 ff.
[730] RGZ 48, 114 ff. (124)
[731] Vgl. etwa BGHZ 69, 295 ff. (297) = NJW 1977, 2356
[732] Vgl. die Ausführungen zu G I 2 d)

ne weiteres, da den Eltern insoweit eine schützenswerte Funktion nur eingeschränkt zukommt.[733] Denn infolge gestiegener Lebenserwartung tritt der durchschnittliche Erbfall erst ein, wenn der Abkömmling selbst bereits eine Familie gegründet hat und dem elterlichen Erziehungseinfluß längst nicht mehr ausgesetzt ist. *Rauscher*[734] hält die Beseitigung des Erziehungsprivilegs der Eltern für verfassungsrechtlich, jedenfalls aber für rechtspolitisch geboten und schlägt in diesem Zusammenhang die Streichung des § 2333 Nr. 2 BGB vor.[735]

Etwas anderes ergibt sich auch nicht im Hinblick auf die in den §§ 1611 und 1612 Abs. 2 BGB enthaltenen Wertungen.

§ 1611 BGB ist als unterhaltsrechtliche Sanktion gegen grobes Fehlverhalten des Unterhaltsbedürftigen gegenüber dem Unterhaltsverpflichteten zu verstehen und kann unter Umständen sogar zum Wegfall der Unterhaltspflicht führen (§ 1611 Abs. 1 S. 2 BGB). Die Anwendbarkeit des § 1611 Abs. 1 BGB erstreckt sich allerdings nicht auf die Unterhaltspflicht der Eltern gegenüber ihren minderjährigen unverheirateten Kindern (§ 1611 Abs. 2 BGB)[736], weshalb dieser Regelung die größere praktische Bedeutung beim Elternunterhalt zukommt.[737] Als Voraussetzung der Beschränkung oder des Wegfalls der Unterhaltsverpflichtung kommt neben der selbstverschuldeten Bedürftigkeit und der eigenen Unterhaltspflichtverletzung insbesondere die in diesem Zusammenhang interessierende schwere vorsätzliche Verfehlung des Bedürftigen gegen den Unterhaltspflichtigen in Betracht. Hierbei sind die Verfehlungen nicht mehr beschränkt auf die Gründe, die zur Entziehung des Pflichtteils gemäß §§ 2333 ff. BGB berechtigen, wie dies nach § 1611 a.F. BGB der Fall war.[738] Dagegen ist nunmehr eine „schwere" Verfehlung erforderlich, wodurch eine auf das Unterhaltsrechtsverhältnis bezogene Prüfung ermöglicht wird, was früher bei der engen Anlehnung an die Pflichtteilsentziehungsgründe nicht gewährleistet war.[739] Zur Feststellung der schweren Verfehlung ist vielmehr eine umfassende Abwägung aller maßgeblichen Umstände erforderlich, die auch das eigene Verhalten des Unterhaltspflichtigen angemessen berücksichtigen muß.[740]

---

733 Vgl. Bowitz, JZ 1980, 304 (305 f.); Haas, ZEV 2000, 249 (258)
734 Band II, 2. Teilband, S. 144
735 A.A. Staudinger/Ferid/Cieslar, Einl. zu §§ 2303 ff. Rn. 31
736 Der Ausschlußgrund wurde durch das Gesetz über die rechtliche Stellung der nichtehelichen Kinder von 1969 (NEhelG) beschränkt. Hiermit wollte man verhindern, daß die Eltern einen Mißerfolg in der Erziehung dem Kind anlasten können, obwohl diese Aufgabe in ihren Verantwortungsbereich fällt, vgl. Erman/Holzhauer, § 1611 Rn. 7
737 MK-Köhler, § 1611 Rn. 1
738 Erman/Holzhauer, § 1611 Rn. 1; MK-Köhler, § 1611 Rn. 1
739 MK-Köhler, § 1611 Rn. 6
740 BGH NJW 1995, 1215 (1216); BGH FamRZ 1991, 322 (323) = NJW-RR 1991, 194; Palandt/Diederichsen, § 1611 Rn. 5

So kommt nach Ansicht des *OLG Frankfurt*[741] das Verhalten eines Unterhalt verlangenden volljährigen Kindes einer schweren Verfehlung i.S.d. § 1611 BGB gleich, wenn es bewußt jeglichen Kontakt mit den unterhaltspflichtigen Verwandten meidet, während die Eltern ihre Bereitschaft und ihren Wunsch nach Wiederherstellung der persönlichen Beziehungen bekunden.[742] Demgegenüber ist eine schwere Verfehlung nach Auffassung des *BGH*[743] nicht ohne weiteres in dem Umstand zu sehen, daß der Unterhaltsbedürftige jeden Kontakt mit dem Unterhaltsverpflichteten ablehnt, selbst wenn dies in Verbindung mit unhöflichen und unangemessenen Äußerungen diesem gegenüber geschieht.[744] Dies hat nach Auffassung des *AG Regensburg*[745] insbesondere in dem Fall zu gelten, in dem auch der Unterhaltsverpflichtete seiner elterlichen Verantwortung nur unzureichend nachgekommen ist oder die Eltern für den Abbruch der persönlichen Beziehung allein- bzw. mitverantwortlich sind.[746]

Bei der Frage, ob eine schwere Verfehlung i.S.d. § 1611 BGB angenommen werden kann, ist im Rahmen der vorzunehmenden Billigkeitsprüfung jeweils auch das Leitbild des § 1618a BGB zu berücksichtigen.[747] Zwar hat der Gesetzgeber bei der Normierung der Einzelvorschriften des Unterhaltsrechts die Interessen von Eltern und Kindern bereits speziell berücksichtigt, weshalb § 1618a BGB nicht zu einer inhaltlichen Änderung oder generellen Umgehung etwa der §§ 1611 und 1619 BGB führen darf.[748] Dennoch dient § 1618a BGB als Grundnorm[749] nicht nur der Rechtsfortbildung und Lückenfüllung, sondern auch der Auslegung.[750] Die Vorschrift ist Ausdruck der partnerschaftlichen Familie und weist auf die Bedeutung der Verantwortung füreinander als Grundlage des gesamten Familienrechts, also auch des Unterhaltsrechts[751], hin.[752]

Gemäß § 1612 Abs. 2 S. 1 BGB können Eltern eines unverheirateten unterhaltsbedürftigen Kindes bestimmen, in welcher Art und für welche Zeit im voraus sie Unterhalt gewähren wollen. Hierdurch soll den Eltern einerseits ein möglichst weitreichender Einfluß auf ihre wirtschaftlich noch nicht selbständi-

---

741 FamRZ 1990, 789 f.; vgl. Erman/Holzhauer, § 1611 Rn. 5; MK-Köhler, § 1611 Rn. 6a

742 OLG Frankfurt, FamRZ 1990, 789; dagegen: BGH NJW 1995, 1215 (1216)

743 FamRZ 1991, 322 (323) = NJW-RR 1991. 194; NJW 1995, 1215 ff.

744 Vgl. auch OLG Köln FamRZ 2000, 1043

745 FamRZ 1993, 1240

746 So OLG München FamRZ 1992, 595; OLG Bamberg FamRZ 1994, 1054

747 Vgl. Diederichsen NJW 1980, 1 (2)

748 Knöpfel FamRZ 1985, 554 (558)

749 Kritisch zu der Funktion des § 1618a BGB als „Generalnorm" äußert sich Bosch, FamRZ 1980, 739 (741)

750 Erman/Holzhauer, § 1618a Rn. 2; Knöpfel, a.a.O.

751 Palandt/Diederichsen, § 1618a Rn. 1; OLG Köln FamRZ 1982, 834

752 Nach den Begründungen im Gesetzgebungsverfahrens soll § 1618a BGB sogar der Förderung der Familienautonomie dienen und den Gefährdungen der Familie als Institution entgegenwirken, vgl. BT-Drucksache 8/2788, S. 43 (zit. nach Diederichsen in NJW 1980, 1 (2))

gen Kinder eingeräumt werden.[753] Zum anderen sollen die Eltern durch die Bestimmung der Naturalverpflegung im Elternhaus die Möglichkeit wirtschaftlicher Entlastung erhalten.[754] Zu beachten ist jedoch, daß das Vormundschaftsgericht die Bestimmung der Eltern im Falle des Vorliegens besonderer Gründe auf Antrag des Kindes ändern kann, § 1612 Abs. 2 S. 2 BGB. Die Änderung der Unterhaltsbestimmung setzt voraus, daß dem Kind die Entgegennahme von Naturalunterhalt im Haus der Eltern nicht mehr zugemutet werden kann[755] oder eine von beiden Seiten verschuldete, jedenfalls nicht einseitig auf das Verhalten des Kindes zurückzuführende Entfremdung stattgefunden hat.[756] Bei der Frage, ob besondere Gründe eine Abänderung im Einzelfall erfordern, ist neben einer Gesamtwürdigung der Umstände ebenfalls § 1618a BGB zu beachten[757], weshalb es letztlich für die Frage des Bestimmungsrechts auf einen vernünftigen Ausgleich der gegenseitigen Beistands- und Rücksichtnahmepflichten ankommt.[758]

Festzuhalten ist, daß die Regelungen über die Beschränkung bzw. den Wegfall der Unterhaltsverpflichtung gemäß § 1611 BGB sowie über das Bestimmungsrecht der Eltern gemäß § 1612 Abs. 2 BGB einer Billigkeitsprüfung unterworfen sind, bei der - im Eltern-Kind—Verhältnis - die durch § 1618a BGB vorgegebenen beiderseitigen Rechtspflichten zu berücksichtigen sind. Hierbei ist insbesondere von Bedeutung, daß als Unterhaltsberechtigte i.S.d. § 1611 BGB Eltern wie Kinder gleichermaßen in Betracht kommen. Denkbare Konstellation im Fall der eigenen Unterhaltspflichtverletzung gemäß § 1611 Abs. 1 BGB wären beispielsweise die Eltern, die von ihrem früher vernachlässigten Kind Unterhalt verlangen.[759]

Ein Argument für eine weitere Ausdehnung der einseitigen Pflichtteilsentziehungsrechte der Eltern läßt sich den unterhaltsrechtlichen Vorschriften daher ebenfalls nicht entnehmen.

Die Schaffung eines Pflichtteilsentziehungsrechts im Falle gelockerter familiärer Bindungen wäre zudem in besonderem Maße geeignet, bestehende Streitigkeiten zu vertiefen.[760] Denn aufgrund der stark individuell geprägten Problematik käme es zu einer vermehrten Inanspruchnahme der Gerichte. Die hiermit einhergehende Erweiterung der richterlichen Entscheidungsbefugnis

---

[753] Vgl. Erman/Holzhauer, § 1612 Rn. 20; MK-Köhler, § 1612 Rn. 13
[754] Palandt/Diederichsen, § 1612 Rn. 5
[755] Palandt/Diederichsen, § 1612 Rn. 18
[756] OLG Hamm FamRZ 2000, 978
[757] BayObLG FamRZ 2000, 976; Palandt/Diederichsen, § 1612 Rn. 18
[758] Vgl. Erman/Michalski, § 1618a Rn. 13; MK-Köhler, § 1612 Rn. 35 f.
[759] Erman/Holzhauer, § 1611 Rn. 4
[760] Vgl. auch Dauner-Lieb, FF Sonderheft 2000, 16 (23); nach Ansicht von Leisner (NJW 2001, 126 (127)) ist dagegen jedenfalls im Falle schwerer Zerrüttung durch den Pflichtteil ohnehin nichts mehr zu retten. Im Gegenteil ermuntere die Sicherheit, ihn zu erhalten, zu weiterer Abwendung.

widerspräche den ansonsten klaren und typisierten Vorschriften des Pflichtteilsrechts, die kaum Raum für richterliches Ermessen bieten. Bereits in den Beratungen zum Entwurf eines Bürgerlichen Gesetzbuches wurde die Generalklausel abgelehnt, weil sie dem Richter zu viel Freiheit einräume und zu zahlreichen Streitigkeiten in der Praxis führe.[761] Letztlich entschied sich der Gesetzgeber dann auch zur kasuistischen Aufzählung der Pflichtteilsentziehungsgründe.[762]

5. Bedarfsabhängige Regelung

a) Lösungsansätze

Die Anknüpfung von Pflichtteilsansprüchen an die Bedürftigkeit des Berechtigten[763] - teilweise unter gleichzeitiger Erhöhung des Ehegattenpflichtteils[764] - ist im Rahmen von Reformbestrebungen zum geltenden Pflichtteilsrecht seit langem immer wieder Gegenstand der Erörterung gewesen.[765] Insbesondere die Vorschriften des ZGB der ehemaligen DDR dienen als Vorlage dieses Gedankens[766], wonach lediglich dem Ehegatten des Erblassers ein unbedingter Pflichtteilsanspruch in Höhe von 2/3 des gesetzlichen Erbteils (§ 396 ZGB) zusteht, den Kindern, Enkeln und Eltern dagegen nur im Falle der Unterhaltsberechtigung im Zeitpunkt des Erbfalls. Für unverheiratete, geschiedene oder verwitwete Erblasser konnte diese bedarfsabhängige Lösung demnach zu einer unbeschränkten Testierfreiheit führen.

Die Bezugnahme auf die Bedürftigkeit wird dabei zumeist mit der engen Verbundenheit unterhalts- und erbrechtlicher Vorschriften begründet.[767] *Rolland*[768] nennt hierfür als Beispiele die §§ 1371 Abs. 4, 1932 und 2057a BGB. Dagegen hat der Redaktor des Erbrechts *von Schmitt*[769] jedenfalls die Unterhaltsersatz-

---

761 Gotthardt, FamRZ 1987, 757 (757 f.); Kluge, ZRP 1976, 285 ff. (286)

762 Motive, Band V, S. 429

763 Kühne, JR 1972, S. 221 (225 f.); gegen eine Koppelung der Pflichtteilsberechtigung an die Bedürftigkeit: Otte, ZEV 1994, S. 193 ff. (194 f. u. 197); Freytag, ZRP 1991, 304 ff. (305 f.); Coing, Verhandlungen des 49. Deutschen Juristentages, Gutachten, S. A 11 ff. (A 47); Witthoiz, NJ 1954, S. 600; für einen uneingeschränkten Pflichtteilsanspruch jedenfalls der Kinder: Bergmann, NJ, 1975, S. 237 f. (238)

764 Bosch, FamRZ 1992, S. 993 ff. (999); Berger/Marko/Orth, NJ 1990, S. 384 ff. (385 f.)

765 Reichert-Facilides, S. K 37 ff. (K 39), spricht sich für einen vererbbaren Unterhaltsanspruch, aber gegen das Abstellen auf die Bedürftigkeit aus.

766 Trittel, DNotZ 1991, S. 237 ff. (246); Lamers, 19. Deutscher Notartag 1973, S. 120; Bosch, FamRZ 1992, S. 993 ff. (999); Berger/Marko/Orth, NJ 1990, S. 384 ff. (385 f.); Orth, NJ 1975, S. 238 f. (239); Bergmann, NJ 1975, S. 237 f. (238), schlägt hingegen nur für die Eltern des Erblassers einen auf die Bedürftigkeit abstellenden Pflichtteilsanspruch vor.

767 Bosch, FamRZ 1992, S. 993 ff. (999); Rolland, DNotZ 1989, Sonderheft, S. 144 ff. (149); a.A. Coing, S. A 11 ff. (A 47); Dieckmann, S. K 8 ff. (K 30)

768 DNotZ 1989, Sonderheft, S. 144 ff. (149)

769 S. 54, 640, abgedr. bei Schubert, S. 170, 756

funktion des Pflichtteilsrechts strikt abgelehnt, da der Pflichtteil im Gegensatz zum Unterhaltsanspruch keine Bedürftigkeit voraussetze und die Ausstattungspflicht der Eltern gegenüber ihren Kindern nicht vom Tod des Erblassers abhängig sei.[770]

Strätz[771] spricht sich für eine bedarfsabhängige, flexible Pflichtteilsberechtigung aus, will jedoch lediglich die Quoten variabel gestaltet wissen, um die mit einer nach richterlichem Ermessen festzusetzenden Bedürftigkeit einhergehende Rechtsunsicherheit zu vermeiden.[772]

Eine bedarfsorientierte Pflichtteilsregelung bezweckt auch *Leipold*[773] mit dem Vorschlag, die Pflichtteilsquoten zumindest für diejenigen Erbfälle abzusenken, in denen es um die Zuordnung hoher Nachlaßwerte geht.

Huber[774] will dem jeweiligen Bedürftigen den an seinen Lebensverhältnissen ausgerichteten angemessenen Unterhalt zukommen lassen. Zu Rechtsunsicherheiten könne es angesichts bestehender Berechnungsschlüssel bei Kindern und Ehegatten des Erblassers nicht kommen.[775] Im Gegensatz zur starren Quotenregelung sei die Erfüllung der den Erblasser treffenden sittlichen Pflicht durch eine unterhaltsrechtliche Ausgestaltung gesichert, da auf die individuellen Bedürfnisse der Berechtigten eingegangen werden könne. Das geltende Pflichtteilsrecht verhindere dagegen, daß der Erblasser dieser Verpflichtung nachkomme und beispielsweise sein behindertes Kind ausreichend versorge.[776]

b) Stellungnahme

Eine bedarfsabhängige Ausgestaltung des Pflichtteilsrechts ist im Ergebnis ebenfalls abzulehnen. Zwar ist den erbrechtlichen Vorschriften eine Unterhaltsersatzfunktion nicht fremd, wie die §§ 1586b, 1933 S. 3 und 1371 Abs. 4 BGB zeigen. Allerdings liegt dem Pflichtteilsrecht nicht nur der Alimentationsgedanke zugrunde. Vielmehr spielen auch die Verbesserung des Lebensstandards als Folge der Nachlaßbeteiligung und die dadurch geschaffenen Freiräume eine wichtige Rolle.[777]

---

[770] von Schmitt, S. 54, abgedr. bei Schubert, S. 170
[771] FamRZ 1998, S. 1553 ff. (1566)
[772] Vgl. die rechtsvergleichenden Ausführungen zu den Pflichtteilsregelungen in England, Israel und Irland, unten D. V.
[773] Erbrecht, Rn. 61; ders. AcP 180 (1980), 160 ff. (197)
[774] Huber, S. 102
[775] Wie hinsichtlich der übrigen Anspruchsberechtigten - nach diesem Reformvorschlag wären neben Ehegatten alle Verwandten gerader Linie unabhängig vom Grad der Verwandtschaft pflichtteilsberechtigt, vgl. Huber, S. 100 f. - eine einheitliche Berechnungsmethode gefunden werden soll, wird allerdings nicht erwähnt.
[776] Huber, S. 97
[777] Pentz, ZEV 1998, 449 (450)

Gegen eine Abhängigkeit des Pflichtteils vom Bedarf spricht nicht zuletzt die Notwendigkeit richterlicher Überprüfung. In jeder zweiten Erbengemeinschaft gibt es Spannungen, in jeder fünften gar handfesten Streit unter den Erben.[778] Es bedarf keiner gewagten Spekulationen, will man das Ausmaß derjenigen Zivilprozesse festlegen, in denen über die Bedürftigkeit enterbter Verwandter gestritten wird. Aufgrund der herkömmlichen Regelung einer starren Pflichtteilsquote würden potentielle Pflichtteilsberechtigte voraussichtlich mit einem nicht unerheblichen Anspruchsdenken versuchen, ihre Bedürftigkeit nachzuweisen.[779] Obwohl die erbrechtlichen Regelungen klar und übersichtlich gestaltet sind, die Tatbestände - sieht man einmal von § 1932 BGB ab - wenig Raum für richterliches Ermessen eröffnen, neigen ungeteilte Erbengemeinschaften dennoch allzu oft dazu, die Auseinandersetzung in die Länge zu ziehen und im Sinne eigener Vorteilsgewinnung vorzugsweise zu streiten. Eine Pflichtteilsberechtigung, die der Betroffene gegen den Widerstand der Erben vor Gericht erst darlegen und beweisen müßte, würde also auch eine erhebliche Verzögerung der Erbauseinandersetzung bewirken. Bezeichnenderweise ist auch nur im englischen und israelischen Recht eine solche richterliche Ermessensentscheidung anzutreffen.[780] Das Ergebnis der rechtsvergleichenden Darstellung ist nicht zuletzt darauf zurückzuführen, daß eine Bedürftigkeitsprüfung auch den Familienfrieden in sehr viel stärkerem Maße belasten würde, als dies durch das geltende Recht mit seiner starren, aber dafür einheitlich zu handhabenden unflexiblen Quote der Fall ist. Jedenfalls vermögen die Vorschriften der §§ 2303 ff. BGB Rechtsstreitigkeiten innerhalb des Kreises der Pflichtteilsberechtigten vorzubeugen. Denn der einem Berechtigten zustehende Anteil beeinträchtigt nicht den Pflichtteil der übrigen Pflichtteilsberechtigten.

Als Argument für eine bedarfsabhängige Quote wird vereinzelt angeführt, dem wirtschaftlich selbständigen Kind, dem von den Eltern bereits eine Berufsausbildung finanziert worden ist, sei ein Anrecht auf den Pflichtteil mit Rücksicht auf seine Geschwister aus Billigkeitsgründen zu versagen.[781] Dies führt jedoch dann zu Ungerechtigkeiten, wenn der Erblasser kurz nach Beendigung der Ausbildung des ersten Kindes verstirbt, das zweite Kind aber wenige Wochen nach dem Erbfall ebenfalls seine Ausbildung beendet. Dagegen ist zur Überwindung ungleicher Ausgangspositionen der Abkömmlinge eine Heranziehung der Ausgleichungsregel des § 2316 BGB nicht hilfreich.[782] Gemäß § 2316 BGB ist im Rahmen der Berechnung des Pflichtteils eine Ausgleichung vorzunehmen, soweit Abkömmlinge Zuwendungen durch den Erblasser vorempfangen haben und diese aufgrund Gesetzes oder durch Anordnung des Erblassers ausgleichungspflichtig sind. Jedenfalls wird es im Rahmen der Gewährung von Ausbildungsunterhalt in der Regel an der erforderlichen Anrechnungsbestim-

---

778 Quelle: Vossen, BBE-Branchenreport Erbschaften, S. 260
779 Vgl. Rauscher, Band II, 2. Teilband, S. 108
780 Vgl. die Ausführungen zu D. V. 1. u. 2.
781 Vgl. Bosch, FamRZ 1992, S. 993 ff. (999 f.)
782 So aber ausdrücklich Coing, S. A 11 ff. (A 47)

mung fehlen.[783] Solange nicht weit überdurchschnittliche Unterhaltszahlungen gewährt werden, ist nicht davon auszugehen, daß Eltern diese für ausgleichungspflichtig erklären, zumal sie gemäß § 1610 BGB zu einem angemessenen Unterhalt verpflichtet sind, der sich an der Lebensstellung des Kindes bemißt und damit auch den eigenen Lebensstandard der Eltern reflektiert.

Gegen die von *Leipold* vorgeschlagene Herabsetzung der Quoten bei großen Nachlässen ist zusätzlich anzuführen, daß hierdurch die Vermögensinteressen der Pflichtteilsberechtigten in hohem Maße unterlaufen würden. Denn mit zunehmendem Nachlaß wächst natürlicherweise auch das Interesse des Begünstigten an einer Beteiligung.[784] *Staudinger/Ferid/Cieslar*[785] sehen hierin eine Härte, die mit dem Grundsatz der Gleichheit unvereinbar sei.

Soweit *Huber*[786] zur Begründung eines unterhaltsrechtlich ausgestalteten Pflichtteilsrechts anführt, die starre Quotenregelung könne die Erfüllung der sittlichen Verpflichtung zur ausreichenden Versorgung nächster Angehöriger gerade verhindern, überzeugt diese Argumentation nicht. Insbesondere das in diesem Zusammenhang erwähnte Beispiel eines behinderten und auf lebenslange Unterstützung angewiesenen Kindes macht deutlich, daß dieser Fallkonstellation wohl eher Ausnahmecharakter zukommen dürfte. Dies gilt jedenfalls insoweit, als mit der Zuweisung des Pflichtteils die Absicht der Benachteiligung des Kindes verbunden ist.

In diesem Zusammenhang ist auf die besondere Problematik des Behindertentestaments hinzuweisen. Hierbei handelt es sich nicht um die letztwillige Verfügung eines Behinderten[787], vielmehr geht es um seine eigene Einsetzung als Erbe durch Testament oder Erbvertrag. Das mit dem Behindertentestament angestrebte Ergebnis ist darauf gerichtet, den Nachlaß vom Zugriff des Sozialhilfeträgers freizuhalten und das behinderte Kind bestmöglich zu versorgen, ohne daß es dabei auf Sozialhilfeleistungen verzichten muß.[788] Fällt einem Sozialhilfeempfänger eine Erbschaft zu, so ist sie auf sein Einkommen und Vermögen anzurechnen. Das sozialhilferechtliche Nachrangprinzip aus § 2 Abs. 1 BSHG und § 9 SGB I besagt, daß Sozialhilfe erst dann gewährt werden darf, wenn der Hilfesuchende sich nicht mehr selbst helfen kann und die erforderliche Hilfe auch nicht von anderen erhält. Die §§ 90 ff. BSHG ermöglichen dagegen den Übergang von Ansprüchen des Hilfeempfängers gegen Dritte auf den Sozialhilfeträger. Auch nach dem Tod des Kindes soll dessen Erbteil da-

---

[783] Vgl. Palandt/Edenhofer, § 2316 Rn. 1, § 2315 Rn. 1
[784] Rauscher, Band II, 2. Teilband, S. 106
[785] Einl. zu §§ 2303 ff. Rn. 42
[786] Huber, S. 96 f.
[787] Insoweit ist der Begriff mißverständlich, weil er an die Bezeichnungen „Patiententestament" und „Geschiedenentestament" erinnert, vgl. Settergren, S. 3
[788] Engelmann, S. 2

her möglichst einem Angehörigen oder einer Sozialeinrichtung zufallen und die selbständige Erbenhaftung gemäß § 92c BSHG damit ins Leere gehen.

Der mit dem Behindertentestament erstrebte Erfolg kann allerdings nur eintreten, wenn der Behinderte der Regelung zustimmt. Denn wird das behinderte Kind auf den Pflichtteil gesetzt, steht ihm gemäß § 2303 Abs. 1 BGB der Pflichtteilsanspruch zu, den der Sozialhilfeträger nach § 90 BSHG auf sich überleiten kann.[789] Gleiches gilt im Falle der Ausschlagung der Erbschaft gemäß § 2306 Abs. 1 S. 2 BGB oder der Einsetzung des Kindes als Vermächtnisnehmer. Auch im Falle eines Pflichtteilsverzichts gemäß § 2346 BGB würde das von den Eltern verfolgte Ziel umfassender Absicherung des Kindes nicht erreicht.[790] Daher wird im Rahmen der Testamentsgestaltung eine Kombination von Nacherbschaft (§§ 2100 ff.BGB) und Dauertestamentsvollstreckung (§§ 2209, 2210 S. 2 BGB) bevorzugt.[791] Durch die Verwaltungsvollstreckung wird der Zugriff der Eigengläubiger des Erben auf Nachlaßgegenstände - je nach Anordnung des Erblassers - für 30 Jahre oder auf Lebenszeit des Erben ausgeschlossen.[792] Um den Zugriff der Gläubiger auch nach dem Ableben des Erben zu verhindern, besteht die Möglichkeit, diesen lediglich als Vorerben einzusetzen. Der Nacherbfall tritt mit dem Tod des Behinderten ein und hat zur Folge, daß das Nachlaßvermögen zum Schutze des Nacherben gemäß § 2115 BGB dem Zugriff Dritter und insbesondere des Sozialhilfeträgers gemäß § 92c BSHG entzogen ist.[793]

Die vieldiskutierte Frage, ob die beschriebene Testamentsgestaltung wegen Unterlaufens des sozialhilferechtlichen Nachrangprinzips sittenwidrig und damit gemäß § 138 Abs. 1 BGB nichtig ist[794], ist nach der h.M. im Schrifttum[795] und der Rechtsprechung zu verneinen. Der BGH hat in zwei hierzu ergangenen Entscheidungen[796] deutlich gemacht, daß die grundgesetzlich garantierte Testierfreiheit den Interessen des Sozialhifeträgers vorgeht.[797] Insbesondere seien die Eltern im Hinblick auf Art. 6 GG nicht verpflichtet, das öffentliche Interesse dem ihrer Kinder vorzuziehen. Vielmehr entspreche das Bestreben der Eltern, ihrem Kind über die Sozialhilfe hinaus zusätzliche Annehmlichkeiten

---

789 Settergren, S. 27 f.

790 Settergren, S. 28 ff.

791 Engelmann, S. 137 ff.

792 Engelmann, S. 111 f.

793 Settergren, S. 33

794 Vgl. hierzu die Darstellungen von Settergren, S. 73 ff. und Engelmann, S. 143 ff.

795 Otte, JZ 1990, 1027; Nieder, NJW 1994, S. 1264 (1266); Schiemann, ZEV 1995, 197 (205 f.); Reimann, DNotZ 1992, 245; a.A. Raiser, MDR 1995, 237 (237 f.); Schubert JR 1991, 106 (107), der eine Sittenwidrigkeit jedenfalls bei großen Nachlässen in Betracht zieht.

796 BGH, Urteil vom 21.03.1990 = BGHZ 111, 36 = NJW 1990, 2055 ff.; BGH, Urteil vom 20.10.1993 = BGHZ 123, 368 = NJW 1994, 248 f.; a.A. LG Flensburg NJW 1993, 1866 f.

797 Hierzu ausführlich: Settergren, S. 79 ff.; Engelmann, S. 147 f.

zukommen zu lassen, einer sie vornehmlich treffenden sittlichen Verpflichtung.[798]

Die Problematik der Sittenwidrigkeit des Behindertentestaments stellt sich aber nicht nur im Hinblick auf das sozialhilferechtliche Nachrangprinzip, sondern auch bezüglich des Eingriffs in das Erbrecht des Behinderten.[799] [800] Nach der Rechtsprechung des BGH kann die erbrechtliche Zurücksetzung der nächsten Angehörigen nur in besonderen Ausnahmefällen zur Anwendung des § 138 BGB führen, da möglichen Benachteiligungen bereits durch das Pflichtteilsrecht Genüge getan wird.[801] Die bloße Bevorzugung des gesunden Kindes genügt allein noch nicht, um den Vorwurf der Sittenwidrigkeit zu begründen.[802] Vielmehr ist hierfür erforderlich, daß sich im Testament eine unredliche und verwerfliche Gesinnung des Erblassers manifestiert.[803] Davon ist im Fall des Behindertentestaments aber gerade nicht auszugehen, da die Eltern durch den Abschluß dieses Rechtsgeschäfts ihre besondere Sorge um das Wohl des behinderten Kindes bis zu dessen Tod zum Ausdruck bringen.[804] Hinzu kommt, daß die lebenslange kostenintensive Pflege des behinderten Kindes zu einer nicht unerheblichen Minderung des Nachlasses führen wird, so daß die Berücksichtigung des gesunden Kindes mit einer höheren Erbquote ohnehin als billigenswert einzustufen wäre.[805]

Zusammenfassend bleibt daher festzuhalten, daß die Eltern eines behinderten Kindes eine umfassende Versorgung des Kindes jedenfalls nicht durch die Zuweisung des Pflichtteils erreichen können, da dies die Überleitung von Ansprüchen nach § 90 BSHG zur Folge hätte. Ein Argument gegen die Quotenregelung läßt sich hieraus entgegen der Ansicht von *Huber* folglich nicht herleiten.

---

[798] BGH NJW 1994, 248 (249)
[799] Settergren, S. 84
[800] Zur Sittenwidrigkeit infolge des Fortbestehens der Sozialbedürftigekit des Kindes sowie durch schikanöse Dauertestamentsvollstreckung vgl. Settergren, S. 87 ff. u. Engelmann, S. 148 f.
[801] BGH NJW 1983, 674 (675) = FamRZ 1983, 53 (54); so auch OLG Hamburg NJW-RR 1989, 1093 (1094); vgl. auch Dauner-Lieb, FF Sonderheft 2000, 16 (21)
[802] BGH NJW 1994, 248 (249); Settergren, S. 86
[803] BGH NJW 1983, 674 (675)
[804] Dauner-Lieb, FF Sonderheft 2000, 16 (20); Engelmann, S. 148; Settergren, S. 85 f.
[805] Settergren, S. 86

II. Folgerungen für die Reformfrage - Zur Frage des rechtspolitischen Handlungsbedarfs

Die erwähnten Reformvorschläge weisen, abgesehen von dem Vorschlag der gänzlichen Abschaffung des Pflichtteilsrechts, eine Fülle von Gemeinsamkeiten auf. Insbesondere wird deutlich, daß sie teilweise lediglich Feinheiten der bestehenden Regelungen verbessern wollen.

Hinsichtlich einzelner Vorschläge zur Veränderung der Pflichtteilsquoten bzw. zur flexiblen Handhabung des Quotenanteils je nach dem Kreis der Pflichtteilsberechtigten soll nicht bestritten werden, daß auch eine der bestehenden gesetzlichen Regelung ähnliche, lediglich in einigen Details abweichende Pflichtteilslösung interessengerecht sein könnte. Es stellt sich jedoch die Frage, ob ein Reformbedürfnis überhaupt bejaht werden kann und woraus sich dieses ergeben soll.[806] Ein rechtspolitischer Rechtfertigungsbedarf besteht aufgrund der verfassungsrechtlichen Verankerung des Pflichtteilsrechts - jedenfalls in Form einer Mindestbeteiligung nächster Familienangehöriger am Nachlaß - nicht.[807] In Betracht kommt vielmehr nur eine veränderte rechtspolitische Begründung, die entweder das gefundene verfassungsrechtliche Ergebnis bestätigt oder ihm entgegentritt und damit Anlaß gibt, sich mit neuen Begründungsmodellen auseinanderzusetzen.

1. Terminologie

Um rechtspolitische Zielsetzungen verstehen und bewerten zu können, bedarf es zunächst der Klärung der Frage, was unter dem Begriff der Rechtspolitik zu verstehen ist.[808] Eine theoretische Feststellung über das fragliche Recht meint der Begriff nämlich gerade nicht. Rechtspolitik ist vielmehr eine moralische Aufforderung an vielfache Regelungen unseres menschlichen, gesellschaftlichen und sozialen Bereichs.[809] Sie hat die Aufgabe, auf Veränderungen in der Gesellschaft zu reagieren, seien sie rein geistiger oder tatsächlicher Natur. Letztendlich ist jede umfangreichere Rechtsreform als Spiegelbild gewandelter Verhältnisse und Wertvorstellungen in der Gesellschaft zu verstehen, die eine Änderung bestehender (oder auch Schaffung neuer) gesetzlicher Regelungen im Sinne einer Annäherung an vorherrschende Anschauungen zum Inhalt hat.

---

[806] Gegen das Bedürfnis einer umfassenden Erbrechtsreform sprechen sich Rolland, DNotZ 1989, Sonderheft, S, 144 ff. (149) und Musielak, a.a.O., S. 149 ff. (149); Bosch, FamRZ 1983, S. 227 ff. (239) und Dumoulin, Deutscher Notartag 1973, S. 84 ff. (85 f.) aus.

[807] Rauscher, Band II, 2. Teilband, S. 90

[808] Zu den Möglichkeiten der Überprüfung und Umsetzung rechtspolitischen Gedankenguts vgl. Ramm, ZRP 1998, 49 ff.

[809] So Ramm, a.a.O., S. 49

2. Die Bedeutung des Pflichtteilsrechts in der Gesellschaft

Beim Übergang von Vermögen auf nachfolgende Generationen ist neben dem privatrechtlichen Aspekt zunächst die Bedeutung des Erbrechts für die Gesellschaft in ihrer Gesamtheit, also in der vom Individuum losgelösten Betrachtung relevant. Veränderungen im Bereich des Erbrechts sind heute aber - anders als im 19. Jahrhundert - nicht mehr gleichzusetzen mit Gesellschaftsreformen. Wirtschaftliche Macht und soziale Anerkennung werden ganz wesentlich von Beruf, Ausbildung und Einkommen bestimmt. In einem Gesellschaftssystem, das maßgeblich durch das Leistungsprinzip und den Gedanken der Chancengleichheit geprägt ist[810], kommt einer ohne eigene Leistung empfangenen Erbschaft nur untergeordnete Bedeutung zu. *Schröder*[811] leitet daraus die Erkenntnis her, daß eine Erbrechtsreform keinerlei Einfluß auf die Gesellschaft an sich, sondern lediglich auf einzelne Bürger der Gesellschaft nehmen kann, da das heutige Erbrecht keinerlei Schlüsse auf die Gesellschaft zuließe.[812]

Aber selbst wenn man mit *Schröder* von einer gesellschaftlichen Irrelevanz des Erbrechts ausginge, verbleibt immer noch die individuelle Betrachtungsweise des einzelnen Erblassers. Es bleibt nicht aus, daß im Zuge einer Rechtsreform geschaffene Normen zu Unstimmigkeiten in der Gesellschaft führen, da niemals alle bestehenden Anschauungen und Interessen gleichermaßen Berücksichtigung finden können und der Gesetzgeber auf Kompromißlösungen zurückgreifen muß. Auch diesen Divergenzen muß die Rechtspolitik Rechnung tragen.[813]

In diesem Zusammenhang ist auch der von *Stöcker*[814] vertretenen Ansicht, gesellschaftspolitische Zielsetzungen dürften bei der Diskussion um die Berechtigung des Pflichtteilsrechts keine Rolle spielen, entgegenzutreten. Ein funktionierendes Rechtssystem, das unter Ausschluß bevölkerungs- und gesellschaftspolitischer Belange - und damit ohne den Zweck, den Bedürfnissen wenigstens der breiten Bevölkerung gerecht zu werden - geschaffen wurde, ist nicht denkbar. Denn nur aus dem hohen Stellenwert einer durch Gesetze reflektierten Meinung des Einzelnen über die Notwendigkeit gewisser Rechtssätze erklärt sich die Existenz von Gewohnheitsrecht und damit auch die Übernahme gewohnheitsrechtlicher Regelungen in das deutsche Erb- und Pflichtteilsrecht. Gewohnheitsrecht ist nach *Gmür* „objektives Recht, das kraft allgemeiner Rechtsüberzeugung seit langer Zeit von Rechtsgenossen als Recht

---

[810] Dauner-Lieb, FF Sonderheft 2000, 16 (22)
[811] Schröder in: Mohnhaupt, S. 281 ff.
[812] Schröder, a.a.O. S. 292 u. 294, der die „gesellschaftliche Relevanz des Erbrechts" hier wohl eher im Sinne einer möglichst ergiebigen Quelle wirtschaftlicher und sozialer Macht und weniger als ein die Interessen des Individuums widerspiegelndes Leitbild verstanden wissen will.
[813] Wassermann in NJW 1999, 3172
[814] WM 1970, S. 774 ff. (782); ders. in FamRZ 1971, 609 ff. (617)

befolgt wird".[815] Beispiele für die Übernahme objektiven Rechts gibt es reichlich. So ist das heute geltende Pflichtteilsrecht dem Preußischen Allgemeinen Landrecht (ALR) entnommen[816], welches seinerseits naturrechtliche Gedanken verwirklichte.[817] Unter Naturrecht ist das aus der menschlichen Natur - und damit der dem Menschen eigenen Vernunft - abgeleitete Recht (im Gegensatz zum positiven Recht) zu verstehen.[818] Desweiteren erfolgte beispielsweise im Rahmen des französischen Pflichtteilsrechts die Übernahme des in Nordfrankreich vorherrschenden Gewohnheitsrechts, den sog. „coutumes", durch den Code Civil.[819]

Im Ergebnis ist daher festzuhalten, daß dem Pflichtteilsrecht durchaus eine gesellschaftliche Relevanz zukommt, soweit die Interessen des Einzelnen betroffen sind.

3. Das Erfordernis gesellschaftlicher Wandlungen

Für ein rechtspolitisch veranlaßtes Tätigwerden müßte zunächst eine Reform innerhalb der Gesellschaft bejaht werden können. Der Reformgedanke läge nahe, wenn das Pflichtteilsrecht „gegen den ausdrücklichen und erklärten Willen des Erblassers" den Regelfall und die Billigung etwaiger Pflichtteilsansprüche die Ausnahme darstellen würde.

Außer Betracht bleiben müßten zunächst all diejenigen Fälle, in denen der potentielle Erblasser von seiner Testierfreiheit bewußt Gebrauch gemacht hat, um den Berechtigten nur den Pflichtteil zukommen zu lassen. Denn Pflichtteilsrecht bedeutet die Beteiligung von Angehörigen am Nachlaß nicht aufgrund, sondern gegen den Willen des Erblassers. Jedenfalls wird eine Kenntnis und auch Billigung der gesetzlichen Pflichtteilsbestimmungen immer dann anzunehmen sein, wenn die letztwillige Verfügung vor einem Notar erklärt wird. Insbesondere im Rahmen des Ehegattentestaments, das eine Strafklausel vorsieht oder ein Geldvermächtnis aussetzt[820], findet die Pflichtteilsproblematik ausdrücklich Erwähnung. Aber auch in allen anderen Fällen notarieller Testamentserrichtung wird der Notar die entsprechenden Hinweise auf mögliche Pflichtteilsansprüche geben und dies in der Urkunde gegebenenfalls auch vermerken, um der eigenen Haftung wegen Verstoßes gegen die ihn treffenden Aufklärungspflichten gemäß § 19 i.V.m. § 14 BNotO zu entgehen.

Daß trotz entsprechender Kenntnis bzw. Aufklärung beim Testierenden der Wille vorgelegen hat, dem Berechtigten den Pflichtteil zu entziehen oder be-

[815] Gmür, Rn. 3
[816] Vgl. hierzu die Ausführungen B II
[817] Gmür, Rn. 315
[818] Gmür, Rn. 307
[819] Vgl. hierzu die Ausführungen D II 2
[820] Vgl. hierzu die Ausführungen C IV 1 u. 2

reits die Mindestbeteiligung am Nachlaß gegen den Willen des Erblassers erfolgte, wäre jeweils konkret darzulegen und zu beweisen. Dies erfordert nach der Entscheidung des BVerfG[821] jedenfalls beim Ehegattentestament die ausdrückliche Erklärung, daß der Berechtigte von jeglicher Beteiligung am Nachlaß ausgeschlossen werden soll. Anderenfalls sei eine Einschränkung der Testierfreiheit ohnehin nicht feststellbar.[822]

Bislang liegen keine Erkenntnisse vor, die darauf hindeuten, die Zahl der Fälle, in denen Pflichtteilsansprüche trotz des ausdrücklichen entgegenstehenden Willens des Erblassers ausgelöst werden, nehme deutlich zu oder überwiege gar.[823] Im Gegenteil werden erstaunlich wenig erbrechtliche Streitigkeiten vor Gericht ausgetragen. In der Regel beschränken sich diese auf Stufenklagen im Rahmen der Ermittlung von Pflichtteilsansprüchen und betreffen nicht die Frage einer vom Erblasser gewünschten völligen Versagung einer Mindestbeteiligung am Nachlaß. Die Familie, in der sich die Generationen derart auseinandergelebt haben, daß sie einander nicht einmal die gesetzlich vorgesehene Mindestbeteiligung am Nachlaß zukommen lassen wollen, ist demnach ein Ausnahme- und kein Regelmodell. Aber gerade in diesen Fällen kann das Pflichtteilsrecht nur als Anstoß verstanden werden, individuelle erbrechtliche Angelegenheiten vertraglich festzulegen. Nebenbei dient es dazu, einem rein impulsiven Testierverhalten entgegenzuwirken.[824] Zu Recht weist *Rauscher*[825] darauf hin, daß sich sowohl die Existenz an sich als auch die besondere Problematik des Pflichtteilsrechts dem Testierenden häufig erst im Rahmen der kautelaren Gestaltung offenbart.[826] Die Erwartungen an die geltenden Pflichtteilsregelungen sind insoweit überhöht und müssen zwangsläufig bei der Regelung von „Problemfällen“ enttäuschen.

Zwar mag das Pflichtteilsrecht im Fall der beiderseitigen - sozusagen einverständlichen - Abkehr von Erblasser und Pflichtteilsberechtigtem voneinander durchaus grotesk erscheinen. Der Einwand der „Ungerechtigkeit“ des Pflichtteilsrechts ist allerdings nicht neu. Auch richtet er sich weniger gegen das Pflichtteilsrecht, als gegen die Verwandtenerbfolge an sich. Solange es keine sicheren Erkenntnisse über die Häufigkeit solcher Konflikte innerhalb der Familie gibt, haben sie zudem als Ausnahme von der Regel zu gelten und sind keinesfalls als Beweis veränderter Verhältnisse und Wertvorstellungen zu be-

---

[821] BVerfG ZEV 2000, 399 (400)

[822] BVerfG a.a.O.

[823] Dies wird aber von Dauner-Lieb so dargestellt und mit dem Bewußtseinswandel beim potentiellen Erblasser, gefolgt von einem Akzeptanzverlust des Pflichttelsrechts erklärt, FF Sonderheft 2000, S. 16 ff., insbes. S. 17, 18, 19, 23 f.

[824] Zu der Gefahr ausschließlich emotional geprägter, nicht genügend durchdachter Entscheidungen des aufgebrachten Erblassers vgl. auch Rohrbeck, K 106 ff. (K 107)

[825] Band II, 2. Teilband, S. 97 ff.

[826] Rauscher beschreibt die Pflichtteilsproblematik am Beispiel des Berliner Testaments, § 2269 BGB, a.a.O., S. 93 ff.

trachten. Die praktischen Erfahrungsberichte einzelner Personen ersetzen in diesem Zusammenhang keine wissenschaftliche Studie.[827] *Leipold*[828] führt insoweit richtig aus, daß auch derjenige, der die heutige gesetzliche Regelung des Pflichtteilsrechts für überprüfungsbedürftig hält, das geltende Recht respektieren muß. Die von *Rauscher*[829] im Rahmen der Ausführungen zur rechtspolitischen Rechtfertigung des Pflichtteilsrechts allgemein getroffene Feststellung, die verschiedenen Begründungsversuche könnten das Pflichtteilsrecht nicht als ganzes rechtspolitisch rechtfertigen, sondern nur für einzelne Konstellationen einleuchtende Zwecke deutlich machen, gewinnt in diesem Zusammenhang daher eine besondere Bedeutung.

Coing[830] hält darüber hinaus umfassende soziologische Untersuchungen zum Familienzusammenhalt im Vorfeld einer Erbrechtsreform für notwendig. In diesem Zusammenhang stellt *Nave-Herz*[831] fest, daß sich die familienwissenschaftlichen Analysen Ende der 80er Jahre aufgrund der streckenweisen Forschungsabstinenz in den 60er und 70er Jahren nicht nur auf demographische Veränderungen beziehen können, sondern umfassende empirische familiensoziologische Erhebungen durchzuführen sind. Auch *Segalen*[832] hält über die zahlenmäßige Erfassung von Größe und Struktur der Familien hinaus eine Analyse der Beziehungen zwischen häuslicher Gemeinschaft und der Verwandtschaft in der jeweiligen zeitgenössischen Gesellschaft für erforderlich. Nach der Auffassung *Dieckmanns*[833] sollten die durchzuführenden empirischen Untersuchungen vorrangig das Verhalten potentieller Erblasser berücksichtigen, und erst in zweiter Linie an allgemeine Meinungsumfragen anknüpfen.

Eine greifbare Veränderung gesellschaftlicher Verhältnisse ist nach den getroffenen Feststellungen nicht anzunehmen. Für die Annahme geänderter Wertvorstellungen wäre zunächst die Widerlegung der Berechtigung des Familienbildes notwendig, von dem der Gesetzgeber bei der Schaffung der familien- und erbrechtlichen Vorschriften ausgegangen ist. Solange der ursprünglich zur Begründung des Pflichtteilsrecht mit herangezogene Gedanke der Familienverbundenheit nicht widerlegt ist, ist er auch weiterhin als maßgebliches, die Familie prägendes Merkmal zu betrachten. Entscheidend ist insoweit nicht, woraus sich die Familienverbundenheit im einzelnen ergibt, sondern daß sie noch vorhanden ist. So wird man freilich die innere Verbundenheit der Familienmitglieder nicht mehr allein oder hauptsächlich mit der „Blutsbande" erklären können. Die emotionale Nähe innerhalb der Familie, verbunden mit gegensei-

---

[827] Firsching, JZ 1972, S. 449 ff. (456).
[828] JZ 1990, 700 ff. (702)
[829] Band II, 2. Teilband, S. 90
[830] Coing, S. A 11 ff. (A 23)
[831] Familienforschung, S. 14 f.
[832] S. 61
[833] Dieckmann, S. K 8 ff. (K 31)

tiger Rücksichtnahme und dem Bemühen um wechselseitigen Beistand[834] prägen das gegenwärtige Familienbild.[835] Wie bereits dargelegt[836], ist es im Anschluß an die Industrialisierung immer mehr zu einem Funktionswandel und einer teilweisen Funktionsentlastung der Familie gekommen. Während beispielsweise die Aufgaben des Schutzes und der Existenzsicherung der Familie nach und nach entfallen sind, haben sich die Fortpflanzungs- und insbesondere die Sozialisationsfunktion weitgehend erhalten. Parallel zum Abbau althergebrachter Funktionen haben kulturelle Aktivitäten an Bedeutung gewonnen, was mit dem Freizeitgewinn infolge der Reduktion von Arbeit innerhalb der Familie zusammenhängt.[837]

Auch sind Vorbehalte gegen das Pflichtteilsrecht nicht gleichzusetzen mit einer Ablehnung der Familie und damit als Indiz ihrer Krise zu werten. Vielmehr ist ein Akzeptanzverlust des Pflichtteilsrechts im Zusammenhang mit einem veränderten Familien*verständnis* zu sehen, verbunden mit einer Verschiebung der den Familienmitgliedern zukommenden Aufgaben.

Inwieweit die Verlagerung von Familienaufgaben Einfluß auf erbrechtliche Zusammenhänge im Sinne eines Bewußtseinswandels potentieller Erblasser haben kann, ist nicht allein aus juristischer Sicht zu beurteilen. Schon *Klippel*[838] bemängelte fehlende Untersuchungen zu den Zusammenhängen zwischen Familie bzw. Familienstruktur einerseits und erbrechtlichen Problemen andererseits.

Insoweit wären die erst jüngst im Rahmen der Entscheidung zur Zulassung einer Verfassungsbeschwerde[839] hinsichtlich der Verfassungsmäßigkeit des Pflichtteilsrechts eingeholten Stellungnahmen des Bundesjustizminsteriums sowie der Rechtsanwalts- und Notarkammer wohl ebenfalls mangels wissenschaftlich fundierter soziologischer Aussagen zu Familienstruktur, Familienzusammenhalt und Erblasserverhalten nicht ausreichend.[840]

4. Ergebnis

Es zeigt sich also, daß die rechtspolitischen Erwägungen die bestehende verfassungsrechtliche Begründung des Pflichtteilsrechts ergänzen und unterstützen. Abgesehen davon, daß es einer rechtspolitischen Rechtfertigung neben der verfassungsrechtlichen ohnehin nicht bedarf, ist erkennbar, daß rechtspolitische Vorstellungen unter anderem mit der durch Art. 14, 6 Abs. 1 GG ge-

---

[834] Als einer schon aus § 1618a BGB folgenden Rechtspflicht in der Eltern-Kind-Beziehung.
[835] Vgl. auch Dauner-Lieb, FF Sonderheft 2000, 16 ff.
[836] Vgl. die Ausführungen zu F II 2 b) aa)
[837] Mitterauer, Funktionsverlust, S. 108
[838] Klippel, S. 267 ff. (278)
[839] BVerfG ZEV 2000, 399 (siehe die Ausführungen zu E II 1)
[840] Vgl. Bengel, ZEV-Jahrestagung 2000/2001, S. 1 Fn. 1

währleisteten Erbrechtsgarantie deckungsgleich sind. Denn sowohl die verfassungsrechtliche als auch die rechtspolitische Rechtfertigung gehen im Ergebnis zur Begründung des Pflichtteilsrechts von einem Kompromiß zwischen Testierfreiheit und Familienbindung aus.

Ein gesellschaftliches Bedürfnis nach einer Neuregelung des geltenden Pflichtteilsrechts besteht nicht oder ist zumindest bislang nicht wissenschaftlich belegt. Vielmehr sind spezielle erbrechtliche Belange dem Interessen- und Einflußbereich des Einzelnen zuzuordnen. Soweit wirtschaftliche und soziale Gesichtspunkte als Anlaß für Bestrebungen gesehen werden, das Pflichtteilsrecht neu zu regeln, ist der gesellschaftspolitische Stellenwert des Erbrechts zumindest fraglich.

H. Zusammenfassung

Im Ergebnis ist festzuhalten, daß das Pflichtteilsrecht aus der Erbrechtsgarantie des Art. 14 GG herzuleiten ist und im Hinblick auf die in Art. 6 Abs. 1 GG enthaltenen Wertungen der engeren Familie - also Kindern und Ehegatten des Erblassers - eine Mindestbeteiligung am Nachlaß sichert.

Das Pflichtteilsrecht der Eltern des Erblassers stellt aufgrund anerkennenswerter familiärer Bezüge eine zulässige Inhaltsbestimmung i.S.d. Art. 14 Abs. 1 S. 2 GG dar. Aus dem vom Gesetzgeber vorgegebenen erbrechtlichen Repräsentationsprinzip rechtfertigt sich die Einbeziehung der entfernteren Abkömmlinge in den Kreis der Pflichtteilsberechtigten.

Auch die ursprünglich zur Begründung des Pflichtteilsrechts herangezogenen rechtspolitischen Aspekte tragen dieses nach wie vor und stützen damit die verfassungsrechtliche Rechtfertigung. Weder eine Funktionsentlastung der Familie noch ein verändertes Familienverständnis sind in einer Form feststellbar, die Anlass zu der Annahme geben könnten, eine Familienverbundenheit sei nicht mehr im ursprünglichen Sinne des Wortes vorhanden. Der Vergleich mit den Pflichtteilsregelungen anderer Rechtsordnungen zeigt, daß eine wirtschaftliche Mindestbeteiligung naher Verwandter am Nachlaß nahezu einheitlich - wenn auch durch unterschiedliche rechtliche Ausgestaltung - stattfindet.

Hierbei geben die Ergebnisse der rechtsvergleichenden Untersuchung keine Veranlassung, die geltenden Pflichteilsregelungen abweichend von der lex lata zu strukturieren oder gar einem anderen Pflichtteilssystem zu unterwerfen. Dies gilt insbesondere im Hinblick auf die nur eingeschränkte Übertragbarkeit der die ausländischen Pflichtteilsrechte tragenden rechtspolitischen Strukturen.

Von einem Reformbedarf ist - zumindest zum gegenwärtigen Zeitpunkt - nicht auszugehen. Mangelnde Konformität des Einzelnen mit den geltenden Pflichtteilsregelungen und individuelle Bedürfnisse nach speziellen erb- bzw. pflichtteilsrechtlichen Folgen lassen weder Verallgemeinerungen noch den Schluß auf rückläufigen Familienzusammenhalt zu. Dies gilt jedenfalls solange, bis soziologische Untersuchungen über die Zusammenhänge von familialen Strukturen und Erblasserverhalten zu anderen Erkenntnissen gelangen.

Literaturverzeichnis

Bartholomeyczik, Horst
Erbrecht, Ein Studienbuch, 6. Aufl. 1964

Battes, Robert
Die Änderung erbrechtlicher Vorschriften im Zusammenhang mit der Reform des Scheidungsrechts, FamRZ 1977, S. 433 ff.

ders.
Gemeinschaftliches Testament und Ehegattenerbvertrag als Gestaltungsmittel für die Vermögensordnung der Familie, Bielefeld 1974, zit.: Bearbeiter, Seite

ders.
Neue Rechtsprechung und Literatur zum nichtehelichen Zusammenleben - Teil 1, JZ 1988, S. 908 ff.

ders.
Nichteheliches Zusammenleben im Zivilrecht, Bonn 1983, zit.: Bearbeiter, Seite, Rn.

Beck, Volker
Bürgerrechtspolitik von Bündnis 90/Die Grünen in der 13. und 14. Legislaturperiode, ZRP 1999, S. 85 ff.

Beneke, Wilhelm
Das Pflichtteilsrecht in geschichtlicher und rechtspolitischer Betrachtung, Dissertation Köln, Emsdetten 1939

Bengel, Manfred
Überblick über die Entwicklung auf dem Gebiet des Zivilrechts seit der letzten Tagung, ZEV-Jahrestagung 2000/2001, S. 1 ff.

Berger, Uwe/Orth, Klauspeter
Modernes Erbrecht in einem vereinigten Deutschland, NJ 1990, S. 384 ff.

Bergmann, Gerd
Zur Regelung des Pflichtteilsrechts im ZGB-Entwurf, NJ 1975, S. 237 f.

Binding, Georg
Über die Hauptgrundlagen des künftigen Erbrechts, in: AcP 58 (1875), S. 153 ff.

Birnbaum, Marcus
Pflichtteilsrecht und Pflichtteilsanspruch. Eine Betrachtung ihrer Rechtsnatur, Dissertation Marburg, 1914

Boehmer, Gustav
Zur Reform des Pflichtteilsrechts, AcP 144 (1938), S. 249 ff.

Bork, Reinhard
Schenkungsvollzug mit Hilfe einer Vollmacht, JZ 1988, S. 1059 ff.

Borrmann, Helga
Pflichtteilsrecht und gesellschaftsvertragliche Fortsetzungsvereinbarungen, Dissertation Köln, Frankfurt/M. 1972

Bosch, Friedrich Wilhelm
Familien- und Erbrecht als Themen der Rechtsangleichung nach dem Beitritt der DDR zur Bundesrepublik Deutschland - verbunden mit einem Vergleich zweier deutscher Familien- und Erbrechtsordnungen -, FamRZ 1992, S. 875 ff. u. S. 993 ff.

ders.
Ist das geltende Ehegatten-Erbrecht bei kinderloser Ehe reformbedürftig?, FamRZ 1983, S. 227 ff.

ders.
Zum 49. Deutschen Juristentag: Empfiehlt es sich, das gesetzliche Erbrecht und Pflichtteilsrecht neu zu regeln? FamRZ 1972, S. 417 ff.

ders.
Einführung in das „Nichtehelichenrecht“, FamRZ 1969, S. 505 ff.

ders.
Rückblick und Ausblick - oder:
De legibus ad familiam pertinentibus - reformatis et reformandis? (Familienrechtsreform in Vergangenheit, Gegenwart und Zukunft), FamRZ 1980, S. 739 ff.

Bowitz, Hans Hermann
Zur Verfassungsmäßigkeit der Bestimmungen über die Pflichtteilsentziehung, JZ 1980, S. 304 ff.

Brambring, Günter
Abschied oder kein Abschied von der ehebedingten Zuwendung?, ZEV 1997, S. 7 f.

Bromley, Peter Mann
English Law, in: Rheinstein, Max u.a., Das Erbrecht von Familienangehörigen in positivrechtlicher und rechtspolitischer Sicht, Frankfurt/M., Berlin 1971

Brox, Hans
Erbrecht, 18. Auflage, Köln, Berlin, Bonn, München 2000

Brüggentisch, Arno
Das Pflichtteilsrecht in der Rechtsprechung des Reichsgerichts, Dissertation Köln, Grünberg 1930

Bruns, Carl Georg
Verhandlungen des 14. Deutschen Juristentages, Band I, Gutachten, 1878

Bruns, Manfred
Art. 6 I GG und die gesetzlichen Regelungen für gleichgeschlechtliche Lebensgemeinschaften, ZRP 1996, S. 6 ff.

Buchholz, Stephan
Berliner Testament (§ 2269 BGB) und Pflichtteilsrecht der Abkömmlinge - Überlegungen zum Ehegattenerbrecht, FamRZ 1985, S. 872 ff.

Claudi, Hubertus
Die Erbfolge nach englischem materiellem und internationalem Privatrecht, Mitteilungen der Rheinischen Notarkammer, Mai 1981, S. 79 ff.

Coing, Helmut
Empfiehlt es sich, das gesetzliche Erb- und Pflichtteilsrecht neu zu regeln?, Gutachten in: Verhandlungen des 49. Deutschen Juristentages, Band I (Gutachten), Zivilrechtliche Abteilung, München 1972, S. A 11 ff.

Coing, Helmut
Europäisches Privatrecht, Band I, 1500 bis 1800, München 1985
Europäisches Privatrecht, Band II, 1800 bis 1914, München 1989

Czyhlarz, Karl Ritter von
Lehrbuch der Institutionen des römischen Rechts, 4. Auflage, Prag, Wien, Leipzig 1899

Däubler, Wolfgang
Entwicklungstendenzen im Erbrecht, ZRP 1975, S. 136 ff.

Dauner-Lieb
Das Pflichtteilsrecht - Ketzerische Fragen an ein altehrwürdiges Institut, FF (Forum Familienrecht) Sonderheft 2000, S. 16 ff.

Dernburg, Heinrich
Lehrbuch des preußischen Privatrechts, Halle 1896

Dieckmann, Albrecht
Empfiehlt es sich, das gesetzliche Erb- und Pflichtteilsrecht neu zu regeln?, Referat in: Verhandlungen des 49. Deutschen Juristentages, Band II (Sitzungsberichte), Zivilrechtliche Abteilung, München 1972, S. K 6 ff.

ders.
Empfiehlt es sich, das gesetzliche Erb- und Pflichtteilsrecht neu zu regeln?, Diskussion zu den Verhandlungen des 49. Deutschen Juristentages, Band II (Sitzungsberichte), Zivilrechtliche Abteilung, München 1972, S. K 141 ff.

Diederichsen, Uwe
Die Neuregelung des Rechts der elterlichen Sorge, NJW 1980, S. 1 ff.

Dumoulin, Franz Josef
Gesetzliches Erbrecht und Pflichtteilsrecht - Änderungsvorschläge aus der Sicht eines Notars -, 19. Deutscher Notartag 1973, S. 84 ff.

Druey, Jean-Nicolas
Grundriss des Erbrechts, Bern 1986

Endemann, Friedrich
Lehrbuch des Bürgerlichen Rechts, Band III (Erbrecht), 2. Halbband, 8. und 9. Auflage, Berlin 1920

Engelmann, Jacqueline S.
Letztwillige Verfügungen zugunsten Verschuldeter oder Sozialhilfebedürftiger, Dissertation, Köln 1997

Erdmann, Walter
Die Entwicklung der Testierfreiheit im römischen Recht, Dissertation Jena, Stuttgart 1908

Erler, Adalbert/Kaufmann, Ekkehard/Werkmüller, Dieter
Handwörterbuch zur Deutschen Rechtsgeschichte, III. Band, Berlin 1984, zit.: Bearbeiter, HRG, Art., Spalte

Erman, Walter
Handkommentar zum Bürgerlichen Gesetzbuch, 2. Band, 10. Auflage, Münster 2000, zit.: Erman/Bearbeiter

Eyrich, Heinz
Nichteheliche Lebensgemeinschaft - eine Aufgabe für den Gesetzgeber?, ZRP 1990, S. 139 ff.

Ferid, Murad/Firsching, Karl
Internationales Erbrecht, Quellensammlung, Stand: 42. Ergänzungslieferung, April 2000, München, 1959 ff., Band I-VII

Ferid, Murad/Sonnenberger, Hans Jürgen
Das französische Zivilrecht, Band 3, 2. Auflage, Heidelberg 1987

Firsching, Karl
Zur Reform des deutschen Erbrechts, JZ 1992, S. 449 ff.

Flick, Hans/Piltz, Detlev J.
Der internationale Erbfall, München 1999

Freytag, Alexander
Das Pflichtteilsrecht nach dem BGB und ZGB im Vergleich, ZRP 1991, S. 304 ff.

ders.
Neuordnung des gesetzlichen Erbrechts, ZRP 1991, S. 106 ff.

Fuld, Ludwig
Der Entwurf eines bürgerlichen Gesetzbuches für das Deutsche Reich und das bäuerliche Erbrecht, in: Zeitschrift für Agrarpolitik, Bd. 1 (Berlin 1888), S. 145 ff.

Gerken, Ulrich
Pflichtteilsrecht zwischen Testierfreiheit und Familienerbfolge, Rpfleger 1989, S. 45 ff.

Gierke, Otto v.
Die soziale Aufgabe des Privatrechts, Berlin 1889

Gmür, Rudolf/Roth, Andreas
Grundriß der deutschen Rechtsgeschichte, 8. Auflage, Frankfurt/M. 1998

Göller, Frank
Anwartschaften im Erbrecht, Dissertation Tübingen, Stuttgart 1964

Goetz, Stephan
Erbrechtliche Ansprüche außerhalb des Familienerbrechts - Ein Beitrag zur Diskussion über eine künftige Erbrechtsreform -, FamRZ 1985, 987 ff.

ders.
Erbrechtliche Ansprüche außerhalb des Familienerbrechts. Eine auf England und Deutschland bezogene rechtsvergleichende Untersuchung, Frankfurt/M. 1985

Gotthardt, Peter
Zur Entziehung des Pflichtteils eines Abkömmlings wegen Führens eines ehrlosen und unsittlichen Lebenswandels (§ 2333 Nr. 5 BGB), FamRZ 1987, S. 757 ff.

Graupner, LLB
Diskussionsbericht in: Rheinstein, Max u.a., Das Erbrecht von Familienangehörigen in positivrechtlicher und rechtspolitischer Sicht, Frankfurt/M., Berlin 1971, S. 119 ff.

Gresser, Edmond
Gesetzliche und gewillkürte Erbfolge im französischen Erbrecht, ZEV 1997, S. 492 ff.

Haas, Ulrich
Ist das Pflichtteilsrecht verfassungswidrig?, ZEV 2000, S. 249 ff.

Hattenhauer, Hans
Zur Dogmengeschichte des Erbrechts, Jura 1983, S. 9 ff., 68 ff.

Henle, Victor
Kollisionsrechtliche Nachlaßspaltung im deutsch-französischen Rechtsverkehr, Dissertation, München 1975

Henrich, Dieter
Einführung in das englische Privatrecht, 2. Auflage, Darmstadt 1993

Hetmeier, Heinz
Grundlagen der Privaterbfolge in der Bundesrepublik Deutschland und in der DDR, Dissertation Münster, Berlin 1990

Heusler, Andreas
Institutionen des deutschen Privatrechts, Leipzig 1885/1886

Holthöfer, Ernst
Fortschritte der Erbrechtsgesetzgebung seit der französischen Revolution, in: Mohnhaupt, Heinz, Zur Geschichte des Familien- und Erbrechts, Politische Implikationen und Perspektiven, Frankfurt 1987

Honsell, Heinrich/Mayer-Maly, Theo/Selb, Walter
Römisches Recht, 4. Auflage, Berlin 1987

Huber, Hans Christian
Das Pflichtteilsrecht aus positivrechtlicher, rechtsvergleichender und rechtspolitischer Sicht, Dissertation Augsburg, Aachen 1999

Hubrecht, Georges E.
Das französische Zivilrecht, Berlin New York 1974

Jansen, Ludwig/Knöpfel, Gottfried
Das neue Unehelichengesetz, Frankfurt/M., Berlin 1967

Jarass, Hans/Pieroth, Bodo
Grundgesetz für die Bundesrepublik Deutschland, München 1989

Johannsen, Kurt
Empfiehlt es sich, das gesetzliche Erb- und Pflichtteilsrecht neu zu regeln?, Diskussion zu den Verhandlungen des 49. Deutschen Juristentages, Band II (Sitzungsberichte), Zivilrechtliche Abteilung, München 1972, S. K 41 ff.

Jung, Eberhard
Reformbestrebungen im Erbrecht, FamRZ 1976, S. 134 ff.

Jung, Jost H.
Gedanken zur Reform des Ehegattenerbrechts, Rpfleger 1984, S. 165 ff.

Juristentag
Verhandlungen des 49. Deutschen Juristentages, Band I (Gutachten) und Band II (Sitzungsberichte), Zivilrechtliche Abteilung, München 1972

Juristentag
Verhandlungen des 57. Deutschen Juristentages, Band I (Gutachten), Teil A, München 1988

Kanzleiter, Rainer
Gesetzliches Erbrecht und Pflichtteilsrecht - Änderungsvorschläge aus der Sicht eines Notars -, Diskussion, 19. Deutscher Notartag 1973, S. 121 f.

ders.
Fortgesetzter Ehebruch als „ehrloser und unsittlicher Lebenswandel" und damit Grund zur Entziehung des Kindespflichtteils, DNotZ 1984, 22 ff.

Kaser, Max
Das römische Privatrecht, 1. Abschnitt, 2. Auflage, München 1971

Das römische Privatrecht, 2. Abschnitt, 2. Auflage, München 1975

Kick, Sabine
Ist das Pflichtteilsrecht noch zeitgemäß?, in: Das deutsche Zivilrecht 100 Jahre nach Verkündung des BGB, Jahrbuch junger Zivilrechtswissenschaftler, Stuttgart u.a. 1996, S. 167 ff.

Kipp, Theodor/Coing, Helmut
Erbrecht, 14. Auflage, Tübingen 1990

Klingelhöffer, Hans
Kollisionsrechtliche Probleme des Pflichtteils, ZEV 1996, S. 258 ff.

ders.
Pflichtteilsrecht, München 1996, zit.: Bearbeiter, Rn.

Klippel, Diethelm
Sozialgeschichte und Rechtsgeschichte, Recht und Rechtsgeschichte in der historischen Familienforschung, in: Mohnhaupt, Heinz, Zur Geschichte des Familien- und Erbrechts, Politische Implikationen und Perspektiven, Frankfurt 1987, S. 267 ff.

Klöppel, Paul
Das Familien- und Erbrecht des Entwurfs zum bürgerlichen Gesetzbuch, in: Gruchots Beiträge, Bd. 33 (1889), S. 338 ff.

Kluge, Alfred
Pflichtteilsenziehung gegenüber Abkömmlingen, ZRP 1976, S. 285 f.

Knapp, Viktor
Rechte sozialistischer Länder, in: Rheinstein, Max u.a., Das Erbrecht von Familienangehörigen in positivrechtlicher und rechtspolitischer Sicht, Frankfurt/M., Berlin 1971

Knöpfel, Gottfried
Beistand und Rücksicht zwischen Eltern und Kindern (§ 1618a BGB), FamRZ 1985, S. 554 ff.

Knur, Alexander
Gesetzliches Erbrecht und Pflichtteilsrecht - Änderungsvorschläge aus der Sicht eines Notars -, Diskussion, 19. Deutscher Notartag 1973, S. 108 f.

Kokott, Gabriele
Empfiehlt es sich, das gesetzliche Erb- und Pflichtteilsrecht neu zu regeln?, Diskussion zu den Verhandlungen des 49. Deutschen Juristentages, Band II (Sitzungsberichte), Zivilrechtliche Abteilung, München 1972, S. K 88 ff.

Koziol, Helmut/Welser, Rudolf
Grundriß des bürgerlichen Rechts, Band 2, 10. Auflage, Wien 1996

Kralik, Winfried
Gesetzliches Erbrecht und Pflichtteilsrecht - Änderungsvorschläge aus der Sicht eines Notars -Diskussion, 19. Deutscher Notartag 1973, S. 108

Kühne, Gunther
Zur Reform des gesetzlichen Erb- und Pflichtteilsrechts, JR 1972, S. 221 ff.

Kunz, Eduard/Ruf, Franz/Wiedemann, Edgar
Heimgesetz, Kommentar, 8. Auflage, München 1998

Lamers, Manfred
Gesetzliches Erbrecht und Pflichtteilsrecht - Änderungsvorschläge aus der Sicht eines Notars -, Diskussion, 19. Deutscher Notartag 1973, S. 120

Lange, Heinrich/Kuchinke, Kurt
Lehrbuch des Erbrechts, 4. Auflage, München 1994

Lange, Rudolf/Wulff, Hans/Lüdtke-Handjery, Christian
Höfeordnung, Kommentar, 9. Auflage, München 1991

Langenfeld, Gerrit
Kein Abschied von der ehebedingten Zuwendung im Verhältnis zu den pflichtteilsberechtigten Abkömmlingen, ZEV 1997, S. 6 ff.

Larenz, Karl
Allgemeiner Teil des deutschen bürgerlichen Rechts, 7. Aufl., München 1989

Leipold, Dieter
Erbrecht 1995, JZ 1996, S. 287 ff.

ders.
Erbrecht, Grundzüge mit Fällen und Kontrollfragen, 12. Auflage, Tübingen 1998, zit.: Bearbeiter, Rn.

ders.
Wandlungen in den Grundlagen des Erbrechts?, AcP 180 (1980), S. 160 ff.

ders.
Anmerkung zu BGHZ 109, 307 in JZ 1990, 700

Leisner, Walter
Pflichtteilsentziehunggründe nach §§ 2333 ff. BGB verfassungswidrig?, NJW 2001, S. 126 ff.

Lejmann, Jak A.
in: Rheinstein, Max u.a., Das Erbrecht von Familienangehörigen in positivrechtlicher und rechtspolitischer Sicht, Frankfurt/M., Berlin 1971, S. 121

Lieb, Manfred
Empfiehlt es sich, die rechtlichen Fragen der nichtehelichen Lebensgemeinschaft gesetzlich zu regeln?, Gutachten in: Verhandlungen des 57. Deutschen Juristentages, Band I (Gutachten), München 1988, S. A 7 ff.

Lübtow, Ulrich v.
Erbrecht, 1. Halbband, Berlin 1971

Luther, Gerhard
Einführung in das italienische Recht, Darmstadt 1968

Mangoldt, Hermann v./Klein, Friedrich/Starck, Christian(Hrsg.)
Das Bonner Grundgesetz, Kommentar, Band 1, 4. Auflage, München 1999, zit.: Bearbeiter, in:

Mayer, Norbert
Das Gesetz zur Beendigung der Diskriminierung gleichgeschlechtlicher Gemeinschaften: Lebenspartnerschaften, ZEV 2001, S. 169 ff.

Mertens, Hans-Georg
Die Entstehung der Vorschriften des BGB über die gesetzliche Erbfolge und das Pflichtteilsrecht, Berlin 1970

Merz, Hans
Empfiehlt es sich, das gesetzliche Erb- und Pflichtteilsrecht neu zu regeln?, Diskussion zu den Verhandlungen des 49. Deutschen Juristentages, Band II (Sitzungsberichte), Zivilrechtliche Abteilung, München 1972, S. K 103 ff.

Meyersburg, Friedrich
Verhandlungen des 14. Deutschen Juristentages, Band I, Gutachten, 1878, S. 65 f.

Mitteis, Heinrich/Lieberich, Heinz
Deutsches Privatrecht, 9. Auflage, München 1981

Mitterauer, Michael
Entwicklungstrends der Familie in der europäischen Neuzeit, S. 179 ff., in: Nave-Herz u.a., Handbuch der Familien- und Jugendforschung, Bd. 1: Familienforschung, Neuwied, Frankfurt /M. 1989, zit.: Mitterauer, Entwicklungstrende, S.

Mitterauer, Michael/Sieder, Reinhard
Der Mythos von der vorindustriellen Großfamilie, S. 38 ff., in: Vom Patriarchat zur Partnerschaft, 3. Auflage, München 1984, zit.: Mitterauer, Der Mythos, S.

Mitterauer, Michael/Sieder, Reinhard
Funktionsverlust der Familie, S. 92 ff., in: Vom Patriarchat zur Partnerschaft, 3. Auflage, München 1984, zit.: Mitterauer, Funktionsverlust, S.

Mohnhaupt, Heinz (Hrsg.)
Zur Geschichte des Familien- und Erbrechts, Politische Implikationen und Perspektiven, Frankfurt 1987

Müller-Freienfels, Wolfram
Zur Rechtssprechung beim sog. Mätressentestament, JZ 1968, S. 441 ff.

Münch, Ingo v./Kunig, Philip
Grundgesetz-Kommentar, Band I, 4. Auflage, München 1992, zit.: Münch/Kunig/Bearbeiter

Münchener Kommentar
zum Bürgerlichen Gesetzbuch,

Band 8 (§§ 1589-1921), 3. Auflage, München 1992
Band 9 (§§ 1922-2385), 3. Auflage, München 1997
zit.: MK-Bearbeiter

Musielak, Hans-Joachim
Notarielle Rechtsgestaltung: Das Erbrecht im sozialen Wandel, Podiumsgespräch, DNotZ 1989, Sonderheft, S. 149 ff.

Nave-Herz, Rosemarie
Gegenstandsbereich und historische Entwicklung der Familienforschung, S. 1 ff., in: Nave-Herz u.a., Handbuch der Familien- und Jugendforschung, Bd. 1: Familienforschung, Neuwied, Frankfurt /M. 1989, zit.: Nave-Herz, Familienforschung, S.

dies.
Zeitgeschichtlicher Bedeutungswandel von Ehe und Familie in der Bundesrepublik Deutschland, S. 211 ff, in: Nave-Herz u.a., Handbuch der Familien- und Jugendforschung, Bd. 1: Familienforschung, Neuwied, Frankfurt /M. 1989, zit.: Nave-Herz, Bedeutungswandel, S.

dies.
Sandwichgeneration? - Lastenverteilung zwischen Familie und Staat - Soziologische Bestandsaufnahme, FF (Forum Familienrecht) Sonderheft 2000, S. 25 ff.

Neumayer, Karl H.
Einheit in der Vielfalt - Bewegung und Bewahrung im Erbrecht der Staaten, FS Ferid (1978), S. 659 ff., München 1978

Neumann, Franz/Nipperdey, Hans Carl/Scheuner, Ulrich
Die Grundrechte, Band 2, 2. Auflage, Berlin 1968, zit.: Bearbeiter, in:

Nieder, Heinrich
Das Behindertentestament, Besprechung von BGHZ 123, 368 in NJW 1994, S. 1264 ff.

Nohl, Gerd
Vermögensdistribution durch die Besteuerung von Erbschaften und die Erbrechts- und Eigentumsgarantie in Artikel 14 des Grundgesetzes, Dissertation, Marburg 1979

Orth, Klauspeter
Zur Regelung des Pflichtteilsrechts im ZGB-Entwurf, NJ 1975, S. 238 f.

Otte, Gerhard
Um die Zukunft des Pflichtteilsrechts, ZEV 1994, S. 193 ff.

ders.
Anmerkung zu BGHZ 111, 36 in JZ 1990, 1027

Palandt, Otto
Bürgerliches Gesetzbuch, 60. Auflage, München 2001, zit.: Palandt/Bearbeiter

Papantoniou, Nikos
Die soziale Funktion des Erbrechts, AcP 173 (1973), S. 385 ff.

Pentz, Adolf
Pflichtteil bei Grundeigentum im Ausland - Ein Fall des ordre public, ZEV 1998, 449 ff.

ders.
Pflichtteilsergänzung nur bei Pflichtteilsrecht auch im Schenkungszeitpunkt, MDR 1997, S. 717 ff.

Peters, Horst
Die Geschichte der sozialen Versicherung, 3. Auflage, St. Augustin 1978

Petri, Klaus
Die Pflicht zum Pflichtteil, ZRP 1993, S. 205 ff.

Pfizer, Gustav
Was erwartet Deutschland von dem bürgerlichen Gesetzbuch?, in: Deutsche Zeit- und Streitfragen, Neue Folge, Heft 55, Hamburg 1889

Planitz, Hans
Grundzüge des deutschen Privatrechts, in: Enzyklopädie der Rechts- und Staatswissenschaft, 3. Auflage, Berlin 1949

Protokolle
der Kommission für die zweite Lesung des Entwurfs des Bürgerlichen Gesetzbuches, Band V, Erbrecht, Berlin 1899

Quebe, Jutta
Die Erbrechtsgarantie, Inhalt und Schranken, Dissertation, Bielefeld 1993

Radbruch, Gustav
Der Geist des englischen Rechts, 4. Auflage, Göttingen 1967

Raiser, Günther H.
Sittenwidriges Behindertentestament und unerträgliche Belastung der Allgemeinheit, MDR 1995, S. 237 ff.

Ramm, Thilo
Abschied vom Mätressentestament, JZ 1970, S. 129 ff.

ders.
Ein deutsches Zentrum für Rechtspolitik, ZRP 1998, S. 49 ff.

Rauscher, Thomas
Neuordnung des gesetzlichen Erbrechts, ZRP 1992, S. 272

ders.
Reformfragen des gesetzlichen Erb- und Pflichtteilsrechts, Regensburg 1993, Band I, Grundlagen des Erbrechts
Band II, 1. Teilband, Reformvorschläge gesetzliches Erbrecht Band II, 2. Teilband, Reformvorschläge Pflichtteilsrecht,
zit: Bearbeiter, Band, Seite

Rechtspflegertag
25. Deutscher Rechtspflegertag 1983 (Hannover), Entschließung der Arbeitsgruppe II, Zur Reform des gesetzlichen Erbrechts des Ehegatten, FamRZ 1983, S. 787

Reichert-Facilides, Fritz
Empfiehlt es sich, das gesetzliche Erb- und Pflichtteilsrecht neu zu regeln?, Diskussion zu den Verhandlungen des 49. Deutschen Juristentages, Band II (Sitzungsberichte), Zivilrechtliche Abteilung, München 1972, S. K 37 ff.

ders.
Generalreferat, in: Rheinstein, Max u.a., Das Erbrecht von Familienangehörigen in positivrechtlicher und rechtspolitischer Sicht, Frankfurt/M., Berlin 1971, zit: Bearbeiter, Generalreferat, Seite

Reichsgerichtsräte-Kommentar
Das Bürgerliche Gesetzbuch, 12. Auflage, Berlin, New York, Band V, 1. Teil (§§ 1922-2146) 1974, Band V, 2. Teil (§§ 2147 ff.-2385) 1975, zit.: RGRK-Bearbeiter

Reimann, Wolfgang
Anmerkung zu BGHZ 111, 36 in DNotZ 1992, 245

Reuter, Dieter
Gesellschaftsvertragliche Nachfolgeregelung und Pflichtteilsrecht, JuS 1971, S. 289 ff.

Rheinstein, Max
Vereinigte Staaten von Amerika, in: Rheinstein, Max u.a., Das Erbrecht von Familienangehörigen in positivrechtlicher und rechtspolitischer Sicht, Frankfurt/M., Berlin 1971

Rieg, Alfred
Französisches Recht, in: Rheinstein, Max u.a., Das Erbrecht von Familienangehörigen in positivrechtlicher und rechtspolitischer Sicht, Frankfurt/M., Berlin 1971

Rohrbeck, Axel
Empfiehlt es sich, das gesetzliche Erb- und Pflichtteilsrecht neu zu regeln?, Diskussion zu den Verhandlungen des 49. Deutschen Juristentages, Band II (Sitzungsberichte), Zivilrechtliche Abteilung, München 1972, S. K 106 ff.

Rolland, Walter
Notarielle Rechtsgestaltung: Das Erbrecht im sozialen Wandel, Podiumsgespräch, DNotZ 1989, Sonderheft, S. 144 ff.

Rummel, Peter
Kommentar zum Allgemeinen Bürgerlichen Gesetzbuch, 2. Auflage, Wien 1990. Zit.: Rummel-Bearb.

Sachs, Michael (Hrsg.)
Grundgesetz, Kommentar, 2. Auflage, München 1999, zit: Bearbeiter, in:

Schaer, Walter
Ist das Pflichtteilsrecht ein erhaltenswertes Institut?, Dissertation Zürich, 1976

Schack, Heimo
Einführung n das US-amerikanische Zivilprozeßrecht, 2. Aufl., München 1995

Scheer, Hans-Herbert
Die Pflicht zum Pflichtteil, ZRP 1994, S. 40

Scheftelowitz, Elchanan E.
Das Israelische Erbrecht, Bern u.a. 1988

Schiemann, Gottfried
Die Renaissance des Erbrechts, ZEV 1995, S. 197 ff.

Schiffner, Ludwig
Die sogenannten gesetzlichen Vormächtnisse. Eine Studie auf Grundlage des römischen und österreichischen Privatrechts unter Berücksichtigung anderer bedeutender Codificationen, Leipzig 1895

Schippel, Helmut
Empfiehlt es sich, das gesetzliche Erb- und Pflichtteilsrecht neu zu regeln?, Diskussion zu den Verhandlungen des 49. Deutschen Juristentages, Band II (Sitzungsberichte), Zivilrechtliche Abteilung, München 1972, S. K 52 ff.

Schlegel, Christina P.
Backe, backe, Kinderrechte - eine deutsch-schweizerische Mélange, ZfJ 1999, S. 383 ff.

Schmidt, Friedrich
Gesetzliches Erbrecht und Pflichtteilsrecht - Änderungsvorschläge aus der Sicht eines Notars -, Diskussion, 19. Deutscher Notartag 1973, S. 121

Schmidt-Bleibtreu, Bruno/Klein, Franz
Kommentar zum Grundgesetz, 9. Auflage, Neuwied, Kriftel 1999

Schmitt, Gottfried v.
Begründungen des Entwurfes eines Rechtes der Erbfolge für das deutsche Reich nebst dem Entwurfe eines Einführungsgesetzes, Berlin 1879, abgedruckt in: Schubert, Werner, Die Vorlagen der Redaktoren für die erste Kommission zur Ausarbeitung des Entwurfes eines Bürgerlichen Gesetzbuches, Erbrecht, Teil 1, Berlin, New York, 1984, S. 95 ff.

Schmitt, Michael
Gesellschaftsvertrag und Pflichtteilsrecht, Dissertation Bonn, Frankfurt/M. 1994

Schröder, Rainer
Abschaffung oder Reform des Erbrechts, Die Begründung einer Entscheidung des BGB-Gesetzgebers im Kontext sozialer, ökonomischer und philosophischer Zeitströmungen, Ebelsbach 1981, zit.: Bearbeiter, Seite

ders.
Der Funktionsverlust des bürgerlichen Erbrechts, in: Mohnhaupt, Heinz, Zur Geschichte des Familien- und Erbrechts, Politische Implikationen und Perspektiven, Frankfurt 1987, S. 281 ff., zit.: Bearbeiter in: Mohnhaupt, Seite

Schubert, Werner
Die Vorlagen der Redaktoren für die erste Kommission zur Ausarbeitung des Entwurfes eines Bürgerlichen Gesetzbuches, Erbrecht, Teil 1, Berlin, New York, 1984

Schubert, W.
Anmerkung zu BGHZ 111, 36 in JR 1991, 106

Schultzenstein, Max
Beiträge zur Lehre vom Pflichtteilsrecht, Berlin, Leipzig 1883

Schulze, Natascha
Le printemps des grands-parents - Das Umgangsrecht Dritter im Entwurf des Bundesjustizministeriums -, FuR 1996, S. 275 ff.

Schwab, Dieter
Eheschließungsrecht und nichteheliche Lebensgemeinschaft - Eine rechtsgeschichtliche Skizze -, FamRZ 1981, S. 1151 ff.

ders.
Der Unterhaltsanspruch der Kinder gegen die Eltern auf Ausbildungsfinanzierung und sein Verhältnis zur öffentlichen Ausbildungsförderung, FamRZ 1971, S. 1 ff.

ders.
Familienrecht, 9. Auflage, München 1999, zit.: Bearbeiter, Rn.

Schwenzer, Ingeborg
Gesetzliche Regelung der Rechtsprobleme nichtehelicher Lebensgemeinschaften?, JZ 1988, S. 781 ff.

Schwimann, Michael
ABGB, 2. Auflage, Wien 1987, zit.: Schwimann-Bearb.

Segalen, Martine
Die Familie, Frankfurt/M., New York 1990

Serozan, Rona
Entwicklungen im französischen Erbrecht, in: Mélanges Fritz Sturm, Volume II, Liège 1999, S. 1123 ff.

Settergren, Pia
Das „Behindertentestament“ im Spannungsfeld zwischen Privatautonomie und sozialhilferechtlichem Nachrangprinzip, Dissertation, Mainz 1999

Siebel, Walter
Wohnen und Familie, S. 265 ff., in: Nave-Herz u.a., Handbuch der Familien- und Jugendforschung, Bd. 1: Familienforschung, Neuwied, Frankfurt /M. 1989, zit.: Siebel, S.

Soergel, Hans Th.
Bürgerliches Gesetzbuch, Band 9 (Erbrecht), 12. Auflage, Stand: Frühjahr 1992, Stuttgart, Berlin, Köln 1992, zit: Soergel/Bearbeiter

Sonnenberger, Hans Jürgen/Schweinberger, Eugen
Einführung in das französische Recht, 2. Auflage, Darmstadt 1986

Staudinger, Julius v.
Kommentar zum BGB, Erbrecht, Band V, 1. Teil , 11. Auflage, Berlin 1954, zit.: Staudinger/Boehmer, §

ders.
Kommentar zum Bürgerlichen Gesetzbuch,
5. Buch, Erbrecht (Einleitung, §§ 1922-1966), 13. Bearbeitung, Berlin 1994
5.Buch, Erbrecht, §§ 2229-2264; Beurkundungsgesetz; §§ 2265-2385, 13. Auflage, Berlin 1997,
zit: Staudinger/Bearbeiter

Steffen, Erich
Empfiehlt es sich, das gesetzliche Erb- und Pflichtteilsrecht neu zu regeln?, DRiZ 1972, S. 263 ff.

Stein, Ekkehart
Staatsrecht, 16. Auflage, Tübingen 1998

Steinauer, Paul-Henri
L´art. 473 al.3 CC, Droit actuel et projetdes révision, Zeitschrift für Schweizerisches Recht, Neue Folge (ZSR (N.F.) 99 I (1980), S. 341 ff.

Stöcker, Hans A.
Die Neuordnung der gesetzlichen Erbfolge im Spiegel des mutmaßlichen Erblasserwillens, FamRZ 1971, S. 609 ff.

ders.
Das Grundrecht zu erben, WM 1979, S. 214 ff.

ders.
Der Ausbau des Ehegattenerbrechts, FamRZ 1970, S. 444 ff.

ders.
Grenzen der Erbrechtsreform, WM 1970, S. 774 ff.

ders.
Pflichtteilsvereitelung durch das Landwirtschaftserbrecht: ein Lösungsvorschlag de lege ferenda, FamRZ 1993, S. 1261 ff.

Stolterfoth, Paul
Beiträge zur Beurteilung des Entwurfs eines bürgerlichen Gesetzbuches für das deutsche Reich, Leipzig 1890

Strätz, Hans-Wolfgang
Rechtspolitische Gesichtspunkte des gesetzlichen Erbrechts und Pflichtteilsrechts nach 100 Jahren BGB, FamRZ 1998, S. 1553 ff.

Sturm, Florian
Pflichtteil und Unterhalt, Zur Unwirksamkeit drittbelastender Erbverzichts- und Pflichtteilsverzichtsvereinbarungen aus unterhaltsrechtlicher Sicht, Dissertation, Stuttgart 1993

Thierschmann, Reinhardt
Unterhaltsansprüche Volljähriger gegen ihre Eltern, Bielefeld 1986

Trittel, Manfred
Deutsch - deutsches Erbrecht nach dem Einigungsvertrag, DNotZ 1991, S. 237 ff.

Vossen, Klaus
BBE-Branchenreport Erbschaften, Studie der BBE-Unternehmensberatung GmbH, Köln 1999

Wassermann, Rudolf (Hrsg.)
Kommentar zum Bürgerlichen Gesetzbuch, Reihe Alternativkommentare, Band 6 (Erbrecht), Neuwied, Darmstadt 1990, zit.: AK-Bearbeiter, §

ders.
Kommentar zum Grundgesetz für die Bundesrepublik Deutschland, Reihe Alternativkommentare, Band 1 (Art. 1-37), 2. Auflage, Neuwied 1989, zit.: AK-Bearbeiter, Art.

ders.
Wer zu spät kommt, den bestraft das Leben, NJW 1999, S. 3172 ff.

Werkmüller, Maximilian A.
Formnichtige Schenkung unter Lebenden und postmortale Bankvollmacht, Dissertation Bonn, Wiehl 1999, zit.: Bearbeiter, Seite

ders.
Die Auswirkungen des französischen Pflichtteilsrechts auf die Gestaltung des deutschen Ehegattentestaments bei deutsch-französischem Nachlaß, ZEV 1999, S. 474 ff.

Wieacker, Franz
Privatrechtsgeschichte der Neuzeit, 2. Auflage, Göttingen 1967

Windscheid, Bernhard
Lehrbuch des Pandektenrechts, Band III, 8. Auflage, Frankfurt a.M. 1901

Wittholz, Joachim
Zum Pflichtteilsrecht der Kinder, NJ 1954, S. 600

Zawar, Rolf Dieter
Notarielle Rechtsgestaltung: Das Erbrecht im sozialen Wandel, Vortrag, DNotZ 1989, Sonderheft, S. 116 ff.

Quellenverzeichnis

Corpus iuris civilis, vol I: Institutuionen und Digesten, bearbeitet von Theodor Mommsen und Paul Krüger, Berlin 1956

Corpus iuris civilis, vol II: Codex Iustinianus, bearbeitet von Paul Krüger, Berlin 1892

Corpus iuris civilis, vol III: Novellen, bearbeitet von Rudolf Schöll und Wilhelm Kroll, Berlin 1899

Die Epitome Ulpiani, Hrsg.: Schulz, Bonn 1926; zit.: UE

Gai Institutionum comm. IV, Hrsg.: B. Kübler, 8. Auflage, Leipzig 1935, zit.: Gai

Gai Institutionum epitome, Fontes iuris Romani anteiustinia II, Auctores, Hrsg.: I. Baviera uns I. Furlani, Florenz 1940 (Neudruck 1964), zit.: GE

Motive zu dem Entwurfe eines Bürgerlichen Gesetzbuches für das Deutsche Reich, Band V, Erbrecht, 2. Auflage, Berlin 1896, zit.: Motive, Band V, S.

Kolibri 360 GmbH
Ferdinand-Jühlke-Straße 7
99095 Erfurt, Deutschland
produktsicherheit@kolibri360.de

Druck:
CPI Druckdienstleistungen GmbH
im Auftrag der
Kolibri 360 GmbH
Ferdinand-Jühlke-Str. 7
99095 Erfurt